Hanspeter Oschwald

M A O S
fromme Enkel

Hanspeter Oschwald

M A O S
fromme Enkel

Chinas Christen im Aufbruch

PATTLOCH

Bibliografische Information: Deutsche Nationalbibliothek
Die Deutsche Nationalbibliothek verzeichnet diese Publikation in der
Deutschen Nationalbibliografie; detaillierte bibliografische Daten
sind im Internet über http://dnb.d-nb.de abrufbar.

© 2008 Pattloch Verlag GmbH & Co. KG, München
Umschlaggestaltung: ZERO Werbeagentur, München
Umschlagfoto: Corbis
Lektorat und Redaktion: Michael Schönberger
Bildredaktion: Sylvie Busche (Ltg.), Tanja Lex, Markus Röleke
Satz und Herstellung: Hartmut Czauderna
Druck und Bindung: C. H. Beck, Nördlingen
Printed in Germany

ISBN 978-3-629-02187-8

Bitte besuchen Sie uns im Internet:
www.pattloch.de

2   4   5   3   1

Inhalt

Vorwort

Chinas Christen auf dem langen Marsch
in eine bessere Zukunft

Alles fing in meiner Heimat im Schwarzwaldstädtchen Hausach an. Ein China-Missionar aus dem Erzbistum Freiburg war von Peking ausgewiesen worden und wollte in seiner badischen Heimat abwarten, bis er wieder nach China zurückkehren konnte. Er hieß Augustin Olbert und half dem Freiburger Erzbischof in der Seelsorge. Er reiste vom Bodensee bis zum Main und erzählte von seinen chinesischen Katholiken. Der Steyler-Pater und Missionsbischof Olbert starb 69-jährig im November 1964. Die Rückkehr nach China erlebten er und seine Steyler Missionsbrüder nicht mehr. Jahrelang drangen aus der Volksrepublik nur Schreckensmeldung über Kirchenspaltung, Verfolgung, Haft, Arbeitslager, Umerziehung und Todesurteile. Die Medien sprachen in jener Zeit von China als der gelben Gefahr.

Der Heilige Stuhl unterhielt keine Beziehungen zum kommunistischen China, dafür aber zum nationalistischen Taiwan, der aus Pekinger Sicht abtrünnigen Insel-Provinz. Während der Kulturrevolution schien es, als wäre China der erste atheistische Staat, der erfolgreich mit den Weltanschauungen gebrochen habe, die das Fundament seiner über fünftausend Jahre alten Kultur bildeten. Es sollte eine Täuschung sein. Mit der Erkenntnis, dass das System an der Vernichtung seiner Traditionen scheiterte, keimten wieder Hoffnungen auf ein Ende der Kirchenverfolgung auf. Selbst diplomatische Beziehungen zwischen Vatikan und China schienen bisweilen wieder denkbar. Meldungen über Annäherungen lösten sich aber regelmäßig mit Depeschen über das Scheitern ab. Dieser ständige Wechsel bestimmte während meiner vielen Jahre als Vatikan-Korrespondent den Nachrichtenalltag.

Selbst der Zusammenbruch des sowjetischen Machtblocks läutete keine Wende in China ein. Aber die Veränderungen im Reich der Mitte, die auf den Abschied vom Steinzeitkommunismus Maoscher Prägung und die anschließende wirtschaftliche Liberalisierung folgten, rückten China wieder in den Vordergrund des Weltgeschehens: Der Kapitalismus kehrte nach Peking zurück, die roten Machthaber träumten vom wirtschaftlichen Aufschwung nach westlich-kapitalistischem Rezept und hofften gleichzeitig,»negative Begleiterscheinungen« aus dem Westen wie Demokratie und Religionsfreiheit verhindern zu können. Auch das sollte eine Täuschung sein. Eine neue Phase setzte ein. China wurde zur Weltwirtschaftsmacht und wagt heute endlich die Auseinandersetzung mit den Ideen des Westens.

Die Kirchen werden zwar weiter vom Staat kontrolliert und gegängelt. Unbotmäßige Priester wandern weiter für Wochen und Monate ins Gefängnis. Doch die Schreckensherrschaft scheint vorbei zu sein. Peking bereitet sich auf die Olympischen Spiele 2008 vor. Das soll erklären, warum mich als Autor der Blick auf eine neue Kirchenszene faszinierte. Am meisten beschäftigte mich aus vielen Gründen ein aktuelles Phänomen in China: das Kulturchristentum. Das betrifft Menschen, die christlich denken und handeln, ohne deshalb Mitglied einer christlichen Kirche zu sein oder sein zu wollen. Es ist ein Aspekt der Säkularisation, der uns auch im Westen sicher noch häufiger begegnen wird. Es ist eine Form, das Christentum zu leben, die das »gelbe Christentum«, wie ich es nennen will, vielleicht sogar für unsere westlichen Gesellschaften attraktiv macht.

Eine zentrale Rolle spielt in diesem Buch der Bischof von Shanghai Jin Luxian. Er gilt heute nicht nur als die angesehenste Persönlichkeit der katholischen Kirche in China, quasi als »gelber Papst«. An seinem über 90-jährigen Leben lässt sich auch fast alles ablesen, was sich über die Katholiken in der Volksrepublik schreiben lässt. Wie alles gekommen ist, wie die Menschen mit der Repression gelebt haben und wie sich die Wende auswirkt. Jin hat sich auf Reisen nach Europa und in zahlreichen Begegnungen mit Besuchern immer wieder geäußert, am ausführlichsten gegenüber dem China-Experten der katholischen Pariser Zeitung »La Croix«, Dorian Malovic. Jins Aussagen ziehen sich wie ein roter Faden durch dieses Buch, weil er am besten Verständnis für die Lage der katholischen Kirche in China wecken kann.

Journalistische Neugier treibt mich natürlich auch um, wenn ich nachfrage, was sich hinter den widersprüchlichen Meldungen verbirgt. Das Thema China und die Christen dort hat lange Zeit nur Kirchenkreise interessiert. Die neue Rolle Chinas in der ersten Reihe der weltpolitischen Szene erweitert kontinuierlich den Kreis der Menschen, die sich intensiver mit dem Reich der Mitte auseinandersetzen wollen. Die nicht nur chinesische Billigerzeugnisse kaufen, chinesische Umweltsünden anprangern, zu Hause gern chinesisch essen gehen oder im Urlaub die Große Mauer und die Verbotene Stadt besichtigen wollen und eher nebenbei die fehlende Demokratie beklagen. Das Interesse an dem Zustand der chinesischen Gesellschaft mit ihrer uralten Kultur und an den Aussichten des bevölkerungsreichsten Landes der Erde wächst ständig und damit die Chance, mit einem Buch über die religiöse Entwicklung Chinas Gehör zu finden.

Meine Nähe zu den Steyler Missionaren gab schließlich den Ausschlag, dieses Buch zu schreiben. Die Steyler pflegen enge Kontakte zu China. Vor allem aber verfügen sie über unschätzbares Material in ihrem in Sankt Augustin bei Bonn unterhaltenen China-Zentrum, dem ich hier für alle Hilfe besonders danke.

Rom, im August 2007

Wenn auch Konfuzius
abdanken muss

Der Kahlschlag aller Weltanschauungen
hat Chinas Gesellschaft zerrüttet

Willy Müller kommt sich vor wie ein Hund zwischen Elefantenbeinen. Das Gefühl beschleicht ihn, wenn der Steyler-Missionar durch sein Peking geht, in dem er zweiundzwanzig Jahre lang gearbeitet hatte, bis ihn Mitte der 80er Jahre die Kommunisten »aus dem Land warfen«, wie er heute sagt.

Die Orientierung fällt Müller schwer. Nichts ist mehr wie früher. Zehn Jahre nach seinem »Rausschmiss« kehrt er von Rom aus in die chinesische Hauptstadt zurück. Seltsam genug. Heute ist er Gast eines Hochschulkongresses ausgerechnet an jener Kaderschmiede und kommunistischen Eliteuniversität, der sogenannten Volksuniversität, die als Hochburg der Kommunistischen Partei gilt. Dieses Mal kurz vor Ostern 2007 gehört er zu den Referenten, die sich mit ausdrücklicher Billigung der Kommunistischen Partei dem Dialog der Kulturen widmen und sich mit der klassischen chinesischen Kultur wissenschaftlich auseinandersetzen sollen. Von den 225 Beiträgen widmen sich allein 30 dem Thema Religion, und das in der Hochburg des erklärt atheistischen China. Der Staatsrat hat es approbiert.

Zurück in Rom, sinniert er in der Päpstlichen Missionsuniversität, der Urbaniana auf dem Gianicolo-Hügel gegenüber dem Vatikan mit Sicht auf den Petersplatz, über die neue Situation im fernen China. Er ist optimistisch, aber er hat unendlich viel Geduld lernen müssen. Zur Einstimmung in dieses

Buch sprechen wir über die aktuelle Entwicklung in China und über die Chancen von Jesus von Nazareth im Reich der Mitte. Als Fazit seiner Tour d'Horizon sieht er Riesenchancen für das Christentum. Wir erkunden mögliche Ansätze für das Christentum, das an Chinas traditionelle Weltanschauung anknüpfen muss. Wir blicken aber auch auf die Wandlungen und die Mängel Chinas in der derzeitigen Umbruchphase, die noch kein klares Bild der Zukunft zulassen.

Das Christentum könnte in diesem Prozess der Veränderungen jedenfalls eine größere Rolle spielen, als sich die meisten bis heute vorzustellen wagen. Und das nicht nur wegen der vom atheistischen Staat geförderten inhaltlichen Auseinandersetzung mit dem Christentum. Weit über das offizielle Kulturprogramm hinaus scheint China zumindest offen für christliches Denken zu sein. Das liegt zum einen daran, dass der Kommunismus ausgehöhlt scheint und selbst seine glühendsten Anhänger bitter enttäuscht hat. Das liegt zum anderen daran, dass auch die klassischen chinesischen Anschauungen an prägender Kraft verloren haben. Irgendwie hat China die Selbstsicherheit einer uralten Kulturnation verloren und sondiert im weltweiten Angebot der Ideologien und Religionen nach brauchbaren Inhalten, die das Vakuum füllen können.

Der Steyler-Missionar und intime Chinakenner Müller warnt aber vor voreiligen Rückschlüssen. Die hektische Entwicklung von Wirtschaft und Gesellschaft kann zu Brüchen führen, die noch niemand abzuschätzen vermag. Die Erfahrungen, die jeder macht, der in längeren Abständen China besucht, lehren genaues Hinsehen und Nachdenklichkeit vor jedem Urteil. Müller spürt das geradezu physisch. Vor wenigen Jahren schlenderte er vielleicht durch enge, nicht gerade wohlriechende Gassen und folgte dem Rat eines Bekannten, der ihm ein Lokal empfahl. Dort könne man zu einer bestimmten Zeit ordentlich essen. Die Bedienung erwies sich als miserabel und desinteressiert. Das Essen war ärmlich und teuer. Er wurde bedient, als müsse er dankbar sein, dass er überhaupt etwas bekäme.

Dieses Gässchen findet selbst der ortskundige Besucher wenige Jahre später nicht mehr. Stattdessen trift er, wenn er sich überhaupt zwischen den »Elefantenbeinen«, den riesigen Hochhäusern, zurechtfindet, an der Stelle der Hinterhofgaststätte ein fein herausgeputztes Lokal. Das Personal trägt Uniformen, die an kaiserliche Hoftrachten erinnern, bittet höchst freundlich einladend den Besucher herein. Die Speiseauswahl kann jedem Anspruch genügen. Der Service lässt keine Wünsche offen. Und wenn der satte Gast müde in seinem Hotelbett landet, das meinetwegen im 30. Stock eines Palasthotels steht, staunt er nicht schlecht. Asien lächelt nun auch in China wieder.

Was noch vor einigen Jahren undenkbar war, ist heute selbstverständlich. Nicht nur fließend warmes und kaltes Wasser, sondern sämtliche Annehmlichkeiten zeitgemäßer Gastlichkeit in einem modernen Hotel, das jedem Vergleich zu einem westlichen Hotel gleicher Kategorie standhält. Generationen scheinen verflossen zu sein. Aber tatsächlich sind gerade mal zwanzig Jahre der Modernisierung ins Land gegangen. Der Moloch der modernen Großstadt hat ein Millionenheer von Bauern angezogen, die wie Sklaven schuften und dem neuen Gott der Mächtigen huldigen, dem Materialismus. Verloren und ihrem Schicksal ausgeliefert ohne den Trost der alten gesellschaftlichen Bande und ohne die Sicherheit ihrer Familien, finden viele von ihnen in den christlichen Kirchen so etwas wie Geborgenheit in der Fremde des eigenen Landes.

Eine gewaltige Chance für das Christentum, aber auch eine große Gefahr, denn die Kommunistische Partei wacht überall und lässt kirchliche Aktivitäten nur zu, wenn sie die Interessen und die Vorherrschaft der Partei nicht gefährden. Nicht auszudenken, was geschehen könnte, wenn sich die Entrechteten, die neuen Lohnsklaven zu wehren begännen oder wenn sich beispielsweise die Bauern erheben würden! Darüber will niemand laut nachdenken.

Für den Augenblick scheint es allemal besser, sich nicht zu intensiv und offen mit christlichen Gemeinden einzulassen. Das hat auch der Steyler-Missionar Müller beherzigt, als er am Flughafen von Peking ankam und eine Gruppe von Untergrundpriestern erkannte, die gerne möglichst sofort mit ihm sprechen wollten. Zehn Jahre Abwesenheit, da wäre viel zu erzählen gewesen. Das Herz ist voll und die Sehnsucht, sich anzuvertrauen und zu erinnern, gewaltig. Vor allem, wenn man dem Besucher vertraut, der gerade auf Rufweite vor einem erscheint. Müller ließ seinen alten Freunden ausrichten, dass er unter dem Auge des Staates lieber nicht mit ihnen Kontakt aufnehmen wolle. Später kam es dennoch dazu. Nur für eine Messe mit ihnen reichte es nicht.

Vieles bleibt im Ungewissen oder muss zurückgestellt werden. Gelegenheiten zu Begegnungen können nicht so einfach wie überall auf der Welt arrangiert werden. Sie bieten sich lange Zeit auch nicht. Und Misstrauen prägt mehr als anderswo die Beziehungen der Christen zum Staat, aber häufig auch untereinander. Das müsste, so ist sich Müller sicher, sogar der Papst akzeptieren, wenn er endlich das Reich der Mitte besuchen könnte.

»Jeder Schritt, jedes Gespräch könnte falsch sein«, urteilt der Asienexperte, der aus dem Saarland stammt und heute in Rom lebt. Sein Blick schwenkt von seinem Arbeitsplatz in der Universität hinüber zum Apostolischen Palast des Papstes. Um die offizielle katholische, vom Staat in der Patriotischen Vereinigung kontrollierte Kirche Chinas käme keiner herum. Sie bildet das Kontrollorgan des kommunistischen Apparates über die Kirche. Auf der anderen Seite bräuchte er auch gar nicht nach China zu reisen, wenn er nicht auch die Untergrundkirche kontaktieren wollte. Beide Kirchenteile trauen sich gegenseitig nicht über den Weg. Das kann Generationen dauern, bis Vertrauen hergestellt worden ist.

Über alle Vorbehalte hinweg schafft die Kirche gegenseitiges Vertrauen nur weit weg, weit außerhalb Chinas, etwa im Tausende Kilometer entfernten St. Augustin bei Bonn oder in Rom, wo an Missionshochschulen wie der Urbaniana Seminaristen aus beiden Lagern studieren, um nach der Rückkehr daheim möglichst die Priesterausbildung zu übernehmen. Da liegt eines der gewaltigsten Probleme, das sie lösen müssen: Zu wenige Priester, nachdem eine ganze Generation durch die Kulturrevolution ausgefallen, weil vernichtet worden ist. Die Überlebenden sind zu alt, die Jungen wissen zu wenig und bräuchten dringend theologische Bildung. Aus den benachbarten asiatischen Diözesen kommt so gut wie nichts, Beziehungen gibt es nicht. China gehört nicht einmal der Vereinigung der asiatischen Bischofskonferenz an. Es ist isoliert und wird von den anderen Bischofskonferenzen ausgegrenzt, wie es auch Rom jahrelang getan hat. Als nach dem Sieg der Kommunisten 1949 die Bischöfe ausgewiesen wurden, waren einige von ihnen überzeugt, »dass diese Räuberbande schnell verschwunden« sein würde und sie bald wieder zu ihrer Arbeit zurückkehren könnten. Die Mehrheit hat das Ende dieser kommunistischen Räuberbande nicht überlebt. Zurückkehren durfte bisher keiner.

Die Christen in China haben unendlich viel Leid erlebt, dadurch allerdings auch ein ungeheures Selbstvertrauen gewonnen, das durch nichts zu erschüttern ist. Mit diesen Christen kann die Kirche auf einer Basis aufbauen, die vor wenigen Jahrzehnten nicht vorstellbar gewesen ist. Die Geschichte der neuen Christen Chinas hat ihre Parallele in der allgemeinen Entwicklung des Landes. Auch dort ist alles Alte niedergerissen worden, um einem völlig neuen China Platz zu schaffen. Da mussten nicht nur die alten Kommunisten abdanken und denen Platz machen, die plötzlich im neuen kapitalistischen

Materialismus die Lösung aller Probleme sahen. Auch die überkommene, konfuzianisch geprägte chinesische Kultur hat an Attraktion verloren. China sucht nach weltanschaulicher Orientierung und bedient sich überall dort, wo es fündig zu werden hofft. Sage niemand, dass die Chinesen verschlossen gegenüber dem Westen wären. Diese Mär hat schon Mao Tsetung nachhaltig widerlegt. Sein Marxismus trägt schließlich den Namen eines Deutschen. Maos Sozialismus war ein Import. Dieser Westimport mag zwar kläglich gescheitert sein, hat aber zeitweise die Massen begeistern können.

Um dieses Bedürfnis nach sinnstiftenden Weltbildern richtig verstehen zu können, muss man den Blick zurück auf die fünftausendjährige Geschichte Chinas lenken. Eine Geschichte voller Isolation und Abwehr. Sie musste immer dann als Begründung oder Entschuldigung herhalten, wenn sich westliche Vorstellungen nicht durchsetzen ließen. Diese Entschuldigung gilt heute nicht mehr. China hat nicht nur die Vorteile der Marktwirtschaft entdeckt, sondern deckt auch seine Nachfrage nach Weltanschauung mittlerweile mit dem westlichen Angebot.

Der frühere Leiter des Pekinger Büros des amerikanischen Nachrichtenmagazins »Time«, David Aikman, schilderte das neue Interesse der chinesischen Gesellschaft am Christentum in seinem Buch »Jesus in Beijing« am Beispiel einer überraschenden Begegnung 18 amerikanischer Touristen in Peking mit einem Akademiker der chinesischen Akademie für Sozialwissenschaften. Dieser Mann äußerte sich gegenüber seinen westlichen Besuchern folgendermaßen: »Wir haben uns immer wieder gefragt, was denn die Vorherrschaft des Westens über den Rest der Welt wirklich begründet hat. Wir haben alles studiert, was wir an historischen, politischen, wirtschaftlichen und kulturellen Konzepten gefunden haben. Zuerst dachten wir, sie hätten die besseren Gewehre gehabt. Dann dachten wir, sie hätten das bessere politische System.

Dann konzentrierten wir uns auf ihr Wirtschaftssystem. Doch in den vergangenen zwanzig Jahren haben wir erkannt, dass das Herz ihrer Kultur ihre Religion ist: das Christentum. Deshalb ist der Westen so mächtig gewesen. Die christlichen moralischen Grundlagen des sozialen und kulturellen Lebens waren es, die das Entstehen des Kapitals und der Industrie ermöglicht haben und dann den Übergang zur Demokratie. Daran zweifelt bei uns niemand mehr.«

Ganz so allgemeingültig sind diese Überlegungen in der chinesischen Gesellschaft allerdings nicht, oder diese Überlegungen dürfen noch nicht offen und freimütig geäußert werden. Der Vertreter der Akademie, eines der führenden Institute Chinas, wollte nicht, dass sein Namen genannt würde. Immerhin beobachtete der amerikanische Autor, dass bei näherem Hinsehen überall in der chinesischen Gesellschaft, sogar in der heftig umstrittenen neokapitalistischen Wirtschaft, Christen führende Positionen einnehmen.

Dabei handelt es sich oft um Menschen, die weder getauft sind noch irgendeiner Kirche zugehören, sondern die sich einfach an christlichen Gedanken und christlichem Verhalten orientieren. Aber auch wenn man einen strengeren Maßstab anlegt, so muss der US-Autor feststellen, dass jedes zweite chinesische Konsulat in den Vereinigten Staaten von Amerika Christen aus China beschäftigt. Ähnliches dürfte für alle übrigen chinesischen Auslandsvertretungen in der ganzen Welt gelten, insbesondere in christlich geprägten Ländern.

In China selbst entdeckte Aikman Christen unter den reichsten Unternehmern des Landes. Die führenden Hersteller von Klimageräten beispielsweise sind zwei Brüder, die seit 2001 christlich getauft sind. Symbol ihres Reichtums ist allerdings nicht das Kreuz, sondern ein Privatflugzeug.

Ein in seiner Widersprüchlichkeit früher kaum vorstellbares Ereignis geschah im Dezember 2002 in der Konzerthalle von Pekings Verbotener Stadt. Es sollte ein kultureller Höhepunkt des Jahres werden. Das chinesische Nationale Sinfonie-orchester und das chinesische Filmsinfonieorchester führten unter der Leitung des Dirigenten und bekennenden Christen Su Wen Xint Händels Messias auf.

Es gibt aber noch weitere Zeichen für einen fundamentalen Wandel in Chinas Gesellschaft. Um nur zwei Beispiele zu nennen: Selbst die Tochter von Chinas früherem Premiermi-nister Li Peng hatte sich während ihres Studiums in Japan christlich taufen lassen. Und sogar Töchter von Mao Tse-tung sollen Christinnen geworden sein.

Kontrolle, Streit
und viel Überheblichkeit

Warum vier Missionsversuche gescheitert sind

Das Christentum kam nach China mitten in einer Zeit des größten Wohlstandes. Bis heute gilt die Dynastie der Tang 618 bis 907 als das goldene Zeitalter Chinas. Das Reich der Mitte stand in regem Handelskontakt mit der gesamten ihm damals bekannten Welt. Die reichte von Korea über Japan bis Indonesien, Tibet, Nepal und Indien. Chinas Kaiser Taizong hatte die durch Turkistan führende Seidenstraße erobert und seine Hauptstadt, das heutige Xian, zu einer eine Million Einwohner zählenden Metropole entwickelt.

Es war selbstverständlich für den weltoffenen Kaiser, dass alle Länder an seinem Hofe Vertretungen unterhielten, zu denen auch religiöse Einrichtungen gehörten. Eine Besonderheit, die bis heute gilt, hatte Taizong schon damals praktiziert. Er betrachtete zwar die religiösen Bewegungen als eine Bereicherung seines Landes, wollte aber jederzeit genau wissen und begreifen, mit was und mit wem er es zu tun hatte. Deshalb schuf er eine Behörde und unterstellte sie dem für die Außenbeziehungen zuständigen Ministerium. Die Behörde hatte den Auftrag, alle neuen Religionen auf staats- und gesellschaftsfeindliches Gedankengut zu überprüfen. Die Oberhoheit über die Gedanken seiner Bewohner beanspruchte der chinesische Staat also schon seit Jahrhunderten. Gleich geblieben ist bis heute auch die Praxis der religiösen Kontrolle. Die Behörde untersagte zwar keine neue Religion. Sie wählte aber dosiert aus und genehmigte die Ausübung entweder ganz allgemein oder beschränkt, beispielsweise nur der jeweiligen Ausländergemeinde.

Zu den Ausländern, die nach einigen Anlaufschwierigkeiten im ganzen Land ihren Glauben praktizieren und für ihn werben durften, gehörten die Nestorianer. Korrekt bezeichnet heißen sie ostsyrische Christen. Als Nestorianer gingen sie aber in die Kirchengeschichte ein. Von ihrem chinesischen Dasein erzählt eine Stele, die Anfang der Zwanzigerjahre des 17. Jahrhunderts in der Nähe von Xian gefunden worden ist. Heute ist die zwei Tonnen schwere, 2,79 Meter hohe und 99 Zentimeter breite Stele im Stelenwaldmuseum der zur Provinzhauptstadt herabgesunkenen einstigen Kaisermetropole zu bewundern.

Die Stele steht auf dem Rücken einer Schildkröte, dem Symbol einer stabilen Weltordnung, und erzählt auf der Vorderseite mit 1800 Schriftzeichen die Verbreitung der »leuchtenden Religion« von Ta Qin, dem Christentum, im Reich der Mitte. So jedenfalls besagen es neun chinesische Schriftzeichen. Der sensationelle Fund bestätigte, was bis dahin nur für ein Märchen oder eine fromme Legende des italienischen Entdeckers und China-Reisenden Marco Polo gehalten wurde. Der Italiener hatte von frühen Christen und deren Spuren im Reich der Mitte berichtet, fand aber in der lateinischen Kirche in Europa niemand, der ihm glaubte. Jetzt ist bestätigt, dass schon vor den nach Marco Polo eintreffenden Franziskanern und Jesuiten Ende des 16. Jahrhunderts Christen in China gelebt und gewirkt hatten.

Die Stele berichtet: »Als Kaiser Taizong seine glanzvolle Herrschaft in Ruhm und Weitsicht begann, lebte im Land Ta Qin ein Mann herausragender Tugendhaftigkeit namens Alopen. Er beobachtete die himmlischen Zeichen, brachte die wahrhaftigen Schriften und erreichte 635 Chang'an. Der Kaiser schickte den Staatsminister, Graf Fang Xüanling, mit einer Ehrengarde zur westlichen Vorstadt, um den Gast zu empfangen und ihn zum Palast zu führen. Der Kaiser ließ die heiligen Bücher in der kaiserlichen Bibliothek übersetzen und prüfte sie. Er erkannte, dass die Lehre richtig und wahrhaftig war und erlaubte ihre Verbreitung.«

Auf dem Stein wird ein kaiserliches Edikt aus dem Jahr 638 zitiert: »Das Tao hat keinen ewigen Namen, Weisheit hat keinen ewigen Körper. Die geeignete Religion wird den Regionen angepasst und so eingesetzt, dass alle Menschen gerettet werden. Der sehr tugendhafte Alopen aus Ta Qin kam von sehr weit her, um in der höchsten Hauptstadt seine heiligen Bücher und Bilder zu überreichen. Sie sprechen alle wichtigen Aspekte des Lebens an, sie haben keine überflüssigen Wörter. Sie helfen allen Lebewesen und fördern die Menschen. Deshalb ist es angebracht, dass sie sich im Reich verbreiten. Deshalb sollen die Behörden im Quartier I Ning der Hauptstadt sofort ein Ta-Qin-Kloster für 21 Mönche errichten.«

Alopen war vermutlich 635 unter dem Namen Yaballaha oder Abraham als Mönch, möglicherweise aber auch als Bischof nach Chang'an (Xian) gekommen. Der vornehme Empfang deutet daraufhin, dass er zu einer hochrangigen sassanidischen Delegation gehört hatte. Experten gehen davon aus, dass er im Auftrag des Patriarchen Ishoyab II. gereist war.

Auf jeden Fall muss das assyrische Christentum schnell großen Anhang gefunden haben. Sonst hätte der Kaiser nicht angeordnet, dass diese leuchtende Religion in allen 358 Präfekturen ein Kloster erhalten sollte. Alopen wurde sogar mit dem Titel Großer Meister des Gesetzes und Wächter des Reiches ausgezeichnet. Nachgewiesen werden kann allerdings bis heute nur die Existenz von elf Klöstern. Vermutlich wurden nicht alle gebaut, die genehmigt worden waren. Gesichert ist aber auch, dass die nestorianischen Christen entlang der gesamten Seidenstraße von Damaskus bis Samarkand Gemeinden unterhielten.

Dennoch war das Christentum in China vom siebten Jahrhundert bis in die jüngere Vergangenheit nie eine in der Bevölkerung tief verwurzelte und somit nicht mehr auszulöschende Religion. Launen der Kaiser, Intrigen, Machtkämpfe bei Hofe und unhaltbare Vorwürfe konkurrierender Anschauungen begleiteten das Christentum von Anfang an und behinderten seine Ausbreitung. Eine Konkubine des Kaisers war beispielsweise eine fanatische Buddhistin und scheute nicht vor mehreren Morden zurück, um selbst an die Macht zu gelangen und ihre eigene Religion zur Staatsreligion zu erklären. Sie ließ Klöster plündern und niederreißen, bis ein neuer Kaiser Mitte des achten Jahrhunderts den Vernichtungseifer beendete.

Die Missionsversuche waren inzwischen jedoch erloschen, weil sie zu sehr vom Wohlwollen einzelner Herrscher oder von Feldherren abhingen. Die breiten Volksmassen fanden nie Zugang zum Christentum. Die führenden Nestorianer scheinen sich auch weitgehend auf ihre Kontakte zur Oberschicht beschränkt zu haben. Als in der zweiten Hälfte des neunten Jahrhunderts die Staatsautorität zerfiel und Eunuchen die Macht an sich rissen, wurde der Nestorianismus verdrängt. Schließlich wurde das Christentum im 9. Jahrhundert verboten.

Die Nestorianer verschwanden aus dem Reich. Ihre Erfahrungen nutzten anschließend die arabischen Kalifen. Nestorianer dienten ihnen als Ratgeber, Dolmetscher und Diplomaten. Als die Tang-Dynastie im Jahre 907 zusammenbrach, wurden auch die meisten Kontakte zum Westen unterbrochen. Erst 980 konnten sechs Mönche im Auftrag des Patriarchen von Bagdad wieder ins Reich der Mitte reisen. Die konnten aber nur noch feststellen, dass das Christentum in China erloschen war: »Kein einziger Christ war übrig geblieben«.

Die Mission der Nestorianer traf in China auf dieselben Schwierigkeiten wie alle späteren christlichen Missionsversuche bis in die Gegenwart. Das Reich der Mitte war nie ein sozusagen heidnisches Neuland, nie ein Land mit einer rückständigen, primitiven oder zerfallenen Kultur. Geistige Krisen haben nie Wesentliches an den älteren Kulturen zerstört, sondern diese immer nur umgeformt. Christliche Missionare fanden also kein zerbrochenes Römisches Reich vor, keine wilden Germanen und keine Analphabeten. Lange vor dem Christentum beherrschte der um Harmonie zwischen den Menschen bemühte Konfuzianismus den Staat und prägte die Gesellschaft. Das Selbstverständnis der Menschen war vom Taoismus geprägt, und selbst der Buddhismus, der Elemente des Taoismus übernahm, kam dem Christentum um ein halbes Jahrtausend zuvor.

Die Auseinandersetzung mit diesen Religionen und Weltanschauungen erklärte schon in Alopens Zeit die Schwierigkeiten seiner und aller nachfolgenden christlichen Missionen gleich welcher Orientierung. Allen gemeinsam war es so gut wie unmöglich, den Chinesen verständlich zu machen, dass sich Jesus Christus als Fleisch gewordener Gott für die Menschen geopfert haben soll, um die Menschen vor der ewigen Verdammnis zu retten. Die vom Konfuzianismus geprägten Chinesen gehen von der Güte der menschlichen Natur aus und konzentrieren sich im Idealfall auf die Förderung des richtigen Lebens im Diesseits. Ein allmächtiger Gott, der seinen geliebten Sohn am Kreuz opfert, ist für einen normalen Chinesen nicht nachvollziehbar. Der Wahrheitsanspruch des Christentums blieb den Chinesen bis heute fremd, ebenso wie die Aufforderung von Jesus an die Apostel, ihre Eltern zu verlassen. Mangelnde Mutterliebe und Missachtung der Ahnen blieben in einem Land, das für seinen Ahnenkult bekannt ist, tief verwurzelte Sperren, die Knackpunkte zwischen Christen und Chinesen gleich welcher Schattierung darstellten.

Alopen meinte diese Hindernisse durch eine Betonung der klassischen chinesischen Werte umgehen zu können: »Das sind die vier wichtigsten Gebote. Erstens: diene dem himmlischen Herrn, zweitens: dem Kaiser, drittens: deinen Eltern und viertens: sei barmherzig zu allen Lebewesen!« Alopen versuchte mit solchen Grundsätzen konfuzianische Ethik und buddhistische Grundsätze mit der christlichen Botschaft zu vereinbaren. Nachzulesen sind diese Vermittlungsversuche in Aufsätzen auf sechs Rollen, die in einer Höhle in Dunhuang gefunden wurden. Geschickt lenkte er von der buddhistischen Erwartung der Wiedergeburt ab und predigte stattdessen:»Was man in der nächsten Welt möchte, muss man in dieser Welt säen. Alle Verdienste und Tugenden müssen in dieser Welt erworben werden. Ein böses Herz und böse Gedanken könnten nur in dieser Welt überwunden werden, nicht in der nächsten.« Die Erwartung der Wiedergeburt wird auf diese Weise auf das Handeln in der heutigen Wirklichkeit umgelenkt.

Der Präsident der Gesellschaft zur Erforschung Eurasiens, Christoph Baumer aus Hergiswil in der Schweiz, hat die Missionsversuche und die Texte von Alopen untersucht. Der führende Forscher des euroasiatischen Christentums wies aus den Handschriften nach, dass Alopen zeitgenössische Mystiker, die in seiner Heimat als Häretiker verdächtigt waren, für seine Chinamission vereinnahmte. So zitierte er Isaak von Niniveh:»Gott hat die Teufel und Sünder im Moment ihres Falls nicht verlassen. Sie blieben nicht Sünder und Dämonen. Denn Gott beabsichtigt, sie alle zur gleichen Vollkommenheit zu führen, in der sich schon jetzt die heiligen Engel befinden.« Baumer erkennt darin hervorragende Beispiele versuchter Inkulturation.

Baumer wollte wissen, wie er in seinem Buch»Frühes Christentum zwischen Euphrat und Jangtse« schrieb, wie weit die Nestorianer ihr Glaubensbekenntnis an die »übermächtige Umgebung« angepasst hatten. In der Predigt des Herrn des Universums ruft Alopen die Dreifaltigkeit als die Drei-Einen an. Er fährt mit der Schöpfungsgeschichte und im Heilswerk Christi fort und endet mit der Beschreibung christlichen Lebens. Zu Beginn der Schöpfung habe Gott das Kreuz als kosmisches Zeichen gesetzt, um die vier Himmelsrichtungen zu bestimmen. Das Kreuz symbolisiere also weder die Kreuzigung noch die Auferstehung Christi, sondern die Allmacht Gottes. Alopen unterstrich statt der Erbsünde die fundamentale Güte der menschlichen Natur. Taoisten hätten darin ihre Überzeugung wiedergefunden, wonach der ursprüngliche Mensch keine Begierde gekannt und in vollkommener Übereinstimmung mit dem Tao gelebt habe. Christus erschien auf Erden in der Gestalt eines Menschen. Sein Körper starb, aber nicht seine göttliche Natur. Die Kreuzigung wird übergangen. Dafür wird die Auferstehung als allgemeine Überwindung des Todes gefeiert.

Den zweiten Anlauf zur Christianisierung erlebte China unter der Mongolenherrschaft. Die Spuren der ersten Christen waren nicht mehr zu erkennen. Es sah aus, als hätte es dort nie zuvor Christentum gegeben. Jahrhundertelang nahm die römische Kirche nicht zur Kenntnis, was die frühen Christen aus dem damals zahlenmäßig überlegenen Osten des Römischen Reiches in China erlebt, erlitten und hinterlassen hatten. Die Aufmerksamkeit für China änderte sich schlagartig, als einer der berühmtesten Eroberer der Weltgeschichte, der mongolische Fürst Dschinghis Khan, mit seinen Horden Europa heimsuchte.

Aus dem Jahr 1240 datiert eine Aufzeichnung aus Ungarn, in der ein unbekannter Autor das Ende der Welt unmittelbar bevorstehen sah: »Wer in die Hände dieser Barbaren fällt, würde lieber nicht geboren sein.« Dschingis Khan ließ Europa in einer Zeit zittern, in der es aus eigener Verschuldung geschwächt war, etwa durch die sinnlosen Kreuzzüge und die Plünderung von Byzanz. Papst Innozenz IV. beschloss in seiner Not, einen Abgesandten an den Mongolenhof zu schicken. Er sollte ein Friedensangebot unterbreiten und den Mongolenführer für ein Bündnis gegen die Moslems gewinnen. Der Franziskanerpater Jean de Plancarpin brach 1243 von Lyon aus auf. Der 66-jährige Bettelmönch reiste zusammen mit einem polnischen Mitbruder zu Fuß und per Schiff nach Asien. Er kam 1245 in Karakorum an, wo die Hauptmacht des mongolischen Heeres lag.

Dort sollte er im Auftrag des Papstes die Mongolen vor einem weiteren Vordringen warnen. Andernfalls sollte ihnen im Namen des Papstes mit der ewigen Verdammnis gedroht werden. Großkhan Küyük muss sich köstlich amüsiert haben. Er lehnte freundlich die Aufforderung ab und gab dem armen Mönch seinerseits einen Brief für den Papst mit, im Ton genauso anmaßend wie Innozenz:

»Küyük, Gottes Kraft, Kaiser aller Menschen, an den Papst ... Du meinst, wir sollten uns taufen lassen und Christen werden. Wir antworten dazu nur kurz, dass wir nicht verstehen, was wir tun sollen.

Du drückst Dein Erstaunen über unser Massaker aus, besonders an Christen. Das wiederum verstehen wir auch nicht. Diese Bevölkerung hat sich geweigert, sich uns zu unterwerfen, und das gegenüber dem Vertreter Gottes und ... Gott hat uns beauftragt, sie auszulöschen, und sie deshalb auch in unsere Hände gegeben.«

Der Khan sprach mit derselben Sprache der göttlichen Berufung, wie sie der Papst beanspruchte. Am Ende forderte er den Papst und alle christlichen Könige auf, sich ihm zu unterwerfen als Zeichen der Freundschaft und um Frieden zu schließen.

Diese Mission war also gescheitert. Den nächsten Versuch unternahm Frankreichs König Ludwig IX. 1252 sandte auch er einen Franziskaner in die Mongolei. Diesmal suchte er weniger das Seelenheil der Menschen in Chinas Weiten. Er meinte die Mongolen als Verbündete bei den Kreuzzügen gegen die Sarazenen gewinnen zu können. Sein Abgesandter Willem de Rubruck beschrieb die Rolle der letzten Nestorianer unter den Mongolen voller Gehässigkeit. Er schilderte sie als leichtfertige Menschen, die viel trinken und mit mehreren Frauen verheiratet seien.

Ein Jahrzehnt später trafen die Brüder Polo am Hof des Kublai Khan ein. Deren Erzählungen über die Nestorianer unterscheiden sich gewaltig von den früheren Pamphleten. Sie wurden deshalb in Europa auch nicht geglaubt. Kublai Khan nahm die Polo-Brüder wohlwollend auf. Sie machten ihn neugierig. Er wollte gerne mehr über die lateinische Christenheit wissen. Die Polos sollten in seinem Auftrag den Papst bitten, mehr als hundert Kenner von Kunst und Religion zu ihm zu schicken. Matteo und Niccolo Polo trugen Papst Gregor X. die Bitten vergeblich vor. Der jüngere Bruder Marco Polo reiste mit nur zwei Dominikanern nach China zurück. Doch die beiden Patres drehten unterwegs um. Marco Polo zog weiter, machte eine steile Karriere bei den Mongolen und wurde Günstling des Khans. Dieser schickte ihn auf mehrere Missionen in die ganze Welt, aber er richtete nie mehr eine Bitte an Rom. Vorerst waren die Beziehungen unterbrochen.

Ebenfalls im 13. Jahrhundert schlossen sich ein uigurischer Nestorianerchrist, Rabban Sauma, und sein Landsmann namens Marcos zusammen, um gemeinsam nach Jerusalem zu pilgern. Das war inzwischen von den Moslems zurückerobert worden. Die Reise endete vorzeitig in Mesopotamien. Dort wurde allerdings Marcos unter dem Namen Yahballaha (Gottgegebener) zum Metropoliten für eine Kirchenprovinz gewählt, die bis Nordchina reichte. Vom Großkhan von Persien wurde er gebeten, mit Sauma nach Rom zu reisen, um mit dem Papst ein Bündnis gegen die Moslems zu schließen. Rabban Sauma zelebrierte in der Ewigen Stadt immerhin mit dem neugewählten Papst Nikolaus IV. eine Messe im nestorianischen Ritus. Doch das Bündnis kam dieses Mal nicht zustande.

Der 1288 gewählte Papst Nikolaus IV. schickte schließlich seinen Legaten, den 42-jährigen Franziskaner Giovanni di

Montecorvino, nach China. Trotz angeblicher heftiger Widerstände der Nestorianer, die nach verschiedenen Zeugnissen mehrere Familienmitglieder der mongolischen Khans in ihren Reihen zählten, gelang es dem einsamen Franziskaner, in sechs Jahren bis 6000 Chinesen und Mongolen zu taufen und sogar 1299 eine Kirche zu bauen. Zum Lohn ernannte ihn Papst Clemens V. zum Erzbischof von Peking.

Doch auch diese Missionierung war nicht von Dauer. China wurde von nationalistischen Aufständen heimgesucht. Eine neue Dynastie, die der Ming, kam an die Macht. Ihr erster Kaiser entstammte einer Gruppe religiöser Rebellen, der »Roten Turbane«. Ihre Ausländerfeindlichkeit bezog sich auf alle importierten Glaubensbekenntnisse, darunter die Nestorianer ebenso wie die gerade von den Franziskanern getauften Katholiken. Sie wurden verboten, und am Ende des 14. Jahrhunderts waren wieder alle Christen aus China verschwunden.

China riegelte sich für gut 200 Jahre nach außen ab. Erst nachdem in Europa die Reformation Martin Luthers um sich gegriffen hatte und die römische Kirche mit der Gegenreformation und dem neuen Orden der Jesuiten angetreten war, rückte das Reich der Mitte wieder in das Blickfeld des Abendlandes. Ein Schützling des Gründers der Gesellschaft Jesu und Landsmann von Ignatius von Loyola, der Spanier Franz Xaver, unternahm eine Missionsreise nach China. Er verbrachte nahezu sein ganzes Leben in Asien, vor allem in Indien, Malaysia und Japan. 1552 starb er auf der Insel Shangchuan vor der Küste Chinas, ohne je sein Traumland betreten zu haben.

Die Gegenreformation ließ den Orden der Jesuiten als intellektuelle Speerspitze der katholischen Christenheit wachsen und schnell berühmt werden. Jesuiten waren die aus dem Geist der Renaissance geprägten, aufgeklärtesten katholischen Kirchenvertreter, die damals denkbar waren. Sie waren nicht nur geschulte Theologen, sondern glänzten in allen damals bekannten Künsten und Wissenschaften. Eine der erstaunlichsten Persönlichkeiten war der Italiener Matteo Ricci. Mit 30 Jahren landete Ricci 1582 auf der von den Portugiesen besetzten Enklave Macau. Für den Einsatz im Reich der Mitte hatte sich Ricci besonders durch ein Gedächtnistraining vorbereitet. Bald nannte er sich Li Madou und verblüffte seine chinesischen Gesprächspartner mit Gedächtnisfähigkeiten, etwa wenn er ein klassisches chinesisches Gedicht hörte und es unmittelbar danach gleich wieder vollständig auswendig wiederholte.

Zuerst versuchte der italienische Missionar in der Provinz Guangdong, gleich hinter Macau, Fuß zu fassen. Er kleidete sich dazu wie buddhistische Mönche, entdeckte aber schnell, dass das Ansehen eines gelehrten Chinesen weitaus höher war, wenn er sich als Schüler des Konfuzius präsentierte. Bald beherrschte er nicht nur das Chinesisch des Kaiserhofes, sondern dichtete sogar in der Sprache des Gastlandes und erklärte das Christentum selbst einer anspruchsvollen Zuhörerschaft in deren Sprache. Den Zugang zum Kaiser verschaffte er sich nicht als Priester, sondern als Uhrmacher mit technischen Kenntnissen, wie sie in China bis dahin nicht bekannt waren. Er und seine Mitbrüder, die bald folgen sollten, erwarben sich das Wohlwollen der chinesischen Oberschicht weniger durch ihre theologische Bildung als vielmehr durch ihre Kenntnisse in Mathematik, Kartographie und Astronomie. Bis 1605 konnte Ricci dennoch auf mehr als tausend katholische Taufen zurückblicken, darunter eine beachtliche Zahl von Hofeunuchen und Hofdamen. Ricci war überzeugt, dass er seinen Lebenswunsch, wie ein Chinese zu sein, durchaus mit seinem katholischen Glauben vereinbaren konnte.

Der Jesuit stieg nicht nur zu höchstem Ansehen auf. Er wurde auch der Freund eines der ersten Sekretäre des Kaisers. An diesem großen Einfluss der Jesuiten änderte sich auch nichts, als die Ming-Dynastie 1644 durch die Manchus abgelöst wurde. Seine Nachfolger Adam Schall von Bell aus

Deutschland und der Belgier Ferdinand Verbiest errangen ähnlich hohes Ansehen, in erster Linie durch ihre astronomischen Vorhersagen. Die mehrsprachigen Patres dienten ihren chinesischen Auftraggebern zudem als Dolmetscher in diplomatischen Missionen. So trafen bei den Verhandlungen Chinas mit der aufsteigenden Macht Russland auf beiden Seiten Jesuiten als Diplomaten aufeinander.

Als Schall 1666 starb, folgte ihm Verbiest. Er genoss es geradezu, wie erzählt wird, dass einer der fähigsten chinesischen Kaiser, Kangxi (1654–1722), der zweite aus der Manchu-Dynastie, mit ihm gerne philosophische Streitgespräche führte. Vergeblich hoffte der Jesuit allerdings darauf, dass sich der Kaiser trotz aller Annäherungen an das Christentum bekehren würde. Vermutlich wusste der Mann der Macht ganz genau, dass er gerade dieser Macht wegen nicht konvertieren durfte. Der Machthaber konnte sich nicht zu der Religion einer kleinen, zudem ausländischen Minderheit bekennen, ohne seine Position zu gefährden. An diesem Punkt endete die Freundschaft. Ein späterer christlicher Historiker verglich dieses Verhalten mit einer Forderung an den Papst, sich zum Islam zu bekehren und Oberhaupt der katholischen Kirche zu bleiben.

Diese Missionsphase stand zwar ganz im Zeichen der Jesuiten. Doch der neue Orden stand keineswegs allein auf weiter chinesischer Flur. Ihm folgten nahezu alle größeren kirchlichen Orden, zunächst nur bis an die Küste Chinas, später auch ins Landesinnere. Anfangs waren es die Franziskaner, dann die Dominikaner und die Augustiner. Im Gegensatz zu den elitären Jesuiten richteten sie sich mehr an die unteren gesellschaftlichen Schichten. In China wiederholte sich dann, was sich über Jahrhunderte hinweg überall zwischen den kirchlichen Orden und der Elitetruppe des Ignatius von Loyola abspielte. Neid und Eifersucht verdrängten die christliche Nächstenliebe.

Ein Streit unter katholischen Orden beendete wieder einmal die christliche Mission im Reich der Mitte und löschte das Christentum für mehrere Jahrhunderte aus der Öffentlichkeit. Der fatale Krach ging in die Geschichte unter dem Namen Ritenstreit ein. Die Orden, die den etwas einfacheren Ansprüchen der Volksfrömmigkeit genügten, verdächtigten die intellektuellen Jesuiten stets, zu sehr auf Gewissens- und Gedankenfreiheit zu setzen und weniger auf Glaubenstreue. Den Gegnern der Jesuiten passte der frühe Versuch einer Inkulturation des Katholizismus nicht, womit allerdings auch schon die Nestorianer ihre Not hatten. Ein heute kaum mehr nachvollziehbarer Zankapfel löste den Krach samt Untergang aus.

Die Jesuiten hatten die Bedeutung des Ahnenkultes für die gesamte chinesische Gesellschaft erkannt und versucht, ihn mit christlichen Vorstellungen zu vereinbaren. Sich der Ahnen zu erinnern, ihrer zu gedenken und sich an ihnen ein Vorbild zu nehmen, erschien den Jüngern des Ignatius keineswegs als Götzendienst. Sie erkannten eine Nähe zu der sehr katholischen Vorstellung vom Ewigen Leben, wie sie in den Gedenkfeiern und Fürbitten für die Verstorbenen bei jeder Beisetzung, aber ganz besonders bei den Gräberbesuchen und Gebeten an Allerseelen zum Ausdruck kommt.

Aus heutiger Sicht war der Streit also so überflüssig wie nur etwas gewesen. Doch in der Neidgesellschaft konkurrierender Orden und dem Eiferertum populistischer Prediger wurde die jesuitische Deutung als häretisch und der Ahnenkult als heidnischer Götzendienst verunglimpft. In Rom fanden die Kreuzzügler gegen Aufklärung und Pragmatismus offenes Gehör. Der Papst fiel auf die Intrigen herein und schickte noch eine vernichtende diplomatische Ungeschicklichkeit hinterher.

In römischer Überheblichkeit läutete er das vorläufige Ende der christlichen Mission in China ein. 1715 verurteilte er nicht nur feierlich in einer Bulle den chinesischen Ahnenkult. Er ließ seinen Bannstrahl auch noch von sprachunkundigen Missionaren dem Kaiser von China auf Lateinisch vortragen, was den landes- und kulturkundigen Jesuiten nie unterlaufen wäre. Kaiser Kangxi erboste sich darob derart, dass er vor dem Hof und den angegriffenen Jesuiten vernehmlich laut darüber nachdachte, ob es nicht besser wäre, das Christentum in China ganz zu verbieten. Vor dieser letzten Konsequenz starb er 1722.

Sein Nachfolger ließ aber bereits zwei Jahre später alle Christen verfolgen, ausweisen und ihre Güter beschlagnahmen. Historiker gehen davon aus, dass etwa 300 000 Christen betroffen waren. Die angesehensten Jesuiten waren zu dieser Zeit bereits gestorben. Keiner konnte mehr etwas retten. Einige mutige Missionare versuchten zwar bis Anfang des 19. Jahrhunderts heimlich weiter im Land zu wirken, bezahlten ihren Wagemut jedoch mit dem Martyrium. 1807 wurden gerade noch 1800 Katholiken in China gezählt. Es war der Tiefpunkt am Vorabend einer wenige Jahrzehnte später einsetzenden China-Mission, in der allerdings die Protestanten im Gefolge der Kolonialmächte mit zum Teil sehr zweifelhaften Methoden alle katholischen Missionserfolge in den Schatten stellen konnten.

Der dritte Versuch der Eroberung Chinas für das Christentum endete nach großen Fortschritten am Anfang ebenso im Desaster wie die beiden vorigen. Der vierte sollte von der Mitte des 19. Jahrhunderts an auf weitaus breiterer Front folgen, wobei man keinen der alten Fehler von Arroganz und Unkenntnis des Landes wie seiner Kultur und mangelnde Sensibilität vermied.

Die neuen Missionare aller christlichen Denominationen haben mit wenigen Ausnahmen bis zur zwangsweisen Besinnung nach der blutigen Repression des 20. Jahrhunderts nicht verstanden, dass Chinas Kultur dem Westen mindestens ebenbürtig, wenn nicht sogar überlegen war, auch wenn die materielle und vor allem kriegstechnische Überlegenheit des Abendlandes einen Anspruch auf Vorherrschaft zu begründen schien. Auf den Kanonenbooten der weltlichen Eroberer aus Europa und den Frachtern der Kolonialmächte drangen sie in das durch innere Konflikte geschwächte Reich der Mitte ein, gründeten Kirchen und Gemeinden. Doch am Ende waren sie wieder die Ausländer und schließlich die Feinde Chinas, mit denen in der Kulturrevolution aufgeräumt wurde.

Eine der rühmlichen Ausnahmen war der Südtiroler Steyler-Missionar Josef Freinademetz (1852–1908). Er trat 1878 in den neugegründeten Missionsorden der Steyler, der Gesellschaft vom Göttlichen Wort (SVD) ein und reiste schon nach wenigen Monaten mit dem späteren Bischof Johannes Baptist Anzer nach China. Fast 30 Jahre lang arbeitet er nach einer Einführung in Hongkong und Saikung in der Südshantung-Mission mit anfangs nur 158 Christen.

Seine Gemeinde bereiste er mit per Maultier und in einem zweirädrigen Karren. Lange Fußmärsche gehörten zum Seelsorgealltag. Er litt unter Verleumdungen, Enttäuschungen und Anfeindungen. Mehrmals wurde er misshandelt und mit dem Tode bedroht. Wenn ihn keine Kirchengegner verfolgten, bedrohten ihn Räuber oder er geriet in öffentlichen Aufruhr im zerfallenden kaiserlichen China. Dennoch verlor Freinademetz nie seine gewinnende Güte, heißt es in Missionsberichten. Ihn zeichnete aber auch aus, was schon die erfolgreichsten Jesuiten 300 Jahre früher gewusst hatten. Er kleidete sich in die dunkelseidenen Gewänder der chinesischen Literaten wie einst Pater Ricci mit Kappe, Zopf und Bart. Wie die berühmten Vorgänger beherrschte er die Landessprache besser als viele Einheimische. »Fu Shen-Fu«, Vater des Glücks, nannte ihn seine Gemeinde. Am 28. Januar 1908 starb er an Typhus, mit der er sich beim Besuch von Kranken angesteckt hatte.

»Für meine Chinesen« wollte er sterben. Deshalb blieb er bis zuletzt bei ihnen. Unter der zwölften Kreuzwegstation wurde er in Taikia beigesetzt. Das Grab soll noch bestehen. Doch der Leichnam wurde während der Kulturrevolution exhumiert und verbrannt. Die Roten Garden wollten nicht einmal tote Christen im Lande dulden. Am 5. Oktober 2003 wurde der Ladiner Freinademetz aus der Abtei Oies zusammen mit Ordensgründer Arnold Janssen in Rom heiliggesprochen.

Doch dieses Mal war der Untergang weder total noch, historisch betrachtet, auf lange Zeit. Im Gegensatz zu dem Scheitern vergangener Jahrhunderte bereitete der Zusammenbruch des Christentums dieses Mal in China eine ungeahnte Blüte vor, die sogar weit über das Riesenland hinaus wirken kann. Chinesische Christen träumen inzwischen sogar davon, als überzeugendere Glaubensboten als die aus dem Westen dem Islam begegnen zu können und Moslems zu bekehren.

Der Kreis scheint sich zu schließen. Eine fünfte ausländische Mission wird es in China dennoch nicht geben. Geschichte ist Geschichte, und sie lässt sich nicht wiederholen. Die gescheiterten Versuche haben es bewiesen. Die Lehren daraus haben die chinesischen Christen selber gezogen. Die atheistische Volksrepublik verlangt von den christlichen Kirchen, dass sie in jeder Beziehung von ausländischem Einfluss unabhängig sind. Die chinesischen Christen wollen es dieses Mal sogar selber, was nicht heißt, dass die Katholiken nicht den »ausländischen« Papst als Kirchenoberhaupt anerkennen und dankbar für Spenden sind.

Eine endlose Kette
von Fehlern und Vorurteilen

Unverständnis für asiatisches Denken
wirkt bis heute nach

Damit hatte David H. Adeney nicht gerechnet. Gerade erst Mitte zwanzig und voller Begeisterung in Huauining angekommen, einer Stadt am Yangtse, erlebte er die schrecklichen Vorzeichen der großen, blutigen Umwälzungen in China. Es war 1934, und ein bis dahin unbekannter Mao Tsetung sammelte die kommunistischen Rebellen zum »Langen Marsch« an die Macht. Nahe der Stadt, wo die englische China-Inlandmission, für die Adeney arbeitete, ein Sprachzentrum unterhielt, wurden zwei Missionare, John und Betty Stam von kommunistischen Guerilla-Kämpfern gefangen genommen und enthauptet. Nicht wegen ihres christlichen Glaubens, sondern weil sie für Helfer des Imperialismus gehalten wurden. Als Reaktion ging ein britisches Kriegsschiff vor der Stadt vor Anker, sichtbares Zeichen der Kanonenbootpolitik der westlichen Kolonialmächte.

Die Missionare fühlten sich keineswegs geschützt, wie die Kriegsherren vorgaben. Sie fühlten sich in ihrer Arbeit behindert und als Personen belästigt, obwohl sie aus reiner Naivität selbst wesentlich zu dem schrecklichen Missverständnis beigetragen hatten, gemeinsame Sache mit den Kolonialmächten zu machen.

Die Erlebnisse des Anglikaners in den Spätzeiten des Opiumhandels und der heraufdämmernden Revolution illustrieren nur einen Abschnitt der Geschichte des Christentums in China. Shanghais Bischof Aloysius Jin Luxian bringt die eineinhalbtausend Jahre überspannende Geschichte christlicher Mission im Reich der Mitte auf einen kurzen Nenner. Er nennt sie tragisch. Es sind so ziemlich alle Fehler gemacht worden, die Missionare und mit ihnen die Kirchenzentralen überhaupt begehen konnten.

Der heutige Vorwurf gegenüber dem Vatikan, er mische sich in Probleme der lokalen Kirchen unnötig und zu ihrem Schaden ein, erscheint als Kleinigkeit im Verhältnis zu den verheerenden, anhaltenden Fehlentscheidungen und Vorurteilen. Sie haben verhindert, dass die Chancen, das Riesenreich China schon vor Jahrhunderten auf Dauer zu christianisieren, regelmäßig vertan wurden.

Nichts wurde ausgelassen. Die Arroganz überheblicher abendländischer Missionare behinderte die Missionierung ebenso wie die gewöhnlich fast völlig fehlende Kenntnis der chinesischen Sprache. Die Kolonialmächte fühlten sich der 5000-jährigen Kultur Chinas überlegen. Niemand wartete in China auf ein Christentum, das sich als Fremdherrschaft zeigte und keinen Respekt für die in den meisten Bereichen höher entwickelte einheimische Kultur hatte. Selbst jene Ordensleute, die all diese Fehler nicht begingen, wurden Opfer einer Fehleinschätzung der tiefsitzenden Wertvorstellungen der Chinesen. Sie glaubten allein die Herrschaftsschichten bekehren zu müssen, um mehr oder weniger mit deren Befehlsgewalt oder brutaler Unterdrückung den Rest des Volkes für die neue Religion gewinnenen zu können. Die meisten Missionare begnügten sich mit einer Bekehrung der Eliten und mussten gescheitert aus dem Land ziehen, als diese Eliten neuen Herrschern wichen. Eine tiefere Inkulturation des Christentums wurde bis ins 20. Jahrhundert nur punktuell erreicht und hat deshalb nach dem erzwungenen Abzug der Priester das Volk wieder seinen alten religiösen Vorstellungen überlassen.

Bischof Jin fasste 1986 diese historische Bilanz in einem

Vortrag bei einem damals als sensationell empfundenen Besuch in Deutschland in drei Punkten zusammen:

Erstens muss sich die Kirche in jedem Volk einwurzeln. Der Glauben muss in die Massen hineingetragen werden. Er hat das Schicksal des Volkes zu teilen.

Zweitens muss die Inkulturation das Grundprinzip allen pastoralen Handelns sein.

Drittens muss die Kirche unabhängig von kolonialistischen Mächten sein und regionale Selbstverwaltung ausüben können.

Aus leidvoller Erfahrung unterstrich Jin immer wieder, wie wichtig es sei, dass jede Ortskirche ihr Schicksal selbst bestimmen könne.

Henri de Lubac, der große französische Jesuit aus Lyon, bekannte später einmal, dass er Jin sehr verehrt habe. Luxian sei fähig gewesen, ein ganz großer Theologe zu werden, wohlgemerkt ein großer und erster chinesischer Theologe von internationalem Rang. Darüber kann sich Jin noch im hohen Alter amüsieren. Es wäre einfach unglaublich gewesen, wenn ein Chinese eine bedeutende Rolle in der katholischen Theologie gespielt hätte. Immerhin waren die Fähigkeiten und das Wissen vorhanden. Nur die Kirche, in diesem Fall konkret sein Jesuitenorden, wollte es nicht. Mit anderen Worten: die westliche Vorherrschaft bestimmte auch über die Horizonte der katholischen Chinesen.

Der Widerspruch zwischen Lehre und Praxis seiner Ordensbrüder verwirrte den jungen Jesuiten Jin. Die Ordensoberen diktierten, und die Untergebenen mussten sehen, wie sie damit umgehen konnten. Selbst die Verkündigung des Evangeliums unterlag den Gesetzen des Kolonialismus. Auch das trug dazu bei, dass bis heute ausländische Einflüsse im Reich der Mitte abgewehrt und nur mit größtem Unbehagen zugelassen werden.

Daran änderte auch die Enzyklika »Maximum illud« Benedikts XV. von 1919 nichts. Sie wurde zwar als Grundlage für eine Neuorientierung der katholischen Mission im 20. Jahrhundert begrüßt und ließ neue Verhaltensweisen gerade aufgrund der Lage in China entstehen. Besonders prangerte sie den Exklusivitätsanspruch der Missionen an. Sie wandte sich besorgt gegen die Haltung zahlreicher Missionare, die sich mehr für die Interessen ihrer Herkunftsländer einsetzten als für die christliche Bevölkerung vor Ort. Leider wurde diese Enzyklika wenig bekannt und somit wenig berücksichtigt.

Immerhin löste sie das erste regionale Konzil der Bischöfe von China in Shanghai aus. Einer der wichtigsten Autoren des Textes war der belgische Chinamissionar und Lazaristen-Pater Vincent Lebbe (1877–1940). Er wurde zum Pionier einer authentisch chinesischen Kirche. Schon nach den ersten Eindrücken bei seinem Eintreffen in China 1901 bemängelte er, wie stark die chinesische Kirche westlich und kolonial beherrscht wurde.

Er brach schon bald mit seiner Herkunft und bezeichnete sich wenige Monate nach seiner Ankunft als Chinese aus ganzem Herzen, mit ganzer Seele und mit allen Kräften. Diese doch etwas naive Selbsteinschätzung leitete ihn ein ganzes Leben lang. Er konnte sich so mit den einfachen Menschen auf dem Land einlassen, die von den Jesuiten gemieden worden waren. Lebbe lernte mehrere chinesische Sprachen und nahm schließlich einen chinesischen Namen an: Lei Mingyuan, grollender Donner, Ausdruck seiner Unzufriedenheit mit den Kirchenzuständen.

Für ihn gehörte die Kirche zur Gesellschaft und durfte nicht außerhalb der chinesischen Wirklichkeit leben. Selbst beim Zusammenbruch des Kaiserreiches 1911 und in der Zeit der japanischen Besatzung arbeitete er unter persönlichen Risiken mit den verantwortlichen Chinesen zusammen und förderte das Entstehen des neuen chinesischen Patriotismus. Seine Vorstellungen von direkten diplomatischen Beziehungen Chinas zum Heiligen Stuhl störten gewaltig die Interessen der Franzosen, die sich das politische Vertretungsmonopol der chinesischen Katholiken vorbehalten hatten, was in krassem Gegensatz zur Trennung von Kirche und Staat im Mutterland Frankreich selbst stand. Französisches Staatsdenken endete an den Landesgrenzen, wenn Kolonialinteressen bedroht schienen.

Deshalb musste auch Lebbe 1916 aus der französischen Einflusszone fliehen. Unter dem Druck seiner französischen Ordensmitbrüder verließ er schließlich auch das Land. Katholisch sein hieß eben noch lange nicht, international oder im universalen Sinn heimatlos zu sein.

In Europa, vor allem in Rom, kümmerte sich Lebbe besonders um die chinesischen Studenten und setzte sich dafür ein, dass so bald wie möglich chinesische Bischöfe geweiht würden. Seine damaligen Klagen erscheinen heutigen Lesern noch erstaunlich aktuell. Sie erklären zum Teil das staatliche Verhalten gegenüber den Kirchen im kommunistischen China: Die Kirche in China lebt vom Ausland, hängt von ausländischen Richtlinien ab und bezieht ihre materiellen Mittel aus dem Ausland. Heute heißt das Gegenrezept: Drei-Selbst – Selbstverwaltung, Selbstfinanzierung und selbstverantwortete Verkündigung. Dieses Prinzip will nichts anderes als Abhängigkeiten vom Ausland verhindern.

Die Abhängigkeit hätte nur vorübergehend bestehen müssen, wenn die Kirchen in China es gewollt hätten. Die Ressourcen des Landes sind so gewaltig, dass die Entlassung in die Selbständigkeit in kurzer Frist und ohne Not hätte vollzogen werden können. Die Missionare wollten es nicht. Deshalb betrachtete Chinas Regierung die Kirchenmitglieder auch immer als halbe Ausländer. In ihrer Arroganz hielten die Europäer die Chinesen sogar für unfähig, gute Bischöfe hervorzubringen, klagte der belgische Pater Lebbe.

Ein anderer europäischer Missionar, der namentlich nicht

belegt ist, stufte die Chinesen gar als minderwertig und besonders durch die Erbsünde geprägt ein. Nur der europäische Klerus sei klug, tugendhaft und apostolisch. Der 1922 von Papst Pius XI. nach China geschickte erste Apostolische Delegat Celso Costantini stellte lakonisch fest: Die Missionen haben einen Staat im Staat gebildet. Costantini organisierte dann auch das Konzil von Shanghai 1924. Er eröffnete es mit einer Messe in Anwesenheit von über 50 westlichen Bischöfen und nur einigen Vertretern des chinesischen Klerus. Er mahnte die Bischöfe und Ordensoberen, ihre Mission nicht als Besitz irgendeiner Einrichtung zu betrachten. Sie sollten dem Volk das Evangelium verkünden und eine Kirche aus einheimischen Priestern aufbauen. Zwei Jahre später reisten sechs chinesische Priester von Shanghai nach Rom, wo sie Pius XI. im Petersdom zu ersten chinesischen Bischöfen weihte.

Die katholische Kirche wuchs daneben in den folgenden Jahren zu einem der größten Grundbesitzer in China. 1936 unterhielt sie allein in Shanghai 523 Schulen. Obwohl beim Aufstand 1900 die zweitgrößte Mission Xian Xian verwüstet und die Jesuiten dort massakriert wurden, war sie inzwischen wieder sehr reich. Für die Ordenshäuser war elektrischer Strom selbstverständlich. Die Ordenszöglinge vergnügten sich, wie es in einer zeitgenössischen Schilderung des Lebens in Xian hieß, bei Bootsfahrten auf dem eigenen See. Sie führten ein Luxusleben im Vergleich zu dem Elend, das die einheimische Bevölkerung ertragen musste. Das Beispiel der Missionare war ein Skandal. Die Provokation war perfekt. Zum Luxus gesellte sich noch die spürbare Verachtung für die armseligen Chinesen.

Die Machtübernahme durch die erklärt atheistische Kommunistische Partei sollte diese Herrlichkeit schnell beenden. Die unterlegenen Nationalisten flohen nach Taiwan und kultivierten lange Zeit den Traum der schnellen Rückkehr auf das Festland. Sie fanden in Papst Pius XII. einen bereitwilligen Förderer, der ebenso wie in Europa auch in Fernost mehr den Kommunismus fürchtete, als die Chancen für die Kirche zu nützen. In seiner Enzyklika über die kommunistische Gegenkirche »Ad Sinarum Gentem« warnte Pius XII. im Oktober 1954 ausdrücklich vor der chinesischen Staatskirche, wie sie seit 1949 in der Patriotischen Vereinigung unter der Kontrolle von Partei und Regierung entstanden ist. Das chinesische Regime versuche, unter den Katholiken Chinas eine nationale Kirche aufzubauen, die nicht länger katholisch sei, erklärte Pius XII. Die Patriotische Vereinigung verneine die Universalität und Katholizität, durch welche die von Jesus Christus gestiftete Gemeinschaft über allen Nationen stehe und sie alle umfasse.

Der Papst trug dazu bei, dass die Katholiken in China auf einen steinigen Weg der Unterdrückung durch den kommunistischen Allmachtsanspruch der Volksrepublik China geschickt wurden. Das Ende wurde erst über fünfzig Jahre später durch Papst Benedikt XVI. einsichtig, realistisch und seelsorglich eingeläutet (s. Kapitel: Ein neuer Ton aus Rom, S. 180).

Die römische Kurie hat aber immer noch nicht gründlich die Fehler der Vergangenheit aufgearbeitet. Ihr Denken folgt alten Vorurteilen, die auch der deutsche Papst nicht ausräumen will. Asiatische Religionen und Kulturen beschäftigen den einstigen Präfekten der Glaubenskongregation noch nicht vorrangig. Immer wieder hat er Priester und Ordensleute aus Asien gemaßregelt, wenn sie sich nach seinem Eindruck zu sehr mit den großen Religionen wie Hinduismus, Buddhismus und Taoismus eingelassen haben.

Diese geringe Wertschätzung erfuhr der japanische Kardinal Stephen Fumio Hamaoi, als er im April 2006 ohne Vorwarnung in Pension geschickt wurde. Er war Präsident des Päpstlichen Rates für Migranten. Der Rat wurde dem Päpstlichen Rat Justitia et Pax eingegliedert und der Kardinal aus

Altersgründen pensioniert. Der Janaper urteilte über die Kurie: »Ich habe den Eindruck, dass die Kirchen in Afrika und Asien als Kinder betrachtet werden, die als Christen noch nicht erwachsen sind. Sie sieht nur Europa und jetzt vielleicht noch Lateinamerika als einzig erwachsene Kirchen.« Die Kurie verstehe die Evangelisierung der asiatischen Bischöfe und ihren Umgang mit den Religionen Asiens nicht. »Wenn wir von vornherein sagen, dass Christus der einzige und alleinige Retter ist, brauchen wir gar nicht erst mit dem Dialog zu beginnen.« Irgendwie erinnert das an den Ostsyrer Alopen und an den Jesuiten Matteo Ricci vor eineinhalbtausend beziehungsweise einem halben Tausend Jahren.

Überleben mit Patriarchen und Hauskirchen

Wie die Protestanten zu den stärksten
christlichen Kirchen heranwuchsen

David Aikman kam sich recht exotisch vor, als er in der Millionenstadt Shanghai im Jahre 1985 einen Mann besuchen wollte, der zu den Patriarchen der evangelischen Kirche in China gehört. Kinder verfolgten den Amerikaner mit den Rufen »Ausländer, Ausländer«, weil selbst in jüngster Zeit Menschen mit westlichem Aussehen im Riesenreich China noch eine Ausnahme waren. Erst recht galt das in dem verschachtelten Wohnviertel, in dem Wang Ming Dao wohnte. Der im Jahre 1900 geborene Wang war etwas wie die zentrale Figur des Protestantismus im 20. Jahrhundert im Reich der Mitte. Viele vergleichen seinen Leidensweg und seine überragende Rolle mit Nelson Mandela in Südafrika.

Wang wurde 1955 zum ersten Mal, dann 1958 erneut für insgesamt 22 Jahre und zehn Monate eingesperrt. Die Richter des roten China verurteilten ihn beim ersten Mal als Gegenrevolutionär. Er hatte sich geweigert, seine Kirche in Peking der »Drei-Selbst« genannten patriotischen Bewegung anzugliedern, jener Bewegung, mit der die Kommunisten alle evangelischen Gemeinden an die kürzeste Leine nehmen und total kontrollieren wollten. Jetzt endlich konnte der Chinareporter den 85-Jährigen treffen, der nach Aikmans Urteil weit über seine kleine Kirche hinaus die heute aktive Generation der protestantischen Führer geprägt und gebildet hat. Ein Eindruck ist geblieben: Jahre in Arbeits- und Umerziehungslagern konnten den Christen Wang nicht brechen.

Auf die Rufe des Times-Korrespondenten Aikman öffnete

eine weißhaarige, kleine Frau mit freundlichem Blick die Tür und führte den seltenen Gast durch eine schmale Küche in einen winzigen Wohnraum. Wang und seine Frau lebten hier in der Hoffnung, dass die chinesische Religionspolitik sie nicht auch die letzten Tage ihres Lebens hinter Gefängnismauern oder in entfernte Arbeitslager verschwinden lassen würde.

Wang erschien im abgetragenen Mao-Look, auf dem Kopf eine Wollkappe. Seine Augen verbargen sich hinter mit Draht gerahmten dicken Gläsern. Er konnte nur noch mit großer Mühe lesen. Sein Sprechen war wegen des fast zahnlosen Mundes schwer zu verstehen. Das hinderte ihn aber nicht daran, sich am Ende eines eineinhalbstündigen tiefsinnigen Gespräches zu erheben und mit dem Amerikaner auf Englisch das Lobpreislied aus dem 19. Jahrhundert »Auf christliche Soldaten« zu singen.

Die Zeit reichte, um ein Leben in Erinnerung zu rufen, das 1900 während des Boxer-Aufstandes in Peking begonnen hatte. Wang wurde in ärmlichen Verhältnissen von seiner Mutter alleine erzogen, nachdem sein Vater sich während des Aufstandes aus Aussichtslosigkeit das Leben genommen hatte. Die Eltern waren Christen. So konnte die Mutter den kleinen Jungen auch in eine christliche Schule schicken. Diese prägte ihn mehr als seine übrige Umgebung und seine Kameraden. Doch schon als Kind rebellierte Wang gegen das moralische Verhalten seiner Umwelt. Er wurde Lehrer, musste aber schon sehr schnell seine Stelle in einer Schule der Presbyterianer aufgeben, weil er deren Taufpraxis ablehnte. Er meinte, jeder Prüfling müsse vollständig ins Wasser getaucht und nicht nur mit Weihwasser besprizt werden. Zusammen mit fünf ebenfalls ausgewiesenen Kollegen, die sich in eiskaltem Wasser taufen ließen, gründete Wang in den zwanziger Jahren seine erste Kirchengemeinde.

Seine einfachen Botschaften und sein tadelloser Lebenswandel sprachen sich bald herum, und der junge Christ wurde zu einem der begehrtesten Prediger. Sein Anhang wurde so groß, dass er bald eine weitläufige Kirche bauen musste. Sie wurde eine Woche vor der Invasion der Japaner fertig. Die Besatzungsmacht griff zu denselben Methoden wie 15 Jahre später die Kommunisten in Peking. Sie versuchten alle freien Kirchengemeinden in einer Organisation unter ihre Kontrolle zu zwingen. Doch weder gegenüber den militärischen Besatzern noch später unter den Kommunisten gab der Prediger Wang nach. Er blieb selbst in einer Zeit dabei, als die Forderungen des Regimes zu einem Teil durchaus mit seinen eigenen übereinstimmten. So setzte sich Wang immer für die völlige Unabhängigkeit von ausländischen Kirchenorganisationen und von ihren Spenden ein. Die chinesischen Kirchen sollten sich aus eigenen Mitteln tragen können.

Es war jedoch nicht nur diese Nähe zu der späteren »Drei-Selbst-Bewegung«, die in diesen Jahren viele evangelische Christen mit den Kommunisten sympathisieren ließ. Sie glaubten zunächst den Versprechungen, dass China nach Jahren der Unterdrückung und Fremdherrschaft endlich wieder zu sich selbst finden werde. Ab den fünfziger Jahren, als die erklärt atheistische kommunistische Führung rücksichtslos alle Christen verfolgte, mussten die getäuschten Gläubigen teuer für ihren Irrtum bezahlen.

Ein kurzer Rückblick: Nach dem Umbruch von 1949 und der Ausweisung aller ausländischen Missionare gründeten die protestantischen Kirchenvertreter Chinas in den 1950er Jahren die »Drei-Selbst-Bewegung«. Diese politische Einheitsfrontorganisation protestantischer Kirchen propagiert die Prinzipien Selbstverwaltung, Eigenfinanzierung und eine von Chinesen verantwortete Verkündigung. Gemäß ihrem Statut sollte sie »die Christen in ganz China unter der Leitung der Kommunistischen Partei und der Volksregierung einen«.

Wer sich weigerte, sich zu unterwerfen, musste mit scharfen Strafen rechnen. Trotzdem gingen viele chinesische

Protestanten in den Untergrund und bildeten eigene »Hauskirchen«. In den 60er und 70er Jahren, während der Kulturrevolution, wurden auch die staatlich anerkannten Kirchen geschlossen, zahlreiche Pfarrer und Gläubige in Arbeitslager geworfen und die staatliche Religionsbehörde abgeschafft.

Ende der 70er Jahre durften die ersten Kirchen – viele waren zerstört oder in Fabriken und Lagerhallen umgewandelt worden – wieder öffnen. Seit 1980 ist der protestantische »Christenrat« für den Aufbau von Gotteshäusern, für die theologische Ausbildung und die Beziehungen zu ausländischen Kirchenorganisationen verantwortlich.

Offizielles Ziel bleibt, einen Protestantismus »mit chinesischen Merkmalen« zu entwickeln, erklärte jedenfalls der stellvertretende Vorsitzende der »Drei-Selbst-Bewegung«, Deng Fucun. Nach offiziellen Angaben wuchs die protestantische Kirche in China inzwischen auf mehr als 16 Millionen Mitglieder an. Die Zahl der Anhänger der nicht registrierten »Hauskirchen« ist aber, so glauben Experten, weitaus größer. Dies führt immer wieder zu Konflikten mit dem Staat: Viele Protestanten sitzen im Gefängnis.

Heimlich oder offen kamen seit den 80er Jahren Tausende Missionare aus den USA, Europa oder aus Südkorea und den Philippinen nach China, die meist charismatischen und Pfingstgemeinden angehören. Dies ist der Pekinger Regierung ein Dorn im Auge. Um zu verhindern, dass Wanderprediger unkontrolliert im Lande missionieren, dürfen Geistliche nur in Kirchengebäuden oder an genehmigten Orten predigen.

Auch der »Chinesische Christenrat« (CCC) hat zum Ziel, »die Gläubigen des Landes zu vereinen, die Jesus Christus als ihren Herrn bekennen, um unter der Leitung des Heiligen Geistes, einig und in Übereinstimmung mit der Heiligen Schrift, den patriotischen Drei-Selbst-Prinzipien, der nationalen Kirchenordnung, der Verfassung, den Gesetzen und der Politik des Landes die Kirche gut zu leiten.«

Seit dem Jahr 1991 ist der CCC Mitglied des Ökumenischen Rates der Kirchen (ÖRK). Inzwischen ist es ausländischen Kirchen auch wieder möglich, die theologische und soziale Arbeit des CCC finanziell zu unterstützen, »solange diese Unterstützung nicht an Bedingungen geknüpft wird«, so der CCC, »die einer Unabhängigkeit der chinesischen Kirche entgegenstehen«.

Der CCC und die »Drei-Selbst-Bewegung« wurden in China oft verglichen mit den zwei Beinen eines Körpers, sie sollen gleichberechtigt nebeneinanderstehen. Bereits in den 1980er Jahren zeigte sich aber, dass von einer gleichberechtigten Zusammenarbeit zwischen beiden Organisationen nicht die Rede sein kann. Die »Drei-Selbst-Bewegung« wurde als politische Massenorganisation immer wieder vom Staat für Eingriffe in innerkirchliche Angelegenheiten missbraucht. Im Jahr 1988 äußerte sich CCC-Bischof K. H. Ting in großer Offenheit über existierende Missverhältnisse in der Kompetenzverteilung. Kirchenleitende Funktionen gehörten nicht zu den Aufgaben der Bewegung, so Ting. Er erklärte dies mit der besonderen Natur der Kirche: »Die Kirche ist zwar eine gesellschaftliche Gruppe, aber sie hat auch eine heilige Dimension.« Der Bischof sprach die Erwartung aus, dass es zwischen Staat und Kirche in Zukunft zu einer stärkeren Trennung komme.

Mit der gewaltsamen Niederschlagung der Demokratiebewegung im Jahr 1989 endete die Diskussion um eine Neuordnung der Funktionen in der chinesischen Kirche vorläufig. Erst elf Jahre später stieß Wang Aiming, Vizedirektor des Theologischen Seminars von Nanjing, die Diskussion erneut an. Er kritisierte, dass das chinesische Christentum – bei gleichzeitiger Modernisierung aller anderen Lebensbereiche in China – noch immer »unter politischer Fürsorge« stehe und gesellschaftlich marginalisiert sei. Wang fand, das Prinzip der Selbstverwaltung sei im Blick auf die Unabhängigkeit der chinesischen Kirche vom Ausland längst verwirklicht. Er plädierte für ein anders verstandenes Prinzip der Selbstverwaltung. Seiner Beobachtung nach handeln die Christenräte der verschiedenen Ebenen innerkirchlich oft noch immer nach Regeln, die von den staatlichen Büros für religiöse Angelegenheiten vorgeschrieben werden. Nach wie vor sind die Grenzen für Leitungsverantwortung und Selbstorganisation von Christenrat und »Drei-Selbst-Bewegung« eng gezogen. Die Kontrolle durch den Staat erschwert die Entwicklung der Kirchen zu zivilgesellschaftlich relevanten Gruppen.

Zurück zu Wang Ming Dao. Er verweigerte 1949 die Zugehörigkeit zur patriotischen »Drei-Selbst-Bewegung«, weil er sich von niemandem fremdbestimmen lassen wollte. Deshalb wurde er in der Nacht zum 7. August 1955 zusammen mit seiner Frau Debra trotz der Haltlosigkeit der gegen ihn gerichteten Vorwürfe verhaftet. Ein Jahr lang wurde er mit Psychoterror durch Androhung schlimmster Foltern durch Zellennachbarn bearbeitet. Am Ende brach er zusammen und unterschrieb Schuldbekenntnisse für Dinge, die er nie getan hatte. In Peking gingen Gerüchte um, er habe den Verstand verloren, den Glauben verraten und halte sich selbst für Petrus. Immerhin war sein Zustand so elend, dass er freigelassen wurde. Das Ehepaar erholte sich zwar, weigerte sich aber weiterhin, sich der »Drei-Selbst-Bewegung« anzuschließen. Am 29. April 1958 wurden beide erneut verhaftet. Erst 1975 kam Wangs Frau frei, er selbst erst fünf Jahre später. Auch die Folterknechte der Kulturrevolution konnten Wangs Glauben nicht brechen.

Nahezu 22 Jahre lang verbrachte auch die zweite große Figur des chinesischen Protestantismus im 20. Jahrhundert in Arbeitslagern: Xuan Xiangchen, mit christlichem Namen Allen Yuan. Er wurde 1914 in der Provinz Anhui geboren und kam schon als Kind mit seiner Familie nach Peking. Er zeigte schon sehr früh Interesse, wie man so sagt, an den letzten

Dingen. Die Antworten darauf suchte er zunächst im Buddhismus und bei Konfuzius. In einem Brief schrieb er später, Gott selbst habe sich ihm offenbart und ihn zu seinem Glauben geführt. Zur Enttäuschung seiner Eltern trat er 1934 in eine evangelische Bibelschule in der Hauptstadt ein. In dieser Zeit besuchte er auch regelmäßig Gottesdienste von Wang Ming Dao. Dessen Konflikte mit der Staatsführung und dem kommunistischen Kontrollsystem erlebte er hautnah mit. Am 19. April 1958 wurde auch er verhaftet. Sechs Monate lang vegetierte er in einem fensterlosen Verlies.

Sein Ruf drang dennoch weit über China hinaus. Der amerikanische Prediger Billy Graham suchte ihn auf. In den neunziger Jahren zog er die Weltöffentlichkeit auf sich, weil zahllose amerikanische Reporter ihn anlässlich des China-Besuches von Präsident Bill Clinton treffen wollten. Für seine Massentaufen mietete er mitunter ein ganzes Schwimmbad. Er starb im Jahre 2005.

Die dritte prägende Persönlichkeit dieser Generation war Lin Xian Gao oder Samuel Lamb. Er wurde 1924 als Sohn eines anglikanischen Pastors geboren und schloss sich im Unterschied zu den beiden anderen halbherzig der »Drei-Selbst-Bewegung« an. Er hoffte, dass sie sich wenigstens nicht in die religiöse Praxis seiner Gemeinde einmischen werde. Allein schon die Existenz seiner kleinen Hauskirche reichte dem Regime aus, ihn der Konterrevolution anzuklagen und ebenfalls über 20 Jahre lang gefangen zu halten und in ein Arbeitslager zu verbannen. Als er 1978 freigelassen wurde, war von seiner Familie niemand mehr am Leben.

Ungebrochen, trauerte er aber nicht der verlorenen Zeit nach, sondern begann, Englisch zu unterrichten und gleichzeitig unter seinen Schülern zu predigen. Ihnen wurde er zum Visionär. Er war einer der Ersten, der moderne Technik für die Evangelisierung benützte. Seine Gottesdienste wurden mit primitiven Fernsehanlagen aus den engen Räumen auf größere Plätze übertragen. Seine Predigten ließ er auf Kassetten im ganzen Land verbreiten. Eine einfache Druckerei vervielfältigte seine Aufrufe und Ansprachen auf Englisch und Chinesisch.

Nachdem ihn 1988 Billy Graham besuchte, wurde die Staatssicherheit erneut auf ihn aufmerksam und verhörte ihn mehrfach. Im Februar 1990 wurde sein Haus durchsucht und alles Verdächtige beschlagnahmt. Die Staatsmacht schickte über 60 Sicherheitsleute zu dem kleinen Kirchenmann. Trotz des Druckes lehnte er die Eingliederung in die »Drei-Selbst-Bewegung« ab und bekannte offen, für seine Unabhängigkeit selbst zum Martyrium bereit zu sein. Er wolle nicht mit einer Mischung aus echten und falschen Christen zusammenarbeiten. Am Ende konnte er bilanzieren, dass die staatliche Verfolgung und die rechtswidrige, auch nach chinesischem Recht illegale Unterdrückung der privaten Hauskirchen als Zusammenkünfte betender Menschen dem Regime nichts gebracht habe: Je mehr die Verfolgungen zunahmen, desto mehr wuchs die Kirche. Diese Gewissheit prägte Lamb, der bis ins hohe Alter innere Freude und Glück ausstrahlte.

Li Tianen ist der jüngste der großen alten Männer der evangelischen Kirche in China, die am stärksten in die Gegenwart hinein wirken. Er steht für wundersame Ereignisse, die im atheistischen Großreich spontane Bekehrungen bewirken. »Wunder« sprechen sich herum und ziehen immer mehr Menschen zu den kleinen Gemeinschaften der Hauskirchen.

Li entstammte einer Familie, deren Vorfahren bereits vom Gründer der modernen evangelischen China-Inland-Mission, Hudson Taylor, im 19. Jahrhundert getauft worden waren. Lis Vater wurde von Taylor missioniert. Seine Eltern waren glühende Christen. Seine Mutter war aus der Familie ausgeschlossen worden, weil sie überzeugt war, dass ihr der Heilige Geist erschienen sei und sie angehalten habe, ihren gesamten Besitz zu verschenken, um sich nur noch der Evangelisierung zu widmen. Mit ihrem gerade zwei Jahre alten Sohn zog sie fortan durchs Land und predigte das Evangelium. Sie starb, als Li gerade erst neun Jahre alt war. Seine Großeltern steckten den Jungen in ein kirchliches Institut, von wo ihn ein britischer Missionar für ein Jahr mit nach England nahm. Nach dem Studium missionierte Li zuerst in Indien. Dann hielt er es aber fern seiner chinesischen Heimat nicht länger aus. Er kehrte nach Shanghai zurück und gründete dort seine eigene Hauskirche in einem damals noch ländlichen Gebiet, das heute von der boomenden Wirtschaftsmetropole Shanghai geschluckt worden ist.

Lange Zeit konnte Li vergleichsweise unbehelligt arbeiten. Die lokalen Behörden wussten, dass er keinerlei Beziehungen zum Ausland unterhielt. 1960 verordnete der Große Vorsitzende Mao jedoch »den großen Sprung nach vorne« und ließ alle eliminieren, die im Verdacht der Opposition standen.

Auch Li verschwand zehn Jahre lang hinter Gefängnismauern. Dort wurden ihm zwei Mithäftlinge beigesellt, die der Gefängnisleitung immer berichten mussten, ob Li betete. Sie mussten ihn sogar im Schlaf beobachten und melden, falls er die Lippen bewegte und das als Gebet angesehen werden konnte. Im eiskalten Winter wurde er bisweilen stundenlang nackt an die kalte Gefängniswand gestellt. Li versicherte, dass er während dieser Prüfungen keinerlei Kälte gespürt habe.

Einmal stürzte er zehn Meter tief ab und blieb regungslos liegen. Später erzählte er, über 90 Minuten lang wie ein Toter über dem Gefängnishof geschwebt zu haben. Anscheinend sei er auch bereits tot gewesen. Ein Arzt habe sich über ihn gebeugt und festgestellt, dass er nicht mehr atmete. Doch plötzlich habe er die Augen geöffnet und auf einen Ruf des Arztes geantwortet: »Ich bin Li Tianen«. Der Arzt habe ihn gefragt, ob er an Gott glaube: »Ja, ich glaube«, habe er geantwortet. Daraufhin habe auch der Arzt bekannt, jetzt glaube auch er an Gott, weil nicht anders als durch Gottes Einwirken erklärt werden könne, dass ein Gefangener, der bereits tot gewesen sei, wieder ins Leben zurückgekehrt sei.

1970 wurde Li entlassen und kehrte zu seiner Familie nach Shanghai zurück. Dort erreichte ihn der Ruf eines befreundeten christlichen Arbeiters, er möge zurück in seine Heimatprovinz Hebei kommen. Er folgte dem Ruf und reiste von Dorf zu Dorf wie die frühen Apostel, um die Menschen, die er traf, zu bekehren. Er fand unerwartet große Neugier. Nach dem Scheitern der Kulturrevolution, die nur Elend hinterlassen hatte, wollten gerade junge Menschen von ihm wissen, ob er ihnen einen Sinn für ihr Dasein eröffnen könne.

Doch die Schreckenszeit der Kommunisten hatte noch längst nicht ihren Höhepunkt überschritten. Maos Witwe Jiang Qing überzog mit ihrer Viererbande China mit Verfolgung und Säuberungen. Als sich beispielsweise einmal über 4000 führende Christen im Untergrund trafen, wurden sie an die Behörden verraten und fast alle verhaftet. Li wurde im Gegensatz zu allen anderen nicht zu lebenslanger Haftstrafe verurteilt. Gegen ihn wurde die Todesstrafe verhängt. Die Hinrichtung war bereits für den 1. Oktober 1975 terminiert. Eine Hochwasserkatastrophe beschäftigte die Behörden jedoch zu sehr, so dass sie die Hinrichtung angesichts der dringlicheren Aufgaben verschoben. Im Frühjahr 1976 sollte Lis Leben beendet werden. Doch auch dieses Mal retteten höhere Umstände ihn vor der Exekution.

Ministerpräsident Zhou Enlai starb im Januar 1976. Sein Tod löste in der Provinz heftige Unruhen aus. Lis Hinrichtung wurde wieder Woche um Woche vertagt. In der Zwischenzeit veränderte sich im ganzen Land das Herrschaftsgefüge. So wurde beispielsweise Lis schlimmster Feind, der lokale Parteisekretär Fang Tiancai verhaftet, weil seine Schutzherren in den Wirren zwischen Anhängern und Gegnern der Viererbande selbst angeklagt wurden und ihre einflussreichen Posten verloren.

Zu beiderseitigem Erstaunen fanden sich Fang und Li plötzlich in derselben Todeszelle wieder. Als der Exparteisekretär die Zelle betrat, erkannte er seinen früheren Gegner wieder und fragte ihn nach seinem Namen. Li bestätigte seinen Verdacht. Daraufhin fiel Fang auf die Knie und bekannte, dass er ihn dreimal habe hinrichten lassen wollen. Jesus habe ihn offensichtlich gerettet. Nun glaube auch er an das Evangelium. Fortan unterrichtete Li seinen Zellenkollegen und Exkommunisten im christlichen Glauben. 1979 wurde Li zusammen mit den meisten anderen christlichen Führungspersönlichkeiten freigelassen. Alle Anklagen wurden zurückgenommen. Beim Abschied bat ihn Fang inständig, für ihn zu beten. Später hörte er nichts mehr von ihm.

Das Leben in der wiedergewonnenen Freiheit hat nichts mit der Situation eines ehemaligen Häftlings im Westen zu tun. Li wurde einem kommunalen Krankenhaus in Shanghai zugewiesen, wo er Abfall beseitigen, den Boden putzen und Toiletten reinigen musste. Er verdiente dabei umgerechnet keine 10 Euro im Monat. Dem Krankenhaus hatte die Polizei verboten, ihm irgendeine andere höherwertige Arbeit zu geben, selbst wenn sich eine angeboten hätte. Dennoch hatte der Personalchef auf Bitten von Mitarbeitern ein Einsehen, obwohl er im Polizeidienst stand, und ließ Li nach Hause gehen. Li zog fortan wieder durchs Land und predigte.

Predigten und Wunder beeindrucken die kaum gebildeten Bevölkerungsmassen. Sie liefern den Nährboden für das Entstehen verschiedener mehr oder weniger christliche Gruppen. Ihre Zahl wächst schnell an. Als besonders fruchtbar erweist sich die Provinz Henan. Heiligmäßig lebende Männer, Asketen oder manchmal auch Scharlatane sammeln Anhänger um sich, gründen Gemeinden und verschwinden auch wieder. Die fehlenden Strukturen, die ständige Angst vor Verfolgung und die Unsicherheit des täglichen Lebens ließen ein religiöses Milieu entstehen, das allenfalls rudimentär mit dem christlichen Glauben zu vereinbaren ist. Im ganzen Land gibt es eine Aufnahmebereitschaft für das Evangelium, das eigentlich nur verständlich und korrekt verkündet zu werden braucht.

Li Tianen missionierte jedoch nicht nur hier und da und zog dann weiter. Er baute auch ein Netzwerk auf, das Bestand haben und im ganzen Land eigenständige Gemeinden rund um starke Vorsteher bilden sollte, die ihren Aufgaben gewachsen waren. Eine dieser Persönlichkeiten war der 1950 in England geborene Li-Schüler Zhang Rongliang. Mit 13 Jahren wurde Zhang getauft. Der Junge fand auf dem Land vergleichsweise sehr geringe Bildungsmöglichkeiten. Der hochintelligente Junge konnte nur wenige Jahre eine Grundschule besuchen. Das hinderte die lokalen Parteiführer jedoch nicht, ihn mit 19 Jahren in die KP aufzunehmen. Sein christlicher Glaube war damals noch sein Geheimnis und das seiner Familie.

Als 1974 jedoch die Viererbande das ganze Land von Oppositionellen säubern wollte, nahmen deren Häscher besonders die so genannte Fangcheng-Gemeinde ins Visier. Auch Zhang, dessen Familie zu dieser Gemeinschaft zählte, wurde verraten. Seine Vorgesetzten versuchten, ihn mit allen Mitteln vom Glauben abzubringen, damit er nicht eingesperrt werde. Der junge Mann wurde von der Polizei zusammengeschlagen. Er ließ sich jedoch nicht von seinem Glauben abbringen und wurde 1974 als Konterrevolutionär unter dem Deckmantel der Religion zu sieben Jahren Arbeitslager verurteilt.

Der Häftling mit dem besonderen Organisationstalent wurde von der Lagerleitung schnell mit der Führung kleinerer Arbeitertrupps beauftragt. Zhang sah sich dabei immer nach Häftlingen um, die wegen der gleichen Vorwürfe, die auch gegen ihn vorgebracht wurden, bestraft wurden. Auf diese Weise sammelte er Gleichgesinnte um sich und bereitete sie auf zukünftige Aufgaben und Einsätze vor, sobald sie wieder in Freiheit kommen sollten. Freundschaften fürs ganze Leben wurden im Arbeitslager begründet. 1980 kam er tatsächlich frei, tauchte aber mit seinen Freunden in den Untergrund ab. Nachdem David Aikman über ihn in seinem Buch »Jesus in Peking« berichtet hatte, wurde Zhang erneut verhaftet. Die Staatssicherheit hatte offensichtlich verstanden, dass Zhang möglicherweise den größten Einfluss auf die evangelischen Kirchen in ganz China ausübte.

Sein Mithäftling Feng Jianguo stieg zu einem der führenden Mitarbeiter des China-Gospel-Netzwerkes auf. Beide gerieten in die Einflusssphäre von Pfingstgemeinden, die heute die stärkste Wirkung in China erzielen. Den etablierten Kirchen und ihrer klassischen Missionierung setzen sie charismatische Erlebnisse entgegen. Sie sprechen angeblich in Zungen, erleben Prophezeiungen und spirituelle Erfahrungen, wie sie schon der christlichen Urgemeinde vertraut waren. Experten schätzen, dass diese Pfingstgemeinden heute mit einer halben Milliarde Anhänger in der ganzen Welt hinter den Katholiken die größte christliche Gemeinschaft bilden.

Zu Fengs Kreis, aus dem heraus sich wiederum verschiedene charismatische Gemeinden gelöst haben, zählt auch Xing Liaoyuan, der 1978 mit 14 Jahren in einer solchen Gruppe getauft wurde. Von ihm liegt eine Beschreibung vor, wie diese kleinen Gruppen arbeiten: »Wir hatten keine Bibeln. Lediglich von Hand kopierte Abschriften waren geblieben, nachdem die Roten Garden alle gedruckten Exemplare verbrannt hatten. Stattdessen blühte der Wunderglaube. Viele Menschen waren überzeugt, dass, wenn sie sagten: ›Ich glaube an Jesus‹, sie plötzlich von allen Krankheiten geheilt würden. Einige hörten Stimmen und folgten ihnen in die nächste Kirche. Sie verließen sie geheilt. Wir hatten Träume, Visionen und Offenbarungen.«

Monatelang sammelte die Gemeinde beispielsweise von Ende 1993 bis Frühjahr 1994 Geld und Lebensmittel, die die Spender zum Teil für ihre Hochzeit angespart hatten. Im März 1994 beschloss eine Versammlung der Gemeinschaft,

70 junge Evangelisten in 22 von 28 chinesischen Provinzen und Regionen zu entsenden. Nach sechs Monaten sollten sie zurückkommen und von ihren Erfolgen als Missionare berichten. Einige waren fast noch Teenager. Auf jeden Fall waren sie alleinstehend.

Ihre Mission war »extrem erfolgreich«. Nur zwei wurden kurzzeitig inhaftiert. Sie bekamen nur so viel zum Leben mit, dass sie nicht einmal Mittel zur Heimreise übrig gehabt hätten, wenn ihre Mission gescheitert wäre. Doch alle kamen »voller Freude« zurück. Alle hatten kleine Hauskirchen gegründet, manchmal in einem Wohnzimmer, manchmal in einer Garage, manchmal hinter einem Stall, wo sie zum Beten zusammenkamen.

China-Kenner gehen davon aus, dass in den neunziger Jahren die vom Staat kontrollierte »Drei-Selbst-Kirche« nur etwa 10 Millionen Gläubige zählte. Zu den verbotenen Hauskirchen kämen jedoch mindestens 80 Millionen. Das war Anfang der neunziger Jahre. Mittlerweile sind sie so stark geworden, dass sie den Staat im August 1998 bereits in einem gemeinsamen Schreiben an die chinesische Regierung aufforderten, Gottes Macht anzuerkennen und die Verfolgung zu beenden.

Wenige Monate später im November 1998 traten die vier Netzwerke Fangcheng, Tanghe, Wiedergeburt und Anhui mit einem Glaubensbekenntnis hervor. Es breitete sich sehr schnell in ganz China aus und fand sogar die Zustimmung solcher Mitglieder der offiziellen Kirche, die sich von der weniger vom Glauben als von der Macht geprägten Kirchenführung lösen wollen.

Aus dem Dokument ergibt sich ein Widerspruch zu den Erfahrungen und Schilderungen externer Beobachter. In diesem Text geben sie sich überwiegend theologisch orthodox. Vermutlich haben sie die Gefahr von sektiererischen Bewegungen erkannt und möchten dem gegensteuern.

Das Bild der evangelischen Gemeinden in China ist von einer eher männlichen Betrachtungsweise geprägt. Die Wirklichkeit ist jedoch weitaus weiblicher, als es die Präsentation der Spitzenvertreter vermuten lässt. Besucher bei den Gemeinden sind immer wieder erstaunt zu sehen, welch bedeutende Rolle gerade die jüngeren Frauen spielen. Ein Blick auf die Gesamtzahl verdeutlicht es noch mehr. 80 Prozent der evangelischen Christen Chinas sind nach Schätzungen weiblich, das gilt für alle Denominationen. Frauen bestimmen auch in der offiziellen Patriotischen Vereinigung der Protestanten das Bild. Wer nach den Ursachen fragt, bekommt schon fast standardmäßig folgende Antwort: Männer seien im heutigen China wie überall auf der Welt mehr am Geldverdienen interessiert und an der eigenen Karriere. Frauen hingegen fragten mehr nach dem Sinn des Lebens, dächten mehr über sich nach und öffneten sich stärker spirituellen Fragen.

Alle Bemühungen um mehr Gleichberechtigung der Geschlechter scheitern anscheinend an der traditionellen Rollenverteilung. Es könnte aber auch einen anderen Grund dafür geben. In einer sozialistischen Gesellschaft gelten die Männer als Vermittler der Ideologie. Die Verbindung von Staatsideologie und gesellschaftlicher Rolle des Mannes hat möglicherweise dazu geführt, dass die Staatssicherheit in erster Linie Männer verfolgte. Frauen scheinen trotz des weiblichen Kopfs der Viererbande weitaus weniger gefährlich für den Bestand des Staates und seines Systems zu sein als oppositionelle Männer. Die Führungsrolle scheint traditionell auch in der Kirche den Männern vorbehalten zu sein. Die realen Aufgaben in den Gemeinden bleiben jedoch auch in China überwiegend den Frauen überlassen.

Eine der bekanntesten evangelischen Frauen in Chinas Kirche heißt Ding Hei. Sie wurde 1961 in der Provinz Henan geboren. Ihr Vater war ein lokaler Parteifunktionär. Die Mutter hatte sich jedoch heimlich zu einer Hauskirche bekehrt, weil sie von dort Heilung für eine schwere Augenkrankheit erhofft hatte. Ihre Tochter ließ sie 1974 vierzehnjährig taufen. Schon als Schülerin entwickelte das Mädchen missionarischen Eifer. Sie bekehrte eine Klassenkameradin nach der anderen zu ihrem christlichen Glauben. Auch sie glaubte an Gottes-Erscheinungen und an himmlische Erleuchtungen. Ihrer Mutter erzählte sie von einer Art Offenbarung im Gebet, wonach irgendwann jeder Chinese eine eigene Bibel besitzen werde. Der rabiate Vater wollte ihr mit Prügeln den Glauben austreiben. Er scheiterte an der Glaubensfestigkeit des Mädchens. Ihr Ruf breitete sich in der Umgebung aus, und bald wurde sie in der gesamten Provinz zu Predigten eingeladen. Ihr Vater wollte ihr diese kurzen Reisen zunächst nicht erlauben, duldete sie aber nach einem inständigen Gebet seiner Tochter. Als diese von einem Missionsauftritt nach Hause kam, erwartete sie statt der befürchteten Prügel nur noch ein desinteressierter Vater.

Nach mehreren Erscheinungen während ihrer nächtlichen Gebete entschloss sich Ding Hei, ihr Elternhaus zu verlassen, um zur Familie von Zhang Rongliang zu ziehen. Der aufstrebende Stern am Himmel der christlichen Gemeinden blieb den Behörden nicht verborgen. Nach mehreren Kontakten mit dem von Hongkong aus missionierenden amerikanischen Pfingstler Dennis Balcombe wurde sie verhaftet und nach 123 Verhören zu drei Jahren Umerziehung in einem Arbeitslager verurteilt.

Im Arbeitslager orientierte sie sich an ihrem Vorbild Zhang. Sie scharte eine kleine Gruppe um sich und wurde innerhalb von sechs Wochen Blockführerin von 189 Gefangenen. Im Lager galt sie schnell als eine gute Managerin. Selbst nach ihrer Entlassung holte der Gefängnisleiter bei ihr Rat ein, wenn es um Führungsprobleme in der Anstalt ging. Sie ließ ihre Mitgefangenen hart arbeiten, sicherte ihnen damit aber auch besseres Essen, längere Ruhezeiten und bessere medizinische Versorgung.

Auch konnte sie ihre Mitmenschen durch ein »Wunder« beeindrucken. Jedenfalls nennt sie es selbst so. Sie bat einen Aufseher, nach der schweren Arbeit mit ihrer Gruppe eine kleine Pause einlegen zu dürfen. Dazu setzten sie sich einige Meter von einer Ziegelmauer entfernt ins Gras. Kurz darauf gab es in einem benachbarten Chemiewerk eine gewaltige Explosion, von deren Druckwelle die Ziegelmauer niedergerissen wurde. Hätten die Gefangenen dort weitergearbeitet, wären vermutlich alle ums Leben gekommen. Der Ruf von Ding Hei als Wundertäterin war fortan nicht mehr zu erschüttern. Wegen ihrer hervorragenden Leistungen und ihrem Verhalten wurde sie März 1992 aus dem Lager entlassen, kurz darauf jedoch wegen einer illegalen Versammlung erneut festgenommen. Im Mai 1993 heiratete sie einen jungen christlichen Fabrikarbeiter und wurde ein Jahr später Mutter eines Mädchens, ihres einzigen Kindes.

Auf ganz andere Art wurde Lu Xiaomin berühmt. Schwester Ruth, wie sie sich nach ihrer Taufe nannte, stammt aus einer muslimischen Familie in der Provinz Fangcheng. Sie erhielt nur eine geringe Schulbildung und musste früh auf den Baumwollfeldern arbeiten. Dort lernte sie von einer Tante das Christentum kennen. Lu Xiaomin wurde von ihrer Tante zu einer Hauskirche in ein Dorf mitgenommen, in dem ihre Schwester lebte. Der Zufall wollte es, dass dort gerade der Hongkonger Baptistenmissionar und Bibelschmuggler Balcombe predigte und einige Gottesdienstbesucher in Ekstase gerieten. Der Heilige Geist sei über sie gekommen, berichteten Teilnehmer des Gottesdienstes, denen Balcombe die Hand aufgelegt und die er gesegnet hatte.

Diese Erlebnisse beeindruckten Lu sehr. Als sie eines Nachts nicht schlafen konnte, fiel ihr ein Lied ein. Von Natur aus schüchtern, wagte sie es nicht, jemand anderem vorzusingen außer einem kleinen Mädchen aus dem Dorf. Dieses berichtete seinen Eltern von dem Gesang. Die wurden neugierig. Sie waren Christen, die wegen des religiösen Charakters des Liedtextes nach dem Mädchen forschten. Sie waren überzeugt, dass Lu vom Heiligen Geist die besondere Gabe des Komponierens erhalten hatte.

Lus Begabung sprach sich herum. In den neunziger Jahren des vergangenen Jahrhunderts war es üblich, dass niemand die Noten der Liedmelodien aufschrieb. Junge Mitchristen brachten Kassettenrecorder und zeichneten die Lieder auf. Bald waren zwei Dutzend Eigenkompositionen der jungen Frau zusammengekommen. Anscheinend trafen die Lieder die Stimmung jener Christen. Bald waren sie Gemeingut der christlichen Gruppen der Gegend und wurden darüber hinaus von reisenden Predigern im ganzen Land bekannt gemacht. Nach einem Auftritt bei einer Versammlung der Gemeinden im Jahr 1992 nahm die Polizei Lu alias Schwester Ruth fest und sperrte sie zwei Monate lang ein. In dieser Zeit schrieb sie weitere Lieder. Zu den bis dahin komponierten 50 Melodien kamen 14 neue hinzu. Die Geschichte will, dass ihre sieben Zellenmitbewohner von ihr zum Christentum bekehrt wurden.

Die Zeitschrift der offiziellen patriotischen Kirche griff ihre Songs auf und verurteilte sie scharf, weil sie beispielsweise textete, Gott habe Mitleid mit China. Eines ihrer berühmtesten Lieder heißt »5.00 Uhr morgens in China«. Darin berichtet sie von der Gewohnheit der Christen, sehr früh aufzustehen, um genügend Zeit zum Beten zu haben. Inzwischen sind weit über tausend Lieder von ihr bekannt.

Im Gegensatz zu den blühenden christlichen Gemeinden auf dem Land gehen in den Großstädten die kirchlichen Organisationen, die sich nicht der »Drei-Selbst-Bewegung« angeschlossen haben, unter. Es scheint dort weitaus gefährlicher zu sein, sich als Christ der Untergrundkirche zu bekennen. Jedenfalls ist es der beruflichen Karriere nicht förderlich. Westliche Reporter, die sich auf die Spuren dieser Großstadtchristen gesetzt hatten, berichteten immer wieder von eindrucksvollen Begegnungen in kleinen Wohnungen, in kaum bekannten Vierteln und unter vielerlei Decknamen. Selbst in den ersten Jahren des einundzwanzigsten Jahrhunderts wollte sich noch keiner der Gesprächspartner, zu denen die Reporter mitunter erst nach langem Verwirrspiel kamen, zur eigenen Identität und zu seinem Glauben bekennen.

Dem amerikanischen Missionsdirektor David H. Adeney, der nicht nur jahrzehntelang in China gelebt hatte, sondern auch nach seiner Ausweisung neunmal das Land bereisen durfte, verdanken wir klare Vorstellungen über die typischen Merkmale der evangelischen Hauskirchen in China. In seinem Buch »Gottes Reich in China. Der lange Marsch der chinesischen Kirche« zählt er zwölf Kriterien auf:

An erster Stelle nennt er als vermutlich entscheidendes Merkmal solch kleiner Gemeinden: Sie stehen in keinerlei Verbindung mit irgendwelchen übergeordneten Organisationen. Ihnen sind auch keine formalen Verbindungen zu Kirchen außerhalb Chinas nachzuweisen, wenn denn überhaupt welche bestehen sollten. Allen gemeinsam ist das große Leid, das sie über Jahre hinweg ertragen mussten, ohne dass ihnen irgendwelche Hilfe von außen zuteil geworden wäre. Ihre Dynamik führt Adeney auf ihre Glaubensstärke, ihre Geistesgaben und ihren Charakter zurück. Gewiss spiele auch eine Rolle, dass sie keinerlei Ballast traditioneller Kirchenstrukturen beschwere. Keine Institution kann ihnen Vorschriften machen oder sich in ihre Angelegenheiten einmischen. Man könnte diese Gemeinden deshalb als eine wiederbelebte Form des Urchristentums bezeichnen.

Aus der Abgeschiedenheit und der Isoliertheit ergab sich eine zweite Eigenschaft. Die Mitglieder der Hauskirchen hängen weitgehend von Familienstrukturen ab. Sie praktizieren ihren Glauben nur in ihren Wohnungen. Sie können auf diese Weise der staatlichen Verfolgung entgehen, die laut Gesetz

Glaubensfreiheit garantiert, sie aber nur als Privatsache duldet. Jede Form eines christlichen Zeugnisses in der Öffentlichkeit wird streng bestraft. Das Risiko, als Gemeinschaft erkannt zu werden, hielt sie klein und überschaubar. Sie trafen
sich eben nur im kleinsten familiären Kreis.

Schließlich kennzeichne die Hauskirchen eine enorme Flexibilität. Von einer Versammlung zur anderen legten sie ihre
Treffpunkte und Gebetszeiten immer wieder neu fest. Selbst
die Gemeindeleiter waren nur schwer ausfindig zu machen,
weil häufig nicht der eigentliche Leiter, sondern ein Hausvor-
stand nach außen hin die Rolle des Einladenden, des Gastge-
bers, übernahm und die hauskirchliche Zusammenkunft als
Familientreffen deklarierte. Dazu wählten die Hauskirchen
gewöhnliche Männer aus, die keine Rolle im öffentlichen Leben spielten. Sie mussten absolut unverdächtig sein. Dann
konnte ein Wohnzimmer bis auf den letzten Winkel gefüllt
sein, trotzdem sah alles nach einem Familientreffen aus. Gemeinsame Gottesdienste oder Gebetstreffen von mehreren
Hauskirchen wurden vermieden, selbst wenn die Gemeinden
sehr wohl voneinander gewusst hätten.

Die Mitglieder der Hauskirchen entzogen sich keineswegs
ihren Pflichten in der Gesellschaft. Lediglich in reinen Glaubensfragen verweigerten sie den Gehorsam, was allerdings im
Alltag einer Landgemeinde vergleichsweise selten Konflikte
auslöste. Alles hing davon ab, wie unauffällig die Mitglieder
sonst waren und wie streng die örtlichen Verantwortlichen
der Staatssicherheit die Pekinger Anordnungen befolgten.

Ihre religiösen Praktiken, ein fünftes Kriterium, verlegten
die Mitglieder der Hauskirchen, wenn es gefährlich wurde,
mitten in die Nacht oder an abgelegene Orte. So berichteten
Untergrundkirchen, dass sie sogar während der schlimmsten
Verfolgungen zu Zeiten der Kulturrevolution in einem über-
schaubaren Bezirk heimlich über 5000 Menschen getauft hätten. Es sei ihnen gelungen, die Behörden so zu täuschen, dass

sie meist erst lange Zeit nach den Tauffeiern davon erfahren hätten oder die Orte ausfindig machen konnten. Gerade diese Erfahrungen, die zu einem Anwachsen der Gemeinden geführt haben, werteten die Untergrundchristen als Beweis, wie richtig und wichtig ihr Vertrauen in Gott sei.

Bibeln waren in den Hauskirchen lange Zeit eine große Rarität. Viele Mitglieder, die sonst kaum eine Chance auf das gedruckte Wort Gottes bekommen hätten, lernten voneinander die Bibeltexte auswendig. Es wird von Häftlingen erzählt, die das gesamte Neue Testament auswendig aufsagen konnten. Wer die Möglichkeit hatte, schrieb die Texte aus dem Gedächtnis auf und reichte sie weiter. In anderen Fällen schrieben Gläubige Texte aus Radiosendungen mit. Über 46 Millionen Bibeln wurden seit 1988 in China gedruckt. Sie werden auch preiswert verteilt, aber nur von der offiziellen protestantischen Kirche. Das hindert viele der Christen im Untergrund daran, sie zu erwerben und sich dabei als Mitglieder der Hauskirchen zu outen. Gut 80 Prozent der Hausgemeinden befinden sich in ländlichen Gemeinden, wo man sich kennt und beobachtet.

Das Fehlen von Bibeltexten als sechstes Kennzeichen der Hauskirchen wird ergänzt von der siebten Eigenheit. Wenn keine Texte vorhanden waren, lernten die Menschen Gebete zu verfassen und sich in eigenen Worten Gott anzuvertrauen. Wenn den Behörden solche Texte in die Hände fielen, erschienen sie wie ein unverständlicher Geheimcode. Sie konnten nichts damit anfangen und fürchteten, dass etwas Wichtiges ihrer Kontrolle entglitten sei. Deshalb kamen immer wieder Mitglieder der Kirchengemeinden schon allein wegen der Gebete und Vervielfältigungen frommer Texte in Haft.

Unter solchen Voraussetzungen hätten die Hauskirchen nicht überleben können, wenn es ihnen nicht durch ein vorbildhaftes Leben gelungen wäre, sich hohes Ansehen in ihrer Umwelt zu erwerben. In der materialistischen Gesellschaft haben viele Chinesen jeglichen Rückhalt verloren, und oft wissen sie nicht, an wen sie sich in ihrer alltäglichen Not wenden sollen. Bei den Christen finden sie Trost und spüren, dass diese Menschen von einem anderen Geist beherrscht sind als vom puren Materialismus. Die Mitmenschlichkeit und Opferbereitschaft der Christen steht in Kontrast zu dem sinnentleerten Dasein, das die Kommunisten verursacht haben.

Aus Berichten von Frauenlagern wurde beispielsweise bekannt, dass eine Frau, die als geistesgestört galt und von allen anderen verlassen wurde, durch die Zuwendung einer christlichen Mitgefangenen auf Bitten des Lagerkommandanten wieder Lebensmut fand und gesund wurde. Das sind Erzählungen, die von Gemeinde zu Gemeinde weitergegeben werden und wesentlich zum Wachstum des Christentums in China beitragen.

Hauskirchen sind besonders typisch für die evangelischen, charismatischen Christen in China. In ihnen spielten von Anfang an Laien die herausragende Rolle. Das unterscheidet sie von den hierarchisch gegliederten katholischen Gemeinden, vor allem in einem Land, das weitgehend von der Entwicklung in der katholischen Kirche abgeschnitten ist. In der Praxis nehmen deshalb Laien wie selbstverständlich Leitungsfunktionen ein und delegieren untereinander die wichtigsten Aufgaben. Die herausragende Bedeutung von Frauen ergab sich daraus, wie bereits beschrieben, fast automatisch.

Ein zehntes Kennzeichen leitet sich aus Mängeln ab, die unter den früheren Punkten bereits erwähnt worden sind. Die Leiter der Hauskirchen sind gewöhnlich wenig theologisch gebildet. Ihre Glaubenskenntnisse, die auf einfachen Grundsätzen aufbauen, reichen oft nicht für die Auseinandersetzung mit ideologisch geschulten Gegnern, aber auch mit anspruchsvolleren Mitgliedern der eigenen Kirche aus. Christliches Handeln kann zwar manche inhaltliche Unzulänglichkeit überdecken. Auf Dauer wird man aber nicht umhin kommen, die Evangelisierung auch mit fundierten Kenntnissen zu untermauern.

David Adeney berichtete beispielsweise, dass es Kirchengemeinden gibt, die ausschließlich die vier Evangelien anerkennen und den Rest der Bibel ablehnen. In einem anderen Fall hatte ein Mann die Geschichte von der Taufe Jesu erfahren und war von da an felsenfest überzeugt, dass er bei seiner Taufe auch eine Taube sehen müsse. Andere wiederum meinten, dass sie beim Beten in Richtung Jerusalem blicken müssten. Auf diese Weise vermischt sich Christliches mit chinesischer Folklore. Daraus erwuchsen Irrlehren und Aberglauben, die sich je nach Abgeschiedenheit der Gemeinde in die Seelen eingeprägt haben und nur schwer zu tilgen sind. Man bestritt sich gegenseitig, richtige Christen zu sein, weil sich jeder im Besitz der Wahrheit wähnte. So wurden lokale Konflikte ausgelöst und Sektenbildung forciert.

Eine Erfahrung erkennt der Analyst als elftes Kriterium vorbehaltlos an. Alle Gemeinden haben großes Leid ertragen. Ihre Mitglieder nehmen für sich in Anspruch, durch das Leiden geläutert worden zu sein. Ein chinesischer Arzt fasste diese Erkenntnis mit dem Satz zusammen: »Ich spreche nicht vom Leiden der Gemeinde, sondern von ihrer Läuterung. So haben die meisten Gemeindeleiter, denen heute unangefochten vertraut wird, viele Jahre im Gefängnis oder in Arbeitslagern zugebracht. Viele wurden misshandelt, ohne sich der kommunistischen Indoktrination je zu beugen.«

Der zwölfte und letzte Punkt müsste allen etablierten Kirchengemeinden viel zu denken geben. Kein Mitglied einer Hauskirche denkt daran, Evangelisation zu delegieren. Niemand verlässt sich auf fremde Prediger oder Missionare, weil es entweder keine gibt oder weil jeder Christ die Einsamkeit seines Glaubens vor Gott erlebt hat und nicht nach anderen fragt, wenn es darum geht, ihn zu bezeugen.

Aus all dem Genannten leitet sich eine Forderung zwingend ab. Pfarrer An Xinyi vom Christenrat der Provinz Jiangsu hob sie in einem Gespräch mit dem Evangelischen Pressedienst besonders hervor: »Wir brauchen dringend mehr ausgebildete Geistliche.« Er äußerte sich beim Besuch einer Delegation der Evangelischen Kirche in Deutschland in Nanjing im Herbst 2004. Dort ist in einem alten Bauwerk inmitten eines großen Gartens das geistige Zentrum der staatlich anerkannten protestantischen Kirche Chinas untergebracht: das theologische Seminar. Den Empfangsraum ziert neben religiösen Bildern eine Kalligraphie, die der frühere Staats- und Parteichef Jiang Zemin geschrieben hat: »Das Land lieben, die Religion lieben, vereint im Fortschritt«. Mit 180 Studenten ist es das größte der 19 protestantischen Theologieseminare in China. Alle sollen eine »protestantische Theologie mit eigenen chinesischen Merkmalen« lernen.

Die Betonung der chinesischen Merkmale steckt den Spielraum kirchlichen Wirkens ab: »Für uns ist es wichtig, eine einige und harmonische Kirche zu haben«, bekannte der fast 90 Jahre alte Präsident des Seminars, Bischof K. H. Ting, den deutschen Besuchern. Er überraschte die Delegation mit der Nachricht, dass die protestantische Kirche in der Volksrepublik erstmals seit Jahrzehnten wieder Bischöfe weihen will und darf: »Wir haben beschlossen, dass die Kirche Chinas mehr wie eine richtige Kirche werden soll.« Der einzige überlebende protestantische Bischof Chinas war vor der Machtübernahme der Kommunisten 1949 zum Bischof der anglikanischen Kirche geweiht worden.

Im Sinne der Parteilinie lehnte nicht nur er im Gespräch mit der EKD-Delegation, sondern auch die Dozentin Zhang Jing, die kurz zuvor von einem Studienaufenthalt in Louisiana (USA) zurückgekehrt war, eine Spaltung in unterschiedliche Konfessionen ab. Europäische Prediger hätten seit dem 19. Jahrhundert unterschiedliche Bibelübersetzungen gebracht und oft auch Soldaten im Schlepptau: »Jetzt lassen wir das nicht mehr zu. Jetzt bestimmen wir unseren eigenen Weg.« Ting, Zhang und Wang liegen da auf einer Linie, obwohl sie sonst Welten trennen. Die nicht sektiererischen chinesischen Protestanten haben aus unterschiedlichen Motiven die »Drei-Selbst-Bewegung« so verinnerlicht, dass die früher überwiegend abgelehnte staatliche Vorschrift heute zum Selbstverständnis gehört und ein neues Selbstbewusstsein ausdrückt.

Zwei Formen, eine Kirche und ein gelber Papst

Die katholische Kirche Chinas im Spiegelbild
des Bischofs Jin Luxian

Eine karg eingerichtete Stube in einem Dorf in der Provinz Herbin. Draußen dämmert es gerade. Es ist Sonntag. Im Morgengrauen versammeln sich etwa ein Dutzend Menschen in der Wohnung. Die Stühle werden zur Seite gerückt, damit alle Platz finden. Sie wollen zusammen beten. Einen Priester haben sie seit Wochen nicht mehr bei sich begrüßen können. Es ist die Stunde der Laien.

Selbstverständlich ergreift der Hausherr das Wort und legt mit einfachen Worten Bibeltexte aus. Sie stammen aus einer Bibel, die mindestens ein halbes Jahrhundert alt ist. Laienpredigt würde man im Westen nennen, was hier vor sich geht. Die Gläubigen machen sich darüber keine Gedanken.

Das Zweite Vatikanische Konzil kennen sie auch nicht. Genaue Informationen haben sie sowieso nie erhalten. In jenen sechziger Jahren in der Zeit der Repression durch die kommunistische Diktatur kämpften ihre Eltern und die Älteren unter ihnen ums blanke Überleben, oder sie waren so arm, dass ihnen selbst die einfachsten Dinge wie Zeitung oder Radio versagt waren. Die staatlichen Massenmedien der Provinz hätten sowieso nichts über die Kirchenversammlung im fernen Rom gebracht.

In der Kulturrevolution wurde wenige Jahre später, zur gleichen Zeit, als ein Teil der Gläubigen in der katholischen Kirche gerade von einer nachkonziliaren Aufbruchstimmung erfasst wurde, alles erstickt, was dem Materialismus und Steinzeitkommunismus entgegenstand. Alle Regungen religiösen

Lebens wurden mit jahrelanger Haft, Folter, Zwangsarbeit oder gar dem Tod bestraft. Die Kommunisten waren überzeugt, dass die Religion ausgerottet werden müsste und dass sie es auch schaffen würden.

In China lernten auch die Katholiken zu überleben. Die wenigen Zeichen ihres Glaubens hüteten sie wie Schätze. Dazu gehörte auch, was westliche Besucher immer wieder erstaunt, dass hier in Latein gebetet wird. Eine andere Messe als die tridentinische kannten die Katholiken bis vor wenigen Jahren nicht. Auch ihre Priester hielten an ihr fest.

Nur wenig war bis Anfang der 80er Jahre über die katholische Kirche in China bekannt, und diese spärliche Kenntnis war oft getrübt durch Gerüchte und gezielte oder unbeabsichtigte Fehlinformationen. Diese Fehlurteile wirken seit einem Vierteljahrhundert bis heute noch nach und verzerren das Bild von der katholischen Kirche in China.

Beispielhaft dafür steht der inzwischen über 90-jährige Bischof von Shanghai Jin Luxian. Mit ihm erlebte im Mai 1986 die katholische Welt eine kleine Sensation. Auf Einladung der Zeitschrift »Christ in der Gegenwart« reiste Bischof Jin Luxian durch Europa. In Deutschland hielt er mehrere Vorträge. In Frankreich, wo er studiert hatte und weswegen er noch immer ein anspruchsvolles Französisch sprach, traf er seinen alten Freund Kardinal Albert Decourtray, Erzbischof von Lyon, wieder. Er gab in Paris eine Pressekonferenz, auf der ihm alle Verdächtigungen und Vorurteile entgegenschlugen, denen von der Pekinger Regierung anerkannte Bischöfe üblicherweise ausgesetzt waren: Er sei ein roter Bischof, ein verkappter Kommunist und Kollaborateur. Diese und ähnliche Bezeichnungen wurden ihm öffentlich vorgehalten. Doch der vielsprachige Bischof hatte sich längst an solche Vorwürfe gewöhnt.

In seinen Gesprächen, Interviews und Vorträgen gelang es ihm, das Bild der Kirche in China zu korrigieren und manche europäische Vorstellungen und Vorurteile zu erschüttern. Der französische Journalist, China-Kenner und Redakteur der katholischen Tageszeitung »La Croix«, Dorian Malovic, beschrieb den Bischof, mit dem ihn so etwas wie eine Freundschaft verband, in seinem Buch: »Der gelbe Papst. Soldat Gottes im kommunistischen China«. Das Buch erschien zwanzig Jahre später im Jahr 2006, nach vielen Begegnungen der beiden Männer.

Seit 1980 sind in Shanghai wieder 30 Kirchen aufgebaut worden. Die große neugotische Kathedrale im Stadtzentrum aus dem Jahr 1911 kann heute wieder 3000 Personen aufnehmen. Die Basilika von Sheshzan wurde am Ende des 19. Jahrhunderts von den Jesuiten auf einem Hügel gebaut und beherrscht die Ebene. Am 1. Mai jeden Jahres wallfahren mehr als 2000 Pilger zur Jungfrau Maria. Das wiederholt sich jeweils am 15. August. 1985 waren es 60 000 Katholiken. 30 000 gingen bei dieser Gelegenheit zur Beichte. Selbst das Staatsfernsehen brachte eine Reportagen über dieses Ereignis.

1982 wurde in Shanghai ein Priesterseminar eröffnet mit 116 Seminaristen. Der jüngste Priesteramtskandidat war 17 Jahre alt, der älteste 70. Jin kommentierte damals diese große Altersspanne: »Wissen Sie, ich bin jetzt 71 Jahre alt und man betrachtet mich in der chinesischen Kirche als einen Jungen. So wundert es auch nicht, dass ich einen 65-Jährigen zum Neupriester geweiht habe. Wir erarbeiten unsere theologischen Bücher selbst, weil unsere früheren Bestände während der Kulturrevolution völlig vernichtet worden sind.«

Diese kurzen Erläuterungen konnten in der Pariser Pressekonferenz nicht überzeugen. Jin sprach zu sehr im kommunistischen Erfolgs-Jargon, um Skepsis auszuräumen. Er dozierte beispielsweise:»Die Christen haben ihren Glauben tief in ihren Herzen versteckt, und sie haben ihn an ihre Kinder übertragen. Trotz der Kulturrevolution und der vielen Prüfungen haben wir unseren Glauben nicht verloren. Die Katholiken respektieren das chinesische Vaterland und bezeugen Christus in ihrer Arbeit und in der Familie in perfekter Harmonie. Durch ihre positive Haltung gewinnen sie das Vertrauen der Bevölkerung und der Regierung. Es gibt keine Kriminellen bei den chinesischen Katholiken. Die katholische Kirche in China geht mit voller Vitalität voran.«

Dieses schöne Bild musste allerdings gewaltig irritieren. Ein Priester unterbrach den Bischof und hielt ihm vor, wie er es wagen könne, im Namen des einzigen wirklichen Bischofs von Shanghai Kong Ping Mei zu sprechen, der Rom treu geblieben sei und unter Hausarrest stehe, seitdem er vor einem Jahr aus dem Gefängnis entlassen worden ist.

Jin hatte diese Frage und diesen Vorwurf erwartet. Er selbst war 27 Jahre lang in Haft. Was sollte er nun dagegen sagen? Die Situation in China ist viel komplexer, als es die vereinfachenden Schuldzuweisungen widerspiegeln. Auch Jin fand auf den Vorwurf keine einfache Antwort. Vermutlich hätte eine stichhaltige, vergleichsweise kurze Antwort nur provoziert oder wäre einfach nicht geglaubt worden. Er beschränkte sich deshalb darauf, auf die Komplexität hinzuweisen, von Fehlern und Unterstellungen zu sprechen, aber auch davon, dass sich zurzeit alles verändere.

Millionen von Katholiken werden unter der strikten Kontrolle der politischen Machthaber gegängelt. Sie müssen sich der Patriotischen Vereinigung unterordnen, einer Organisation, die bereits 1949 kurz nach der Machtübernahme der Kommunisten geschaffen wurde. Ihr eindeutiges Ziel war, Klerus und Laien des ganzen Landes der Führung der kommunistischen Partei und der Regierung der Volksrepublik China zu unterstellen. Die Aufgaben sind vordergründig rein politisch. Doch unter den Funktionären, die allesamt treue Parteisoldaten sind, gibt es auch Priester. Manche sind sogar verheiratet. Sie haben sich den kommunistischen Zielen untergeordnet. Die Vereinigung ist die Grundvoraussetzung dafür, religiöse Handlungen legal ausüben zu dürfen. Eine willkürliche Bürokratie und die Polizei entscheiden, was Glaubensakte sind. Was sie nicht wissen und ausdrücklich genehmigen, gilt als illegal und wird mit schwersten Strafen bis zur Todesstrafe geahndet. Jeder Auslandskontakt der Mitglieder der Patriotischen Vereinigung gilt als konterrevolutionär und ist deshalb strafbar. Als Auslandskontakt gilt für die Katholiken bereits die einfache Anerkennung des Papstes als Kirchenoberhaupt.

Die meisten älteren Priester, die noch vor der kommunistischen Machtübernahme geweiht worden sind, feiern die heilige Messe bis heute in Latein und historischen Messgewändern, die die Anhänger der europäischen Traditionalisten erfreuen würden. Jedoch nicht nur die sogenannten »Patriotischen«, sondern auch viele Priester, die sich der Staatskontrolle nicht unterordnen wollen und im Untergrund arbeiten, wählen bewusst die alte Form. Sie und ihre Gemeinden hatten bis vor wenigen Jahren die Beschlüsse und Folgen des Zweiten Vatikanischen Konzils nicht nachvollziehen können, weil sie davon keine Kenntnis erhalten hatten. Jahrelang hielten sie aber auch an der alten Liturgie als stillem Ausdruck ihrer Verbundenheit zu Papst und Weltkirche fest. Sie pflegen das mystische Latein des Kults, weil es alle eint, weil es die überlieferte Form ist und weil es die reine Überlieferung darstellt, die durch keinen Eingriff des Staates beeinträchtigt werden konnte.

Dorian Malovic hat 1988 auf einer Reise durch die Provinz Shaanxi heimlich mehrere Untergrundkatholiken treffen können. Die Begegnungen kamen nur unter großen Schwierigkeiten und über mehrere Mittelsmänner zustande. Viel hing auch davon ab, ob die lokalen Funktionäre den Katholiken wohlgesinnt waren. Manches Treffen wurde um Stunden verschoben und dann doch noch abgesagt. Manchmal ging es sehr schnell, weil sich plötzlich eine günstige Gelegenheit bot. Stundenlang musste der Reporter in abgedunkelten Häusern warten, oft vergebens.

Eines Abends im Herbst 1988 sollte der französische Journalist in der ehemaligen Kaiserstadt Xian eine bedeutende Persönlichkeit der Untergrundkirche treffen. Bei Sonnenuntergang schlenderte der Reporter mit einem Begleiter im Zentralpark zwischen Liebespaaren herum. Die erwartete Persönlichkeit zeigte sich zunächst irritiert von dem Ambiente und zweitens von dem sehr europäisch wirkenden Franzosen, der in dieser Gegend auffallen musste. Junge Chinesen kamen auf den Europäer zu, sprachen ihn an und wollten sich mit ihm auf Englisch unterhalten. Das wiederum verursachte Skepsis und Sorge bei dem Erwarteten. Mehrfach wurde die Begegnung hinausgezögert, bis es endlich völlig dunkel und der Park verlassen war. Endlich kam dann die hagere schmale Gestalt eines alten Bischofs der Untergrundkirche, gebeugt durch Jahre der Zwangsarbeit in Umerziehungslagern.

Bitter klagte er, dass die Kommunisten kein einziges Versprechen gehalten hätten. Selbst jene Funktionäre, die zum Katholizismus konvertieren wollten, hielten sich nicht an Absprachen: »Sie haben einfach zu viel Angst.« Noch immer trotz aller Wirtschaftsreformen bleibt die Partei tief antireligiös. Gott existiert für sie nicht. Die Kommunisten haben nur ein Ziel, »uns bis auf den letzten Mann zu liquidieren«. Zwei Priester, die den Bischof begleiten, senken wortlos den Kopf. Sie wurden erst vor kurzem zu Priestern geweiht, obwohl sie kaum jünger sind als der Oberhirte. Sie waren Seminaristen, als die Kommunisten an die Macht kamen, und mussten 30 Jahre lang auf die Priesterweihe warten, nachdem sie in einem Priesterseminar im Untergrund ausgebildet worden waren. In das offiziell 1980 wiedereröffnete Seminar ihrer Heimatdiözese wollten sie sich nicht einschreiben.

Übereinstimmend bekannten sie, dass sie sich extrem einsam und ungerecht behandelt fühlten. »Peking unterdrückt uns, und der Vatikan ist über unsere Situation schlecht informiert.« Eine Normalisierung zwischen dem Heiligen Stuhl und der kommunistischen Regierung könne sich niemand in der derzeitigen Situation vorstellen. Für die romtreuen Katholiken würde sich sowieso nichts ändern. So war die Situation 1988.

Der Bischof der Untergrundkirche reiste trotz seines hohen Alters das ganze Jahr über durch das Land, um Tausende von Katholiken zu besuchen, die isoliert und zerstreut leben und keinen Priester haben. Niemand weiß, wann er wo sein wird. Doch alle sind sicher, dass er kommen wird. Chinas Katholiken zeichnet unendlich viel Geduld, aber auch eine gewaltige Resignation aus. Ein Bischof ist ein wichtiger Hoffnungsträger. »Ich feiere die Messe mitten in der Nacht in den Häusern, wo sich manchmal mehrere Familien, manchmal eine ganze Sippe versammeln. Ich taufe Kinder, die oft schon mehrere Jahre alt sind, weil ich nicht früher dazu gekommen bin. Niemals würden die Eltern sie von einem offiziellen Bischof oder Priester taufen lassen, selbst wenn sich ihnen der Pfarrer einer ganz nahe liegenden Kirche anbieten würde. Eine Taufe von ihm wäre für sie ein unwahres Sakrament. Ich bin ein Vagabund Gottes.«

Allerdings hat diese Not auch einen Widerspruch zur amtlichen Kirchenstruktur entstehen lassen, wie er in anderer Form auch in Europa zu beobachten ist. Dort haben der Krieg und die in dieser Zeit von den Frauen erwartete Verantwortung wesentlich dazu beigetragen, dass auch in Friedenszeiten die Frauen Gleichberechtigung einforderten und sich nicht mehr auf die alten Rollen mit den drei Ks: Kirche, Kind und Küche beschränken lassen wollten. Selbstbewusst forderten sie ihre mühsam erworbenen Rechte auf Dauer. In Chinas Untergrundkirche lassen sich Parallelen ziehen.

Der Priestermangel hat die Laien gezwungen, Verantwortung zu übernehmen. Sie werden sie nicht mehr abgeben. Was sie in ihren Hauskirchen praktiziert haben – um hier auch für die Katholiken jene Bezeichnung für die typisch evangelischen Gemeindeformen zu übernehmen, weil es im Grund identische Gemeindeformen und priesterlose Versammlungen sind –, hat ihr Selbstbewusstsein gestärkt. Sie werden in Zukunft nicht mehr darauf verzichten wollen.

Dieses Selbstbewusstsein zeigen sie aber auch gegenüber allen Versuchen, sie mit der staatlich anerkannten katholischen Kirche in der Patriotischen Vereinigung auszusöhnen. »Er starb, wie er gelebt hat – als Eigentum der kommunistischen Partei«, kommentierte eine Katholikin beispielsweise den Tod des regimenahen Pekinger Bischofs Michael Fu Tieshan 2007. Der war zugleich Vorsitzender der Patriotischen Vereinigung und Vizepräsident des Nationalen Volkskongresses. Er war auf die offizielle Parteilinie eingeschwenkt, dass es in China kein Schisma in der katholischen Kirche gebe. Der 76-Jährige wurde mit staatlichen Ehren beigesetzt.

An seiner Person wird deutlich, warum unabhängig von persönlichen Eigenheiten die offiziellen Bischöfe im Untergrund nicht punkten können. In seinem eigenen Bistum Peking war er heftig kritisiert worden, weil die faktische Leitung der Diözese immer mehr in die Hände einiger weniger Vertrauenspersonen übergegangen war. Auseinandersetzungen entstanden um den Verkauf wertvoller Grundstücke und Immobilien im Bereich der Nantang-Kathedrale (Südkathedrale).

Bischof Jin Luxian muss diese Ablehnung weniger befürchten. Er hat sich als Verantwortlicher der Patriotischen Vereinigung in Shanghai weitgehend der politischen Überwachung entziehen können, weil er sich zumindest nach außen hin in den Grenzen der kommunistischen Religionspolitik bewegt. Die Patriotische Vereinigung hat ihn im März 1988 zum Bischof von Shanghai gewählt. Sein Einfluss reicht so weit, dass er seither als der mächtigste Kirchenmann Chinas gilt. Stolz verweist er denn auch darauf, dass Shanghai mit 145 000

Katholiken und 60 Kirchen sowie 60 Priestern die größte chinesische Diözese darstellt. Im Seminar lassen sich 115 Seminaristen aus 22 Bistümern ausbilden. Selbst »Spiegel« und »Times« lägen in der Bibliothek aus, die immerhin 30 000 Bände zähle. Dennoch ist die Kirche arm. Es fehlt an allem, vor allem an guten Priestern. Immerhin konnte der Bischof bereits Seminaristen nach Deutschland, Frankreich, Belgien und in die Vereinigten Staaten von Amerika schicken. Leider kommen mitunter gerade die Besten nicht mehr zurück und verschärfen ein Problem, das aus der Bevölkerungspolitik entstanden ist.

Das gesellschaftliche Problem schlägt voll auf den Nachwuchsmangel der Kirche zurück. Seit die Regierung mit der Ein-Kind-Politik die Bevölkerungsexplosion bekämpft, wird es immer schwieriger, Neupriester zu gewinnen. Wenn ein Paar nur ein Kind hat, wird es dies auf keinen Fall ins Priesterseminar schicken, stellt Bischof Jin lakonisch fest. Deshalb müssten vor allem auch die Laien in Glaubensfragen besser ausgebildet werden.

Keinen Zweifel ließ Jin stets an seiner Romtreue aufkommen: »Wir sind eine lokale Kirche, die zur universalen Kirche gehört. Wir wünschen die vollständige Einheit mit Rom. Das Problem entstammt der Politik und nicht der Theologie. Für mich ist die Kirche eine heilige, katholische und apostolische.« Wenn der Vatikan allerdings Taiwan anerkenne und nicht Peking, dann handle er so, als würde der Heilige Stuhl auf Korsika und nicht in Paris eine Botschaft unterhalten.

Der Bischof bedauert, dass Rom die Untergrundkirche in China so sehr unterstützt und damit jede weitere Entwicklung vergifte. Er wirft dem Vatikan mangelnde Klugheit vor. Die katholische Untergrundkirche in China sei letzten Endes nicht so mächtig, wie man es im Westen gern annehmen wolle. Die von Rom geheim anerkannten Bischöfe würden nur Öl ins Feuer gießen und eine Versöhnung in der Kirche Chinas nicht fördern. Außerdem seien im Gegensatz zur Annahme in Europa diese Bischöfe im Untergrund keineswegs stumm. Sie beherrschten Informationskanäle, um ihre Botschaften außerhalb Chinas vernehmen zu lassen. Häufig seien diese voller Lügen und würden von Gegnern Chinas benutzt. Diese Bischöfe machten zu viel Lärm, so dass Rom sogar Abgesandte zu ihnen geschickt hätte, um den Kontakt zu den Untergrundkatholiken zu erneuern. Manche Mitglieder der römischen Kurie drängten den Papst, noch mehr Zwietracht in der Kirche Chinas zu säen. Hier wurde Jin Luxian durch die Fakten widerlegt. Papst Benedikt rief mit seinem Brief im Juli 2007 zur Versöhnung auf und erkannte zum Missfallen der Untergrundgemeinden die offizielle Kirche an.

Der Untergrundkirche wird es zunehmend schwerer, ihren eingefahrenen Kurs weiter zu verfolgen. Der wird besonders deutlich in der Provinz Hebei, wo sich die Untergrundkirche am stärksten etabliert hat und am radikalsten jede Zusammenarbeit mit den Kommunisten verweigert. Dort kursiert ein Papier, das der Bischof Fan Xueyan unterzeichnet hat. Es postuliert in Form von acht Fragen und Antworten einen Verhaltenskodex für Katholiken, die Rom treu ergeben sind. Danach kann die Kirche keine von Rom unabhängige Verwaltung schaffen. Sie darf sich auch nicht der Patriotischen Vereinigung unterordnen, weil diese völlig mit dem Vatikan gebrochen habe und ihm nicht folge.

Die Patriotische Vereinigung könne keine Kirche Christi sein, weil sie nicht mit dem Petrusamt vereinigt sei. Wer ihr dennoch angehöre, begehe, so heißt es in dem Text, eine Todsünde. Ihre Priester lebten im Irrglauben.

Die Wirklichkeit sah auch schon zehn Jahre früher ganz anders aus. Selbst Rom treu ergebene Katholiken besuchen die heilige Messe, auch wenn sie von Priestern der Patriotischen Vereinigung gefeiert wird. Von vielen ist bekannt, dass sie dem Papst ergeben sind. Immer mehr, so meint jedenfalls Jin, werde diese auf den ersten Blick widersprüchliche Haltung von der Mehrheit der Gläubigen akzeptiert. Wie zur Bestätigung wurde im September 2006 ein offener Brief des »inoffiziellen« Bischofs der Diözese Lanzhou, Joseph Han Zhi-hai, bekannt. Darin bestätigte er die Einheit mit jenen Bischöfen der »offiziellen« Kirche, die in Gemeinschaft mit dem Papst stehen.

In dem Papier des Bischofs Fan werden dagegen sie alle mit Exkommunikation bedroht und ihnen Verrat an ihren Ahnen vorgeworfen, selbst wenn sie schon seit zehn Generationen katholisch sind. Der Pragmatismus der offiziellen und dennoch romtreuen Priester wird von dem Untergrundbischof energisch zurückgewiesen. Diese Priester hätten ein doppeltes Gesicht. Sie täuschten die ganze Welt.

Das Hirtenwort des Bischofs hat in jenen Kirchenkreisen ein kleines Erdbeben ausgelöst, die sich in China um Aussöhnung bemühen. Die Mehrheit der Katholiken schien auf derartige Ausfälle nicht eingestellt zu sein. Im Fadenkreuz stand offensichtlich der Bischof von Shanghai. Der Rückfall in antikommunistische Totalverweigerung aus den Zeiten von Papst Pius XII. dürfte ein letztes Aufbäumen sein. Denn Jin ist überzeugt, dass der Heilige Stuhl sich trotz solcher Querschüsse mit Peking einigen werde.

Dass der chinesische Staat seine Bischöfe selber ernennen will, sieht Jin nicht als unüberwindbares Hindernis. Er habe alle einschlägigen Konkordate gelesen und sei deshalb überzeugt, dass eine Einigung zu finden sei. So würden beispielsweise die Bischöfe in Elsass-Lothringen nicht durch Rom ernannt, sondern auf Vorschlag des französischen Staatspräsidenten, dem Rom dann zustimme. Nach diesem Beispiel könnte man auch in China verfahren. Andere Beispiele wie Polen werden im Kapitel über die Pingpong-Diplomatie, S. 148 f., erläutert. Jin geht davon aus, dass im Bistum Shanghai 90 Prozent der Katholiken ihm folgten und nur zehn dem Untergrund zuzurechnen seien. Er steht damit jedoch ziemlich allein. Informationen von dritter Seite drehen das Verhältnis um. Vieles spricht dafür, dass mehr Katholiken im Untergrund leben als die, welche zur Patriotischen Vereinigung zählen. Das gilt allerdings weniger für die Stadt als für das zum Bistum gehörende Hinterland. Der Bischof mag sich auf die Schwierigkeiten berufen, valide Zahlen zu erhalten, und deshalb die Zahlen zu seinen Gunsten interpretieren.

Überhaupt übernimmt er gerne die offizielle Sprache, lässt aber durchklingen, dass er die amtlichen Angaben anders auslegt. Jin Luxian erweist sich als Meister der subtilen Sprache. Das ist eines seiner Geheimnisse, warum er einerseits so schillernd wirkt, auf der anderen Seite so viel Macht erhalten hat und trotz seines hohen Alters zwischen beiden Seiten vermitteln kann. Daran ändert auch die Tatsache nichts, dass die Klagen und Anklagen gegen ihn im Vatikan ganze Aktenordner füllen. Er rechtfertigt sich mit der schwierigen Situation in China und einer Realität, die sich eben nicht so einfach in ein schwarzweißes Schema pressen lässt. Außerdem habe er erleben müssen, dass seine Äußerungen falsch interpretiert und falsch weitergetragen worden seien.

Sehr unterschiedliche Erfahrungen hat der Bischof auch in Deutschland und Frankreich sammeln können. Er erzählt, dass er 1986 in Deutschland an den sogenannten »Ritenstreit« im 17. Jahrhundert zwischen dem Vatikan und den Jesuiten erinnert hätte. Hätte es diesen nicht gegeben, hätte sich das Christentum wohl in ganz China ausgebreitet und bis heute erhalten. »Ich habe damals den Wunsch ausgedrückt, dass Rom im 20. Jahrhundert nicht denselben Fehler machen dürfe, dieses Mal im Konflikt zwischen der offiziellen und der Untergrundkirche. Ich habe aber auch unterstrichen, dass der Papst die Kirche durch die Liebe und nicht durch die Macht regieren müsse, und habe die Ortskirche als Fundament der Universalkirche beschrieben. Die Ortskirche war im ersten Jahrhundert der christlichen Zeit selbständig und unabhängig. Der Bischof von Rom hat die Bischöfe erst viel später ernannt.«

Die katholische Kirche in Deutschland habe dies sehr wohl verstanden, weil sie unabhängiger und rebellisch gegenüber dem Vatikan sei. In Frankreich hingegen war das Terrain durch den Vatikan vermint: »So hat die Kurie den Erzbischof von Paris, Jean-Marie Lustiger, und den Kardinal von Lyon, Albert Decourtray, aufgefordert, meine Bewegungsfreiheit einzuschränken. Mein Freund Albert hat mich als Freund empfangen, Lustiger hat alles annulliert. Nichts hat mit ihm stattfinden können außer einem verschwiegenen Treffen. Ein Foto mit mir hat er abgelehnt. Selbst meine alten Freunde und Mitbrüder, die Jesuiten in Paris, haben mich nicht empfangen. Sie betrachteten mich als Verräter.«

Jin Luxian wurde 1921 in einem wunderschönen Anwesen in der Nähe des Gartens Yu im Zentrum von Shanghai gegenüber einem Tao-Tempel geboren. Seine Eltern kamen aus Orten, an denen sich heute eine riesige Wirtschaftszone ausbreitet. Sein Vater wurde in einem Tausend-Seelen-Dorf geboren, in dem alle seit Generationen katholisch waren. Die Mutter stammte aus einem zwei Kilometer entfernten Nachbardorf, das ebenfalls tief katholisch war. In seinem Heimatdorf wurde Pater Andre Kim als erster Koreaner zum Priester geweiht. Nach seiner Rückkehr nach Korea wurde er auf Befehl des Königs hingerichtet, weil Korea die Präsenz einer ausländischen Religion nicht duldete. Als Papst Johannes Paul II. Südkorea besuchte, wurde Kim heilig gesprochen. Deshalb war das Heimatdorf des Bischofs Jin lange Zeit eine Pilgerstätte für koreanische Katholiken.

Der Vater Jins wurde am Jesuitenkolleg in Shanghai ausgebildet, einer der ersten und besten katholischen Schulen, die Mitte des 19. Jahrhunderts gegründet worden waren. Er wurde jedoch nicht Priester, sondern Professor für Englisch und Französisch, bevor er sich in der Finanzwelt engagierte. Die Eltern heirateten selbstverständlich katholisch. Eine Ehe mit einem Heiden hätte sofort zum Ausschluss aus der Kirche geführt. Sie waren sehr wohlhabend. Der Vater fungierte aufgrund seiner Sprachkenntnisse als Mittler zwischen westlichen Kaufleuten und chinesischen Mandarinen.

Der Junge wurde in einer europäischen Atmosphäre und gleichzeitig sehr religiös erzogen. Die Mutter besuchte jeden Morgen in der nahe gelegenen Kirche die Frühmesse. Der Vater ging regelmäßig am Sonntag zur Kirche. Mit elf Jahren verlor der Junge seine Mutter durch eine schwere Krankheit. Wenige Jahre später verstarb auch der Vater. Er hinterließ seinem älteren Bruder ein ordentliches Vermögen. Der jedoch tat so, als hätte er nichts erhalten und vernachlässigte Bruder und Schwester. Für Jin hatte die Mutter allerdings vorgesorgt und den Jesuiten Geld hinterlassen, damit der Junge auf jeden Fall seine Studien vollenden konnte.

Bei den Jesuiten wurde auf Französisch unterrichtet. Nicht nur dass im Unterricht französisch gesprochen wurde, auch das gesamte Wissen von der übrigen Welt wurde aus einem französischen Blickwinkel betrachtet. Es war eine sehr kolonial geprägte Schule, in der die französischen Departements und Flüsse wichtiger waren als die chinesische Geographie. Trotz der chinesischen Umgebung wurde das Mandarinchinesisch nur als zweite Sprache gelehrt. »Ich wurde erzogen wie ein perfekter kleiner Franzose, der zufällig in China zur Welt gekommen ist.« Nur heimlich konnte der Junge chinesische Literatur lesen.

In Shanghai lebte Jin wie auf einer französischen Insel unter etwa 1000 Franzosen in einer Welt von weit über 3 Millionen Chinesen und einem Mosaik von Völkern aus der ganzen Welt die Jahre bis zum Ende des Zweiten Weltkrieges. Er verfolgte den Zufluss russischer Emigranten, die nach 1917 vergleichsweise problemlos und ohne Reisepass nach Shanghai kommen konnten. Er beobachtete auch aus nächster Nähe, wie britische und amerikanische Handelsfirmen die Franzosen ausstachen, die mehr Wert auf kulturelle und philosophische Werte legten.

Jin erlebte, wie 1928 die nationalistischen Truppen Chiang Kai-sheks die Macht in Peking übernahmen und wie Kriegsherren seit 1911 in einem blutigen Bürgerkrieg das Land ins Chaos stürzten. In Peking hatten Studenten der »Bewegung des 4. Mai« gegen den Vertrag von Versailles rebelliert, der die Provinz von Shandong, die bis dahin zu Deutschland gehört hatte, unter japanische Kontrolle stellte. In Shanghai wurden deshalb japanische Produkte boykottiert. Am 30. Mai 1925 schoss die Polizei auf die Demonstranten, die in einer japanischen Fabrik gestreikt hatten. Auch in Kanton gab es wegen der Arbeiterunruhen Erschießungen.

1931 eroberten die japanischen Truppen die Mandschurei und griffen Shanghai an. »Meine Kindheit war tief geprägt vom Bürgerkrieg in China. Das Land hat im chinesisch-japanischen Krieg bitter für seine Zersplitterung bezahlt. Ich lebte in der ständigen Angst vor den Japanern. Es war ein regelrechter Albtraum. Wir mussten die chinesische Stadt verlassen und uns ins französische Viertel flüchten. Dadurch lernte ich meine chinesische Identität kennen.«

Jin war zu dieser Zeit bereits Jesuit. Das Ordenshaus in Xian wurde von Japanern eingekreist. Glücklicherweise behandelten die Japaner die Ordensleute, darunter Franzosen, Italiener und Deutsche, etwas menschlicher als die Chinesen. »Aber was musste ich empfinden, als ich erlebte, wie die Chinesen mit einer bis dahin unbekannten Gewalt massakriert wurden. Diese japanischen Soldaten waren von einer derartigen Brutalität und Unmenschlichkeit; sie waren blutrünstige Killer. Das Massaker von Nanking 1937 hat die Grausamkeit der Soldaten Nippons tief in unser Gedächtnis geprägt. Die Westmächte haben mein Land und seine Einwohner ausgebeutet. Sie haben aber auch gewisse Errungenschaften der westlichen Zivilisation eingeführt. Dieser Beitrag hat China geholfen, sich zu entwickeln. Die Japaner haben uns aber nur als Sklaven behandelt. Engländer, Amerikaner und Franzosen sind uns gegenüber menschlich geblieben. Sie wollten nur reich werden. Sie ließen uns leben. Im Gegensatz dazu haben die Japaner uns weggefegt und wie Ungeziefer behandelt. Ihr Westler seid vom Christentum geprägt, aber die Japaner leben von keinerlei Spiritualität. Ein Volk ohne Religion. Das scheint extrem zu sein, aber ich bin für mein Leben durch meine Kindheit unter japanischer Herrschaft geprägt worden. Diese traurigen Seiten unserer Geschichte haben unsere Identität tief bestimmt. Wir lieben die Amerikaner nicht sonderlich, aber wir empfinden einen bestimmten Respekt für ihre Kultur. Die Japaner hassen wir aber noch heute. Ich verzeihe der Nation, aber nicht ihrem Militarismus. Mein ganzes Leben lang habe ich nie ein einziges japanisches Produkt kaufen können. Wenn ich ein japanisches Geschenk erhalten habe, habe ich es gleich weitergegeben. Die jungen Leute spüren die Dinge nicht mehr in dieser Art, selbst wenn sie die Geschichte aus den Büchern lernen. Aber meine Generation kann diese Demütigung nicht vergessen. Wir haben uns mit den Japanern nicht versöhnt. Sie sind bösartig. Sie wollen immer mehr, haben nie genug im Gegensatz zu den Deutschen. Die haben nach dem Krieg die richtige Haltung eingenommen. Das war in der Tat mein erstes Bewusstwerden meiner chinesischen Identität. Bis dahin hatte ich von meinem Land, von China, eine ziemlich wirre Vorstellung. Angesichts der japanischen Invasion bin ich Chinese geworden.«

Die französische Erziehung verhindert auch, dass Jin in seiner Schulzeit »das Meer der großen chinesischen Denker« entdecken konnte. Es war schließlich ein chinesischer Jesuit, Joseph Wang, der ihm die chinesische Literatur und Kultur nahebrachte. Während eines ganzen Jahres hatte er die großen Klassiker regelrecht aufgesogen und die Schriften des Laotse und des Konfuzius auswendig gelernt. Leider gefielen den Jesuitenoberen diese chinesischen Kenntnisse nicht sonderlich. Professor Wang konnte zwar drei Jahre lang in England, Lyon und Paris studieren, wo er sein Staatsexamen über die chinesische Philosophie machte. Als er nach China zurückkehrte, durfte er nur noch chinesische Literatur, aber nie mehr Theologie lehren.

Jin Luxian, mit dem Taufnamen Aloysius, bekam von den ersten Versuchen der Inkulturation des Christentums nur wenig mit. Er spürte nur die Gegensätze zwischen dem gepredigten Evangelium und der Praxis der ihre eigene Kultur diktierenden Vorgesetzten. Immerhin bot das französische Viertel ihm ein Ambiente, in dem er sich vergleichsweise ungestört von roter und japanischer Besatzung aufs Priesteramt vorbereiten konnte. Nach dem Tod der Mutter war es für ihn sicher, dass er Priester werden wollte. Er erfüllte damit nicht nur einen Herzenswunsch seiner Mutter, die ihn schon deshalb als Kind von Hochzeitsfeiern fernhielt. Nichts durfte ihn in Versuchung führen. Derart früh fürs Priesteramt geprägt, verkündete er schon als Kind seine Berufung. Die Jesuiten beobachteten den Jungen deshalb besonders interessiert.

Mit 16 Jahren trat Jin Luxian 1932 ins Internat der Jesuiten ein. In dieser Zeit starb seine Schwester an einer Meningitis. Sie hatte durch ihre Arbeit dazu beigetragen, dass der Junge überhaupt leben konnte. Mit 19 wechselte er deshalb ins Priesterseminar und studierte fleißig Tag und Nacht. 1938 schließlich wurde er in den Orden der Jesuiten aufgenommen. »Wir lebten vollständig französisch. Zum Frühstück wurde Kaffee mit Milch serviert, zum Mittagessen Suppe und Fleisch und immer eine gute Flasche französischen Weines. Neben dem süßen Dessert gab es immer eine Käseplatte, obwohl Chinesen Käse nicht mögen.« An Rocquefort erinnerte sich der greise Jin noch mit Schaudern. Alles in allem bewahrte sich der spätere Bischof aber eine gute Erinnerung an die französische Zeit seines Lebens und auch an die Jesuiten in China, die trotz des Auftrags des Ordensgründers die einheimische Sprache nie beherrschten. Shanghai galt damals schließlich auch als die größte Missionsstadt der gesamten Christenheit. Und Jin Luxian lebte in kirchlichem Luxus, was ihm allerdings erst allmählich bewusst wurde.

Zur selben Zeit erwachte in ihm der Wunsch, den Ursprung der ihn prägenden französischen und christlichen Kultur kennenzulernen. Überglücklich war er deshalb, als er zu der kleinen Gruppe Studenten gehörte, die von den Jesuiten für ein Studium in Europa ausgewählt wurde. Das war kurz nach dem Zweiten Weltkrieg, 1947. Er lernte Paris kennen und durchstreifte ganz Frankreich, vor allem die Stätten des französischen Katholizismus Lourdes und Vezelay, über die er bereits in China so viel gelesen hatte. Er ließ sich von der Spiritualität dieser mystischen Orte fesseln. Doch selbst in Frankreich spürte er, wie die Nation noch immer zutiefst von Kolonialismus geprägt war. Die Kolonien in Afrika und Asien waren ihr schließlich geblieben. In dieser Zeit diskutierte er am liebsten mit Pater Henri de Lubac über die verpassten Chancen des Christentums in China. Er lernte die Theologen Marie-Dominique Chenu und Yves Congar kennen, die beide von Rom zunächst kaltgestellt und später als Konzilstheologen rehabilitiert worden waren. Damals in Frankreich begriff Jin: Die Macht darf nie missbraucht werden, wie es die römische Kirche manchmal tat.

Rom selbst lernte Jin an einem ganz besonderen Ort intensiv kennen. Zwei Jahre lang durfte er an der berühmten päpstlichen Universität Gregoriana studieren. Dort verfasste er seine Doktorarbeit über die Dreifaltigkeit und schloss zahlreiche Freundschaften mit Studierenden aus der ganzen Welt. Bitter vermerkte er, dass leider viele Freundschaften für immer zerbrachen, als er 1955 verhaftet wurde. Ein treuer

Freund ist ihm aber geblieben: Albert Decourtray, der Erzbischof von Lyon. Als der 1985 Manila auf den Philippinen besuchte, las Jin in einer Zeitschrift von der Ernennung seines Studienfreundes zum Kardinal. Er schrieb ihm, ob er jener Albert sei, den er in Rom kennengelernt hatte. Einige Wochen später kam die Bestätigung. Dem Kardinal verdankte Jin auch, dass er 1986 nach Frankreich und Deutschland reisen konnte. Erschrocken reagierte der Kardinal, als ihn der chinesische Freund mit Eminenz ansprechen wollte. Für ihn war und blieb er Albert.

Jin studierte noch in Europa, als die Kommunisten am 1. Oktober 1949 in Peking die Macht ergriffen. Nur langsam drangen die alarmierenden Nachrichten zu ihm nach Rom. Sie waren so beunruhigend, dass ihm seine Freunde rieten, nicht nach China zurückzukehren, von wo aus zahllose Gläubige nach Hongkong, Taiwan, auf die Philippinen, nach Europa und in die USA geflohen waren. Verständlich wäre auch gewesen, wenn Jin in Europa weiterstudiert hätte, bis sich in seiner Heimat bessere Zeiten abgezeichnet hätten. Jin konnte sich aber nicht damit abfinden, drei Millionen Katholiken in seiner Heimat sich selbst zu überlassen. Er fühlte sich auch von den feindlichen Parolen der Kommunisten nicht angesprochen: »Ich hatte kein politisches Problem.«

Er ging sogar davon aus, dass er im Gegensatz zu Priestern und Bischöfen, die mit den Nationalisten sympathisiert hatten, für die neuen Herrscher kein Problem darstellen dürfte. Er sei schließlich nur ein studierender Priester gewesen. Doch selbst die Ordensoberen der Jesuiten rieten ihm eindringlich ab, nach China zurückzukehren. Nach ihrem Urteil kannten die neuen Herrscher in Peking kein Pardon für Priester und Ordensleute, nicht einmal für einheimische. Täglich würden ausländische Missionare ausgewiesen. Deren Berichte ließen Schlimmstes befürchten. 1950 behaupteten die Kommunisten, sie würden keine Christen verfolgen. Alle Kräfte würden gebraucht. Einige Flüchtlinge fielen darauf herein und kehrten in ihre Heimat zurück.

Jin war dafür bestimmt, nach der Rückkehr von den Studien in Europa das Priesterseminar von Shanghai zu übernehmen. Der päpstliche Delegat Costantini wurde von der beabsichtigten Rückreise informiert. Die römischen Oberen stimmten schließlich zu. Lediglich die damalige »Propaganda Fide«, die für die Mission zuständige Kongregation für die Evangelisierung der Völker, lehnte Jins Rückkehr strikt ab. Sie befürchtete für Jin Verfolgung und Haft, zumal er gerade aus Europa zurückkäme und sich damit noch verdächtiger mache als die im Land gebliebenen Missionare.

Über 40 Jahre später gab der Bischof schließlich zu, dass er sich ganz gewaltig in der Natur der Kommunisten getäuscht habe. Er hätte sich nie vorstellen können, dass sie so antireligiös eingestellt waren, wie er sie dann erlebt habe. Er erinnerte sich an eine Rede des großen Vorsitzenden Mao, der behauptet hatte, dass die chinesische Demokratie hundert Jahre brauche, bevor sich die proletarische Revolution durchsetzen könne. »Ich habe dies geglaubt. Ich habe ihm vertraut. Die meisten Intellektuellen sahen in Mao einen Garanten für die Stabilität des Landes nach Jahrzehnten von Krieg, Besatzung und Bürgerkrieg. Ich sah in den Kommunisten nur Antiimperialisten. Ich bin deshalb zurückgekehrt.«

Die Religion sollte zur Bekämpfung des Imperialismus benützt werden. Sobald die Gläubigen jedoch Widerstand leisteten, sollten sie konsequent bekämpft werden. So ging die kommunistische Führung auch gegen die katholische Kirche vor. Vorrangige Ziele der Unterdrückung waren die ausländischen Missionare. Laien und Bischöfe aus dem Land selbst wurden als Feinde zweiten Grades betrachtet, die zu dieser Zeit zwar unterdrückt, aber noch nicht so brutal verfolgt wurden wie wenige Jahre später.

Das war die Situation, als Jin am 17. Januar 1951 nach Jahren in Europa nach Shanghai zurückkehrte. Genau an diesem Tag wurden Vertreter der katholischen Kirche aus dem Norden Chinas durch das Komitee für Erziehung und Kultur nach Peking eingeladen. Ministerpräsident Zhou En-lai teilte ihnen die Einrichtung eines Sekretariats für religiöse Angelegenheiten mit. Die religiösen Angelegenheiten Chinas müssten durch die Chinesen selbst geregelt werden. Er verwies dabei auf das Vorbild der Protestanten, für die bereits ein Jahr zuvor die Bewegung der drei Autonomien, der Drei-Selbst, gegründet worden war. Gleichzeitig rief er sie auf, die konterrevolutionären Feinde des Vaterlandes, die sich in der Kirche versteckt hielten, auszuschließen.

Zur selben Zeit überzogen die Kommunisten das Land mit einer Hetzkampagne gegen religiöse Frauenorden, die zahlreiche Waisenhäuser unterhielten. Sie wurden öffentlich bezichtigt, dutzendweise Waisenkinder ermordet zu haben. Manipulierte Anklagen gingen sogar von 2000 getöteten Kindern aus. Die Schwestern wurden schließlich wie alle ausländischen Priester unter dem Vorwurf der Spionage ausgewiesen, Einheimische wurden zu langen Gefängnisstrafen verurteilt. Kommunistische Agenten wurden in alle kirchlichen Organisationen eingeschleust. Sie lieferten die gewünschten »Beweise«, dass die kirchlichen Institutionen das Regime destabilisieren wollten. So wurde beispielsweise die mehrere 1000 Mitglieder zählende Legion Mariens als reaktionäre faschistische Geheimgesellschaft bezeichnet, die im Dienste der Grundbesitzer stünde. Mitglieder dieses Ordens wurden verhaftet und zu Tode gefoltert. Am Ende wurde die gesamte katholische Kirche Chinas als terroristische Organisation angeklagt. Erzbischof Antonio Riberi, der Vertreter des Papstes in Peking, wurde öffentlich so lange angeprangert, bis er schließlich freiwillig das Land verließ. Geradezu prophetisch formulierte Bischof Dong von Chongqing in der Provinz Sichuan in einer Erklärung: »Das Dokument über die drei Autonomien ist schlecht. Heute wollen sie, dass wir Mgr. Riberi angreifen, den Vertreter des Papstes in China. Morgen fordern sie uns auf, den Vertreter Christi auf Erden anzugreifen: den Papst.«

Auch Jin Luxian geriet ins Fadenkreuz der Kommunisten. Shanghai war schon immer das Tor zur westlichen Welt gewesen. Dort witterten die Kommunisten eine historische Komplizenschaft von Kolonialisten, Imperialisten und Schmugglern. Die tiefe Verbundenheit zum Westen wurde der Riesenstadt zum Verhängnis. Zudem lebten hier über 120 000 Katholiken. Ihr Oberhirte war ein charismatischer und legendärer Bischof, Kong Ping Mei, dessen Nachfolger Jin werden sollte. Kong gab keinen Millimeter gegenüber den Kommunisten nach. Er organisierte den Widerstand im Untergrund, um ein Mindestmaß kirchlichen Lebens zu sichern. Nachdem die Ausländer das Land verlassen hatten, blieben kaum noch Seelsorger übrig. Jetzt rächte sich die Arroganz der Missionare, keinerlei Verantwortung an den einheimischen Klerus delegiert oder ausreichend einheimische Priester herangebildet zu haben. Die Kirche von Shanghai geriet von zwei Seiten in größte Not, durch die Kommunisten und die eigene Unterlassungsschuld.

Ein hohes Maß an Realitätsverlust bestimmte allerdings auch die einheimische Führung der katholischen Kirche. Als Jin gleich nach seiner Ankunft zu Bischof Kong ging, empfing ihn dieser mit den Worten: »Wann werden die Amerikaner eintreffen, um China zu befreien?« Jins Antwort war, er glaube nicht an einen Angriff der Amerikaner. Eine solche Hoffnung sei unrealistisch. Der Bischof und ein weiterer Bischof warfen ihm Schwarzmalerei und Uninformiertheit vor. »Sie werden sehen, die Amerikaner werden bald kommen. Das ist sicher.« Kong wollte nicht glauben, dass die Nationalisten nie wieder zurückkehren würden und dass die Kommunisten gesiegt hätten.

»Ich habe die Idee vertreten, dass die chinesischen Priester jetzt die religiösen Angelegenheiten des Landes selbst in die Hand nehmen müssten und nicht auf ausländische Hilfe warten sollten. Ich habe deshalb eine umgehende Versammlung aller chinesischen Bischöfe vorgeschlagen. Davon wurde Riberi zwar umgehend informiert, der aber meine Absicht total verdrehte.« Es begann die Zeit der Verdächtigungen gegenüber dem späteren gelben Papst. Riberi schrieb einem Ordensoberen in Europa, dass der neu angekommene Pater sehr suspekt sei. Der schlage nämlich vor, dass der chinesische Klerus die religiösen Aufgaben anstelle der Missionare selbst in die Hand nehmen müsse. Riberi lehnte deshalb die geplante Ernennung Jins zum Rektor des Priesterseminars ab. Erst sechs Monate später unterzeichnete er sie, kurz bevor er China verlassen musste. 300 Seminaristen mussten so lange auf ihren neuen Chef warten.

Jin konnte dann immerhin noch bis 1955 Priester ausbilden. Die Kommunisten wussten inzwischen auch besser über die kirchlichen Einrichtungen Bescheid und ließen sie einigermaßen unbeschadet weiterarbeiten, verschärften aber kontinuierlich die Kontrollen. Die Behörden setzten auf eine Strategie des Austrocknens. Sie verbaten den Bildungsstätten, neue Schüler oder Seminaristen aufzunehmen. Auf dem flachen Land gingen die Kommunisten noch rigoroser vor. Im Zuge der Agrarreform wurden alle Kirchen geschlossen.

1949 hatten noch etwa 2500 ausländische Priester in China gearbeitet. 1954 waren noch 61 übrig geblieben, von denen aber 21 eingesperrt waren. In 54 der 143 Diözesen waren 198 chinesische Priester eingesperrt und über 400 standen unter Hausarrest. Für das Regime war der Zeitpunkt gekommen, zu einem letzten Schlag auszuholen. Es durfte keine Katholiken mehr geben, die nicht unter der Kontrolle der Kommunisten standen. Wurde irgendwo Widerstand sichtbar, setzte das Regime ein Heer von Spionen und Denunzianten ein. Massenweise wurden Unschuldige festgenommen und für Jahre in

Gefängnis und Arbeitslager gesperrt, um sie zu foltern oder umzuerziehen. In Shanghai widerstand der Erzbischof allen Pressionen. Er bemühte sich, für alle Notfälle eine eigene Kirchenstruktur aufzubauen. Bis zu seiner Verhaftung 1955 weihte er 18 Bischöfe und mehrere Dutzend Seminaristen zu Priestern, die von Jin ausgebildet worden waren.

Die Katastrophe der schlimmsten Verfolgung brach am 8. September 1955 über Chinas Katholiken herein. Auf Befehl der Regierung in Peking wurde Kong zusammen mit über 20 Priestern, Ordensleuten und etwa 300 Laien verhaftet. In derselben Nacht folgten Festnahmen in allen wichtigen katholischen Zentren. Einige Wochen später verkündete die Volkszeitung, dass die gesamte konterrevolutionäre Clique um den Bischof von Shanghai verhaftet worden ist. Er wurde angeklagt, weil er den Beitritt zur Bewegung der patriotischen Kirche abgelehnt und alle, die ihr beigetreten seien, als Abtrünnige bezeichnet habe. Außerdem habe er schlechte Elemente, die sich gegen den Bau der neuen chinesischen Gesellschaft auflehnten, bei sich versteckt.

Verfolgung und Folterungen zeigten Wirkung. Ein Jahr später präsentierte der Volkskongress in Peking den 70-jährigen Priester Zhang Shiliang aus Shanghai. Öffentlich vorgeführt, bekannte er, dass er jahrelang von den Imperialisten und seiner konterrevolutionären Clique getäuscht und unterdrückt worden sei. Das Regime gewann eine Reihe von Priestern, die unter dem Druck oder auch nur aus Angst vor Folter bereit waren, sich zu arrangieren. Zum Lohn erhielten sie hohe Funktionen in der neuen nationalen katholischen Hierarchie. Shiliang wurde ohne kirchliche Zustimmung Diözesanbischof.

Er sollte nie einen Rückhalt bei den Gläubigen gewinnen, sie akzeptierten ihn nicht. Für die Kommunisten war jedoch die Akzeptanz überhaupt kein Problem. Sie wollten eine eigene, staatlich gelenkte Struktur durchsetzen. Die Zustimmung würde später von alleine kommen.

Auch Jin wurde an jenem 8. September 1955 verhaftet und mit zwölf anderen Häftlingen in eine winzige Zelle gesperrt. Vier Jahre lang musste er auf seinen Prozess warten. Jeden Abend wurde er abgeholt und zum Verhör geführt. Stundenlang musste er auf Hunderte von Fragen antworten. Seine Mithäftlinge durften in dieser Zeit schlafen. Jin kam spät nach Mitternacht endlich in die Zelle und musste wie alle anderen in aller Frühe wieder aufstehen.

Langsam legte sich über den Häftling Müdigkeit und Erschöpfung. Polizisten postierten sich immer in derselben Art und Weise. Zu fünft thronten sie auf einem Podest hoch über dem Beschuldigten. Er musste stundenlang nach oben blicken, während diese ihn ihre ganze Verachtung spüren ließen. Einer rauchte, der andere trank. Für sie war der Häftling ein Spion des Papstes Pius XII., den dieser persönlich geschickt hatte, um die noch junge kommunistische Regierung Chinas zu destabilisieren. Er sei nur deshalb nach China zurückgekehrt in einer Zeit, in der alle seinesgleichen das Land verließen. Die Vorstellung, dass er aus Patriotismus heimgekehrt sei, schien ihnen unglaubwürdig. Zudem wussten sie bereits alles über den Beschuldigten. Anscheinend hatten sie schon Dossiers vom ersten Tag ihrer Machtergreifung an über jeden angelegt, den sie als Opponenten verdächtigten.

In einem Fall hatten sie einen wichtigen und gutinformierten Zeugen gefasst. In der Nacht zum 8. September 1955 wurde auch der Jesuitenobere von Shanghai verhaftet. Er stammte aus dem Westen und war mit der chinesischen Mentalität nicht vertraut. Er brach sehr schnell zusammen und beichtete der Polizei von Shanghai alles.

Sie erfuhr deshalb umfassend, wie sich die Katholiken im Untergrund organisierten, welche Einheiten und Strukturen sich gebildet hatten und auf welche Änderungen sie sich eingestellt hatten. Während die Katholiken nichts über ihre Zukunft wussten, hatten die Kommunisten bereits weitgehend alles über sie erfahren und konnten ihr Wissen zielgerichtet einsetzen.

Jin berichtete später, dass jener Jesuit unter dem Druck alles auf hundert Seiten niedergeschrieben hatte, was er wusste: alles über die Untergrundorganisation, die Art der Treffen, die Verantwortlichen, die Aktivisten und die Boten. Jin verargte ihm nicht, dass er sie alle verraten hatte. Er nahm ihm aber bis zuletzt übel, dass er nach seiner Ausweisung nach einem Jahr Gefängnis an Kong und Jin geschrieben hatte:»Ich habe im Gefängnis nichts gesagt, was unsere Mission verraten könnte, nichts.« Shanghais Katholiken hatten diesem Brief geglaubt und in ihren Aktivitäten nichts geändert, überzeugt, dass die Kommunisten nichts erfahren hätten. Das war eine fatale Fehleinschätzung, die allen sehr schaden sollte.

Trotz der Verfolgung blieben die meisten Katholiken ihrem Glauben treu. Den Kommunisten ging es letztendlich auch gar nicht darum, Märtyrer zu schaffen oder die Menschen zum Glaubensabfall zu bewegen. Für sie waren die Katholiken nur kriminelle Konterrevolutionäre. Später sollte sich während der Kulturrevolution so ziemlich alles ändern. Dann sollte jede Form von Religion in China ausgelöscht werden. Da fanden sich dann frühere Henker und ihre Folteropfer in ein- und denselben Zellen wieder. Alle haben in dieser Zeit gelitten. Tausende verloren unter der Tortur ihr Leben. Ein Katholik beispielsweise wurde auf einen Tisch gestellt, und die Roten Garden sagten ihm, er könne sofort herunterkommen, wenn er seinen Glauben an Jesus Christus leugnete. Er blieb so lange stehen, bis er tot herunterfiel.

Jin selbst bekannte in den neunziger Jahren, als sich alles zum Besseren gewendet hatte:»Ich bin nie gefoltert worden. Ich bin kein Märtyrer. Ich kenne viele, die weitaus mutiger waren als ich. Aber eines habe ich gelernt. Mit den Kommunisten darf man nie geheime Dinge drehen, nie.« Jin war also kein Märtyrer. Seine Gegner warfen ihm vor, er habe zahlreiche Katholiken in Shanghai an die Polizei verraten. Ihre Berichte kamen immer über Hongkong in den Westen. In erster Linie waren es Flüchtlinge aus Shanghai, die in der britischen Kolonie Zuflucht gefunden hatten und sehnsüchtig Informationen über ihre zurückgebliebenen Angehörigen einholten. Gerüchte und Erzählungen mischten sich, und Jin war eine ideale Pojektionsfläche für Verdächtigungen. Immerhin war er während der Zeit der Kulturrevolution 1960 bis 1976 in China inhaftiert. 1984 wurde er Weihbischof von Shanghai. Genau zu diesem Zeitpunkt kursierten die übelsten Vorwürfe über ihn.

Der ungarische Jesuit Laszlo Ladany, der sich 1949 aus China nach Hongkong abgesetzt hatte, gründete einen eigenen Informationsdienst »china news analysis«, der sich sehr seriös und bestens informiert über die Entwicklung in China gab. China-Kenner in der ganzen Welt werteten ihn bereitwillig aus.

1987 veröffentlichte Ladany in einem Buch einen langen, gehässigen Beitrag über Jin. Er berief sich auf Insider-Informationen und beschuldigte, ohne etwas beweisen zu können, den damaligen Weihbischof von Shanghai des Verrats während dessen erster Haftzeit von 1955–1960. Die Beschuldigungen wurden weltweit aufgegriffen: »Der Verantwortliche des Seminars von Shanghai heißt Aloys Jin Luxian. Während seiner Jugendzeit um 1940 war er ein glänzender Theologiestudent am großen internationalen Seminar. Von Charakter sehr charmant, war er von allen geliebt, obwohl er kein willensstarker Mann ist. Nach seinem Theologiestudium wurde er nach Europa geschickt. Er spricht zahlreiche europäische Sprachen. Nach seiner Rückkehr nach China nach der Befreiung wurde er Seminarrektor. 1953 wurde er verhaftet, und sehr schnell sickerten Informationen aus dem Gefängnis durch, dass er sehr gern und viel erzählt habe und dass einige katholische Familien durch seine Aussagen gelitten hätten. Gerüchte besagen, dass er in einem Modell-Gefängnis am Stadtrand von Peking saß, wo auch der letzte Kaiser Pu Yi inhaftiert gewesen war und wo er Opfer von starkem psychologischem Druck wurde. Offensichtlich hat Aloys mehrere Jahre isoliert verbracht und zwölf Jahre in einem Arbeitslager. 1979 ist er in der Stadt Baodin im Norden des Landes aufgetaucht und hat als Verantwortlicher in einem Büro für wissenschaftliche Übersetzungen unter der Leitung des Ministeriums der Staatssicherheit gearbeitet. 1982 kam er nach Shanghai zurück und übernahm die Leitung des Seminars. Die Patriotische Vereinigung der chinesischen Katholiken hatte bis zu diesem Zeitpunkt keine Persönlichkeit mit einem vergleichbaren Niveau in ihren Reihen.«

Ladany konnte keine einzige Quelle für seine Behauptungen zitieren. Er irrte sich sogar um zwei Jahre mit der Verhaftung. Diese einzige Aussage jedoch blieb an Jin haften. Auf seinen zahlreichen Reisen durch China hat Dorian Malovic vergeblich nach einer Bestätigung für diese Aussagen gesucht. Der Zeuge des ungarischen Jesuiten konnte sich, wenn er denn existiert hat, hinter der Notwendigkeit, Verfolgung durch Anonymität zu entgehen, verstecken.

Jin selbst versicherte immer wieder allen Gesprächspartnern, dass er in seiner Zelle stets allein gewesen sei. Nie sei ein anderer Katholik dabei gewesen. Man habe ihm allerdings Papier gegeben, auf das er immer wieder dieselben Selbstbezichtigungen schreiben musste. Ihm ging es nicht anders als den meisten inhaftierten Katholiken. Sie sollten alles aufschreiben und wurden total isoliert. Die meisten wurden von diesen Jahren seelisch so beeinträchtigt, dass sie selbst Jahrzehnte nach der Haft noch nicht darüber sprechen konnten oder wollten. Die Kerkermeister wiederum benutzten selber Gerüchte, um einen Häftling auch nach der Entlassung zu unterdrücken. So tauchten auch gegen den Weihbischof von Shanghai immer wieder dieselben stereotypen Vorwürfe auf, er sei ein Verräter und spreche zu viel. Die Gerüchte wurden so lange genährt, bis Vermutungen und Vorwürfe als gesicherte Tatsachen akzeptiert wurden.

Zwei Jahre nach Ladanys öffentlicher Anklage meldete sich eine weitere Zeugin. 1989 warf Margaret Chu, eine Nichte des Bischofs Kong von Shanghai, Jin vor, er habe im Gegensatz zu ihrem Onkel sehr früh mit den Kommunisten zusammengearbeitet, um unter der Kontrolle des Staates eine katholische Kirche in China, die als patriotische Kirche vom Vatikan getrennt sei, zu errichten. Alle, die in der Nacht der Verhaftungswelle von 1955 nachgegeben und sich dem Regime zur Verfügung gestellt hätten, seien schnell freigelassen worden und hätten Arbeit gefunden. Alle anderen hätten alles verloren. Sie selbst habe bei allen Verhören geschwiegen. Der Druck sei jedoch so stark geworden, dass einige Priester nachgegeben und eine Anklageschrift gegen Kong unterschrieben hätten. »Ich war schockiert, als ich hörte, dass mein geistlicher Direktor Aloys Jin mit den Kommunisten zusammenarbeitete.« Schon kurze Zeit nach seiner Verhaftung habe er eine Kassette aufzeichnen lassen mit dem Ziel, die Katholiken von der Notwendigkeit zur Zusammenarbeit mit der Regierung zu überzeugen.

Die Beschuldigungen datieren vom September 1989, nachdem Chu, die 1958 verhaftet und zu Arbeitslager verurteilt worden war, 1979 in die USA ausreisen durfte. Dort traf sie einen großen Teil ihrer Familie, darunter auch einen Neffen des Bischofs Kong, der inzwischen die Kong Foundation gegründet hat, um die Repression des chinesischen Regimes gegen die Untergrundkatholiken öffentlich anzuprangern. Die Stiftung sammelt vor allem Katholiken aus Shanghai. Als Bischof Kong 1991 angeblich aus Gesundheitsgründen ins Exil in die USA reisen durfte, verlor Frau Chu sehr an Einfluss. Jin blieb für sie ein Usurpator, der nicht würdig sei, Bischof von Shanghai zu sein. Frau Chu äußerte sich über Jin gegenüber dem amerikanischen Universitätsprofessor James T. Myers, der sie 1991 in einem Buch über die Kirche in China zitierte. Die Glaubwürdigkeit dieser Äußerungen 30 Jahre nach den Ereignissen muss man als ausgesprochen fraglich ansehen.

Selbstverständlich durfte ein weiterer Vorwurf in der Sammlung der Gerüchte und Beschuldigungen nicht fehlen. Zur Praxis aller Geheimdienste, die auf die katholische Kirche und ihr Personal angesetzt werden, gehört die weibliche Verführung. So veröffentlichte auch das kommunistische Regime von Peking Berichte über Priester, die der weiblichen Verführung erlegen seien, den Zölibat gebrochen und sogar geheiratet hätten. Dazu wurden nicht nur Lügen erfunden, sondern auch gefälschte Fotomontagen in Umlauf gebracht. Natürlich war nicht alles erfunden, zumal das Regime durchaus attraktive Frauen zur Verfügung hatte, die sich zum Teil als angebliche Katholikinnen auf der Flucht den Priestern in die Arme warfen. Es war dann meistens nur eine Frage der Zeit, wie lange die Arme widerstehen konnten. Dann tauchte Geheimpolizei auf und erpresste die Priester. Manche Priester wurden unter Folter gezwungen zu heiraten. Einige bekamen sogar Kinder. Andere liierten sich pro forma mit verhafteten Ordensfrauen.

So wurde auch Jin eine Frau angedichtet. Er soll auch einen Sohn haben, der in den USA lebe. In der Tat gibt es bei der Patriotischen Vereinigung verschiedene Priester, die verheiratet und Familienväter sind. Wie die Kirche später einmal damit umgehen wird, ist ausgesprochen fraglich. Im Frühjahr 2003 traf Malovic Bischof Jin und stellte ihm die Gewissensfrage. Der Bischof:»Ich habe nie eine Frau gehabt, und ich habe auch keinen Sohn. Mein Gewissen ist ruhig.« 1988 wurde Jin Luxian zum Bischof von Shanghai ernannt. Es ist sein Ziel, die Diözese zu einem leuchtenden Beispiel für den wiedererwachenden Katholizismus in China zu machen.

Die falsche Karte Taiwan

Wie der Vatikan seinen Einfluss
in China verspielte

Das Zentrum des chinesischen Antikommunismus lag nicht in China, jedenfalls nicht in Festland-China und auch nicht in Hongkong. In der britischen Kronkolonie sammelten sich zwar viele Regimegegner, doch zum Hort der Träumer von einer Rückeroberung und dem Sturz der Kommunisten in Peking wurde Taiwan. Dorthin waren auch die meisten chinesischen Priester und Ordensmitglieder geflüchtet, um ihren Träumen nachzuhängen. Die Amerikaner würden China schon befreien, oder die geschlagenen Nationalchinesen würden wieder an die Regierung gelangen. Beides waren Illusionen.

Im Vatikan fanden diese Träumer besonders in den Anfangszeiten nach der Flucht in den 50er Jahren Gehör, als noch Papst Pius XII. regierte. Dort wurden auch viele Intrigen gesponnen. Die Gerüchteküche wurde in Hongkong und Taiwan geschürt. Ein Beispiel zitierte der französische Asienkenner Dorian Malovic, der 1996 einen Jesuiten auf Taiwan für »La Croix« interviewte. Seinen Namen verschwieg der Ordensmann aus Scham. Er hatte in seinem Orden kräftig gegen den schillernden Mitbruder Jin Luxian aus Shanghai intrigiert. Auch er hatte ihm Frau und Kinder angedichtet, in der Hoffnung, ihn vor den eigenen Gläubigen, im Vatikan, im Jesuitenorden zu denunzieren und um ihn für die angebliche Kollaboration zu bestrafen.

Der Jesuit, der sein Unrecht später einsah, war kein Einzelfall. Bereitwillig wurden solche Gerüchte aufgegriffen, denn mehr als diese waren es mangels Beweise nicht, und möglichst weit gestreut. Nachrichten- und Pressedienste hörten auf die Informationen aus den Flüchtlingskreisen auf Taiwan, denn sie hatten keine anderen Quellen. Die Kommunisten nützten diese Neugier aus und streuten gezielte Desinformation. Manches erinnert an die Stasi-Aktivitäten, mit denen die DDR westdeutsche Politiker diffamierte.

Die Spuren bis zu den Urhebern zurückzuverfolgen wird wohl vergeblich bleiben, zumal in China eine Aufarbeitung bislang weder gewollt noch vorbereitet wurde. Im Gegensatz zur DDR und den anderen früheren Ostblockländern wird die Vergangenheitsbewältigung auf eine Zukunft vertagt, wenn Täter und Opfer vermutlich nicht mehr leben.

Sicher ist nur, dass Peking inhaftierte und gefolterte Priester, die dem Druck nicht standgehalten haben, öffentlich denunzierte. Die erpressten Geständnisse wurden ausgiebig als Schuldanerkennung ausgeschlachtet und veröffentlicht. Und zwar in jenen Blättern, die auch im Ausland, zuallererst natürlich von den Chinesen auf Taiwan, gelesen wurden. Die politische Propagandaarbeit mit erpressten Aussagen, Lügen, Photomontagen, indiskreten Anzeigen und Gerüchten sollte selbst die hartnäckigsten Opponenten in ihren eigenen Gemeinden unglaubwürdig machen. Der einmal gesäte Verdacht blieb an ihnen hängen und wurde, wenn er nach Taiwan drang, auch noch verstärkt und breit gestreut.

Aus dem sicheren Taiwan oder den USA, Hongkong, Rom und Paris, wo sich die sogenannten Beobachter niedergelassen hatten, ließ sich trefflich anklagen und beschuldigen. Mitunter geschah dies im Namen und als selbsternannte Anwälte der verfolgten Bischöfe. Die Folter war weit weg und Mitgefühl für Kollaborateure, die dem Druck nicht standhalten konnten, kannte man nicht.

In blindem Antikommunismus verweigerte man sich lieber jeder Chance auf ein Mindestmaß an Seelsorge in China. Man wollte vor der Geschichte als Saubermann ohne Nähe zu den roten Teufeln dastehen, konnte aber den Lauf der Geschichte nicht ändern. Das rotchinesische Imperium geriet nicht wegen Drohungen aus Taiwan ins Wanken. Es wurde wie auch das sowjetische von innen ausgehöhlt.

Die unrühmlichen Taten von Christen auf Taiwan könnte man vernachlässigen oder vergessen, wenn der Heilige Stuhl nicht wegen ihnen falsche Prioritäten gesetzt hätte. Und diese bedeuten noch immer, dass Rom diplomatische Beziehungen mit Taipeh aufrechterhält, obwohl sich fast alle Welt Peking angenähert, Rotchina anerkannt und mit Taiwan gebrochen hat. Der Vatikan gehört zu den 27 Staaten der Erde, die noch mit der Republik China und nicht mit der Volksrepublik China diplomatische Beziehungen unterhalten. In Europa steht der Heilige Stuhl damit allein. Die 1911 gegründete Republik China, die seit 1949 auf Taiwan beschränkt ist, wahrt das Erbe des von der Kuomintang aufgebauten chinesischen Staates, der zu den Siegermächten des Zweiten Weltkriegs zählte. Das kommunistische China betrachtet Taiwan als »abtrünnige Provinz«.

Auf der Insel hat sich dennoch ein neues Bewusstsein herausgebildet, das die Realität akzeptiert. Die Tatsachen lassen kaum eine andere Wahl. Über 1,3 Milliarden Festlandchinesen stehen 23 Millionen Taiwanesen gegenüber. In Taiwan gibt es gerade mal 300 000 Katholiken, die auf mehrere Bistümer verteilt sind und bis 2006 einen Kardinal an ihrer Spitze hatten.

Dieser Kardinal ist über 80 Jahre alt; er heißt Paul Shan Kuo-hsi und war Bischof der Diözese Kaohsiung. Johannes Paul II. hat ihn 1998 zum Kardinal ernannt. Shan war im Jahre 1923 in der festlandchinesischen Provinz Hebei zur Welt gekommen und trat 1946 dem Jesuitenorden bei. Nach 1949 wurde er an jesuitischen Hochschulen auf den Philippinen ausgebildet und am 18. März 1955 zum Priester geweiht. 1961 erwarb er einen Doktortitel in spiritueller Theologie an der

Päpstlichen Universität Gregoriana in Rom. Damals mussten Theologiestudenten erst Latein beherrschen, bevor sie Theologie oder Philosophie studieren durften. Shan spricht fließend Latein. Er beherrscht außerdem Englisch, Italienisch und Spanisch, lernte aber nie den taiwanesischen Dialekt.

»Ich kam erst recht spät nach Taiwan, als ich 40 Jahre alt war, und die Oberen sagten mir, dass ich für meine Arbeit kein Taiwanesisch bräuchte«, erinnert sich Shan. »Ich unterrichtete junge Jesuiten, die alle Mandarin-Chinesisch gelernt hatten. Dann wurde ich Rektor einer Oberschule in Taipeh, und damals war die Verwendung von Mandarin bei Schülern obligatorisch.« Der Akzent seiner englischen Sprache stellt eine geistige Verbindung zwischen den Philippinen, China und Europa her. Von den heute 300 000 Katholiken Taiwans sind lediglich ein Drittel Ureinwohner.

Begonnen hatte die Geschichte der Kirche Taiwans im Jahre 1626, als katholische Missionare aus Spanien im nordtaiwanesischen Danshuei einen Stützpunkt errichteten. Die folgenden Kolonialregierungen hatten nicht immer friedfertige Einstellungen gegenüber religiösen Gruppen. Das bedeutete, dass die Kirchenvertreter weder soziale Dienste anbieten noch wirksam den Glauben verbreiten konnten. Nach dem Ende des chinesischen Bürgerkrieges (1945–1949) hieß die nationalistische Regierung alle Priester, die vor dem atheistischen kommunistischen Regime auf dem Festland geflohen waren, auf Taiwan willkommen. In den fünfziger Jahren gab es auf der Insel nicht genügend medizinische Einrichtungen und Bildungsinstitutionen, daher konzentrierte sich die Kirche auf diese Bereiche. »Wir haben viele Schulen gegründet, drei Universitäten, 27 Oberschulen, 10 Berufsschulen und 10 Grundschulen«, zählt Shan auf. »Insgesamt unterhalten wir mehr als 50 Schulen in Taiwan.«

Als Bischof von Kaohsiung leistete Shan auch eine Menge Arbeit für den Verband der Asiatischen Bischofskonferenz und die Chinesische Regional-Bischofskonferenz (Chinese Regional Bishops Conference, CRBC). Dreimal nacheinander wurde er zum Präsidenten der CRBC gewählt, zu der die Festlandchinesen bis heute nicht gehören. Seine Ernennung zum Kardinal im Februar 1998 durch Papst Johannes Paul II. machte Shan zur höchsten katholischen Autorität des Landes.

Heute sieht Shan die Rolle seiner Gemeinde als kleine, symbolträchtige Kirche, die als »Brücke« zum großen Kontinentalchina fungiere. So äußerte er sich in einem Interview des italienischen Magazins »30 Giorni«, dessen Chefredakteur der rechte Christdemokrat und vielfache Ex-Ministerpräsident und Ex-Minister Giulio Andreotti ist.

Shan schlägt versöhnliche Töne an, die nichts mehr mit der Vergangenheit zu tun haben, und bereitet auf diese Weise seine Gläubigen auf die bescheidenere Rolle für die Weltkirche und auf eine mehr auf Peking ausgerichtete Politik vor. So hält der Kardinal die heutige Pekinger Führung für sehr aufgeschlossen: »Ich glaube, dass die Regierung zum allgemeinen Wohl des Landes will, dass das Volk vereint ist, und nicht, dass es getrennt ist. Nur einzelne Beamte in niedrigeren Positionen, die eigennützige Interessen verfolgen, wollen die Spaltung der Kirche noch. In hohen Regierungskreisen hat man dagegen längst begriffen, wie nützlich die Einheit dem Wiederaufbau Chinas sein kann; man weiß, wie viel Kraft aus der Einheit kommt, wie viel Schwäche aus der Spaltung.« Peking sei entschlossen, ein wirtschaftlich starkes China aufzubauen. Und die untereinander vereinten Christen könnten einen größeren Beitrag zum wirtschaftlichen Aufschwung, dem Ausbau der Landwirtschaft und der Infrastrukturen leisten.

Mit diplomatischen Beziehungen zwischen dem Heiligen Stuhl und Kontinentalchina hat er sich offensichtlich längst abgefunden. Es wäre natürlich ideal, wenn Rom diplomatische Beziehungen zu beiden Ländern unterhalten könnte. »Wenn das aber nicht möglich sein sollte, wenn die Beziehungen zu

Taiwan geändert werden sollten, z. B. in eine Fortführung der Beziehungen auf der Ebene einer apostolischen Delegation, dann hätten wir in Taiwan dafür Verständnis. Wir wissen, dass die Diplomatie des Heiligen Stuhls rein religiöser, nicht politischer Natur ist, und wir haben unserer gesamten Ortskirche nachdrücklich zu verstehen gegeben, dass die Vatikan-Diplomatie keine weltlichen Interessen verfolgt. Wenn also etwas auf diplomatischem Gebiet geschehen sollte, würden wir das in Taiwan verstehen.«

Der Bischof bekennt sich dazu, dass die Kirche sich »allen Formen politischer Regime anpassen müsse: »Wir können mit jedem politischen System zusammenleben.« Eine solche Einstellung war für die nach der kommunistischen Machtergreifung 1949 aus Rotchina fliehenden Katholiken undenkbar. Damals ging es für die Gläubigen ums nackte Überleben und die Freiheit. Heute geht es um die Zukunft des Christentums in Gesamtchina und darüber hinaus.

Die katholische Kirche in Taiwan sieht sich heute mehr als in den ersten Jahren von der zivilen Gesellschaft Taiwans herausgefordert. Im 17. Jahrhundert kamen die ersten christlichen Missionare nach Taiwan. Kontinuierliche Missionsarbeit begann jedoch erst Mitte des 19. Jahrhunderts, und erst in den Jahren 1955–1965 sind die christlichen Kirchen sehr schnell gewachsen. Die Industrialisierung und wirtschaftliche Entwicklung hat den Materialismus auch in Taiwan gefördert und die Religion zurückgedrängt, eine Entwicklung, die Taiwans Chinesen mit ihren Landsleuten auf dem Festland teilen.

Kardinal Shan mahnte deshalb in einem Gespräch mit der katholischen Missionsagentur Propaganda Fides: »Wir müssen der Gesellschaft in Taiwan helfen, die spirituellen Werte neu zu entdecken.« Vor allem müsse die Kirche die Werte der Familie konsolidieren. Die Familie sei in der chinesischen Kultur der Mittelpunkt der Erziehung der Kinder und Grundlage für die Stabilität der Gesellschaft. Das könnten Shans Mitbrüder in der Volksrepublik als ihre Aufgabe in naher Zukunft ähnlich formulieren.

Damit hat sich die Funktion der katholischen Kirche auf Taiwan im Hinblick auf die Volksrepublik auffällig gewandelt. Taiwan könnte mit seiner katholischen Minderheit ein Vorbild für das große China werden. Wie gehen die Christen in Taiwan mit den gesellschaftlichen Herausforderungen um, die auch für die Volksrepublik typisch sind? Zwar spricht auf Taiwan niemand von Kulturchristen wie in Peking. Doch die sozial bedrückende Lage breiter Schichten in einer materialistisch orientierten Gesellschaft unterscheidet sich hier wie dort wenig. In beiden Teilen Chinas könnte sich die katholische Kirche als Anwalt der Armen und für eine Gesellschaft mit menschlichem Antlitz stark machen.

Das neue Selbstbewusstsein der Christen

Die Verfolgung hat das Gegenteil erreicht.
Sie brachte eine neue Blüte

Die Wende in China setzte 1984 endlich ein, Jahre nach dem Tod von Mao Tse-tung. Nach und nach kehrten die während der Kulturrevolution und in den darauf folgenden Wirren abgesetzten, untergetauchten oder in die Provinz verbannten Funktionäre wieder zurück. Der »kleine Steuermann« Deng Xiaoping predigte Reformen und Öffnung und konnte damit einen Hauch von Hoffnung über das Land legen, auch wenn noch keine Rede von Menschenrechten oder gar Demokratie sein konnte. China wollte sich einfach von einem verheerenden Schock erholen. Niemand hatte mehr Vertrauen in irgendetwas oder irgendjemanden. Zwar waren die Roten Garden endlich verschwunden, doch was nach ihnen kommen sollte, war mehr als ungewiss.

Aus der Sicht der chinesischen Katholiken zeichneten sich vorerst keine wesentlichen Änderungen ab. Der Bischof von Shanghai, Jin Luxian, zog 20 Jahre später einen ungewöhnlichen Vergleich. Sein Lebensweg während der Herrschaft der Kommunisten lief in vielem parallel zu dem des neuen starken Mannes Deng Xiaoping. Deng kam im selben Jahr 1973 nach Peking zurück, als auch Jin in die Hauptstadt zurückkehrte. Der Priester kam allerdings in das Gefängnis Nummer 1 als offizieller Übersetzer im Dienst der Regierung. 1975 fielen beide in Ungnade und Jin wurde erneut in ein Provinzgefängnis gesteckt. Vier Jahre später kehrte Deng an die Macht zurück, und Jin durfte seine Arbeit als Übersetzer wieder aufnehmen. 1982 konnte er endlich das heimatliche

Shanghai wiedersehen. Er war dort allerdings nicht unumstritten, denn er musste sich immer wieder der Kollaboration mit den Kommunisten bezichtigen lassen, obwohl er 18 Jahre lang im Gefängnis gesessen hatte.

Etwas aufatmen durfte er erst gegen Ende der Haftzeit, als die Machthaber erkannten, wie wertvoll für sie die umfassenden Sprachkenntnisse des Häftlings waren. Er ergriff die Chance und begann wieder für die Regierung zu übersetzen. Jin versicherte, er habe lange darüber nachgedacht, ob er diese Arbeit in der Freiheit beibehalten sollte. Nach weiteren zwei Jahren sagte er schließlich auch zu, wieder die Leitung des Seminars in Shanghai zu übernehmen. War dies nun Kollaboration oder Kooperation mit dem Regime, was viele ihm vorwerfen? Er sah sich mehr als einen Pragmatiker, dem kaum eine andere Wahl geblieben war. Letzten Endes wollte er wieder etwas für die Kirche tun, egal wie dies von anderen beurteilt würde.

Für seine Rückkehr nach Shanghai hatte sich vor allem Chen, der Leiter des Religionsbüros der Stadt, eingesetzt. Dieser hatte selbst jahrelang als einfacher Arbeiter in einer Fabrik arbeiten müssen, nachdem er 1958 während des sogenannten »großen Sprungs nach vorne« wegen »Rechtsabweichungen« verurteilt worden war. Chen musste sich ähnliche Vorwürfe gefallen lassen wie Jin. Er hatte in Harvard studiert und war 1950 aus Patriotismus nach China zurückgekehrt, wurde Mitglied der kommunistischen Partei und schnell Leiter des Büros für religiöse Fragen von Shanghai. Deng rehabilitierte ihn. Wie Jin Luxian kehrte auch Chen nach Shanghai zurück. Nun empfing er den Jesuitenpater in einem vornehmen Staatsrestaurant, wo die beiden eine lange vermisste französische Küche genießen konnten.

Chen versicherte seinem klerikalen Gast, dass die neue Politik der religiösen Freiheit keine neue Finte des Regimes darstelle, um die Katholiken und ihre Priester zu täuschen.

Jin beurteilte die Zusicherungen skeptisch, obwohl er schon wusste, dass das dritte Plenum der kommunistischen Partei 1978 offiziell einen Kurswechsel beschlossen hatte. Das Zentralkomitee hatte zudem das berühmte »Dokument 19« verabschiedet (siehe Anhang). Darin wurde betont, dass jede Religion, die von der Regierung anerkannt werde, eine bestimmte Anzahl von hauptamtlichen Mitarbeitern beschäftigen dürfe.

Jin spielte zunächst gegenüber den Behörden in Shanghai auf Zeit. Er sei zu alt und wolle den Rest seines Lebens nur noch in Ruhe verbringen. Doch der Wunsch, etwas zu unternehmen, überwog letzten Endes. Einen wichtigen Beitrag, ihn umzustimmen, leisteten einige Priester, die aus Hongkong nach Shanghai herüberkommen durften. Zudem hatten die chinesischen Protestanten bereits ernstzunehmende Garantien von der chinesischen Regierung erhalten. Jetzt fehlte nur noch eine katholische Persönlichkeit, die sich auf höchster Regierungsebene für die Belange der katholischen Kirche einsetzen konnte. Jin war dazu bestimmt, und er fühlte sich innerlich gezwungen, diese Rolle einzunehmen. Allerdings sah er seine Aufgabe im Zwiespalt der widerstreitenden Interessen zwischen Staat, offizieller patriotischer Kirche und katholischer Untergrundkirche immer »zwischen Hammer und Amboss«.

Bei einem vierten Gespräch machte ihm der Polizeichef von Shanghai klar: »Wenn Sie das Priesterseminar nicht wieder aufmachen, wird es in zwanzig Jahren keine Katholiken mehr in China geben.« Die einzige wichtige Einschränkung, die der Staat machen müsse, sei, dass es auf keinen Fall wieder ausländische Missionare in China geben dürfe. Dies müssten die chinesischen Katholiken akzeptieren. Aber ansonsten sei es allein Sache der chinesischen Kirche, ihr Überleben zu sichern. Die Regierung habe nichts damit zu tun.

Die Argumente überzeugten Jin, und er reiste nach Shanghai zurück, wo er sich mit Chen und dem offiziellen katholischen Bischof Jian Jiashi zum Abendessen traf. Das alte Seminar war verwüstet, die Bücher waren verbrannt und die Kirchenfenster zerschlagen. Das Gebäude war von städtischen Bediensteten besetzt. Das neue Seminar wurde deshalb in das fünfzig Kilometer entfernte Sheshan verlegt. Dort fing der zurückgekehrte Rektor zusammen mit zwei alten, ebenfalls gerade erst aus dem Gefängnis entlassenen Priestern an, Material für die künftigen Seminaristen zu beschaffen.

Das Priesterseminar von Sheshan wurde als erstes Priesterseminar nach der Kulturrevolution schließlich am 12. Oktober 1982 eröffnet. Anfangs war das Lehrmaterial mehr als bescheiden. Die drei Priester hatten ihr Wissen aus der Erinnerung auswendig niedergeschrieben und auf einfachste Weise vervielfältigt. Jin konnte manches praktische Problem lösen, weil sich alte Beziehungen auffrischen ließen. Da es zu dieser Zeit selbst für Funktionäre nicht leicht war, ins Ausland zu reisen, vermittelte er beispielsweise der Tochter des Leiters des Religionsbüros mit Hilfe deutscher Freunde einen Studienplatz in Deutschland.

Jetzt kamen ihm aber auch seine Erfahrungen aus den Gefängnissen zugute. Jin hatte gelernt, offen mit den Behörden umzugehen. Ihm war klar, dass es keine Geheimnistuerei geben dürfe, weil die Behördenspitzen über alles informiert waren oder sowieso alles herausbekommen würden, was sie dann gegen ihn verwenden würden. Er wollte in den gesetzten Grenzen arbeiten und seinen Spielraum nach und nach ausweiten. Konfrontation mit dem chinesischen Regime funktioniert nicht. So meinte er: »Ich hätte im Ausland als antikommunistischer Held gegolten, aber in China hätte mir das nichts genützt.« Besser schien es ihm, die Grenzen des Regimes zu erkennen, um sie zum eigenen Vorteil zu nutzen. In erster Linie ging es ihm darum, das Regime vom wertvollen Beitrag der Katholiken zur Wiedererlangung der gesellschaftlichen Einheit zu überzeugen. Gleichzeitig habe er aber immer das Überleben der Kirche im Auge behalten. Das Regime lohnte es ihm und machte ihn, zusätzlich zum Rektor des Seminars, auch zum Weihbischof der Diözese von Shanghai. Damit vergrößerte sich allerdings die Angriffsfläche für Unterstellungen und Beleidigungen. »Verstanden haben sie im Westen nie«, sagte Jin Jahre später, »dass es für loyale Christen eben nicht nur Antikommunismus und Widerstand geben konnte.«

Wer Mitte der 90er Jahre eine der Hochschulen der großen Missionseinrichtungen in Europa, vor allem in Deutschland und Frankreich, besuchte, wurde von der Auswahl der Studenten überrascht. Die Auslandsmission in Paris, das päpstliche Missions-Institut in Mailand oder die Steyler Missionare in St. Augustin bei Bonn begrüßten viele chinesische Studenten, darunter auch erstmals solche, die nicht aus Taiwan kamen. Über 40 angehende Theologen aus China durften zum Studium nach Europa reisen. Keineswegs alle gehörten der offiziellen Kirche an, die von der Patriotischen Vereinigung repräsentiert wird. Genaueres wollte niemand wissen. Es bestand unausgesprochen der Grundsatz, nicht nach der Herkunft zu fragen. Fernab der Querelen in der Heimat waren für alle Seminaristen die Eindrücke in Europa überwältigend. Es öffneten sich ihnen ganz neue Horizonte. Gegensätze aus ihrer Heimat galten hier nicht mehr.

Jin Luxian, inzwischen Bischof von Shanghai und noch immer Rektor des Priesterseminars seiner Diözese, konnte die meisten Studenten ins Ausland schicken. Deshalb wuchs sein Ansehen nicht nur bei den Machthabern in Peking, sondern auch unter den Katholiken in China und in den übrigen asiatischen Ländern. Die Ergebnisse seiner Arbeit trugen dazu bei, den Vorwurf der Kollaboration zurückzudrängen. An seinen Früchten sollte man ihn erkennen. Für ihn war es bald auch kein Problem mehr, die notwendigen Bibeln, Lehrbücher und Dokumente beispielsweise über das Zweite Vatikanische

Konzil zu beziehen. Bis dahin wussten die chinesischen Katholiken nur, dass es das Konzil gegeben hatte. Die Ergebnisse, etwa die Definition der Kirche als Volk Gottes oder die Inkulturation der Liturgie mit dem Gebrauch der Muttersprache hatten sie 20 Jahre lang nicht gekannt. Noch orientierten sich Priester und Volk an den Vorgaben des Konzils von Trient und des Ersten Vatikanischen Konzils. Die Messe wurde im tridentinischen Ritus gefeiert.

Dieser Mangel an Information vertiefte zunehmend den Gegensatz zwischen der Untergrundkirche und der offiziellen patriotischen Kirche. Misstrauen beherrschte das Klima zwischen den beiden Zweigen der katholischen Kirche, die beide mit dem alleinigen Anspruch auf Wahrheit auftraten. Auf beiden Seiten wurden Priester geweiht, ohne dass mit absoluter Sicherheit deren Legitimität zu beweisen war. Mangels theologischen Wissens kursierten gerade bei den Untergrundkatholiken zuweilen die obskursten Überzeugungen. Über 80 Bischöfe sollen im Lauf der Jahre im Untergrund geweiht worden sein. Manche Weihe blieb umstritten. Ob immer die sogenannte »apostolische Sukzession« gewahrt blieb (die lückenlose, direkte Nachfolge im Amt, die bis auf die Apostel zurückgeht), ist ein Geheimnis. Schätzungen gehen davon aus, dass die Untergrundkirche etwa doppelt so groß ist wie die offizielle patriotische.

Diese Fakten verdeutlichen die ungeheure Problematik, die Rom derzeit zu bewältigen hat. Der Vatikan fordert immer wieder, nicht zu voreilig Bischöfe zu weihen. Dennoch hat er für die Lage der Bischöfe in China Verständnis. Die Oberhirten im Untergrund mussten für alle Fälle rechtzeitig Nachfolger installieren. Das führte jedoch dazu, dass amtierende Bischöfe gleich ihren Nachfolger weihten und dieser vielleicht wiederum zur Vorbeugung aller Eventualitäten erneut seinen eigenen Nachfolger. Mitunter hatte also ein Bistum gleich drei Untergrundbischöfe zu Oberhirten. Diese

Fehlentwicklung hat erst der Brief von Benedikt XVI. an die chinesischen Katholiken im Juli 2007 formell beenden können. Die bestehenden Probleme konnten bislang aber nicht gelöst werden. Was soll mit den »überzähligen« Untergrundbischöfen geschehen? Keine leichte Aufgabe für die Zeit nach der Normalisierung und ein Hindernis für das Zusammenwachsen von Untergrundkirche und offizieller Kirche.

Die Vielzahl der Bischofsweihen sagt nichts über die pastorale oder theologische Qualität der Amtsträger aus. Diese scheint eher dürftig zu sein. Außerdem erfuhren die Behörden ohnehin von den Weihen und klagten wiederum die Bischöfe an, weil sie ohne Erlaubnis und vermutlich in Abstimmung mit dem Vatikan illegale Weihen vornahmen. Diese Illegalität war auch häufig der Grund für Verhaftungen, die dann im Westen erneut als Kirchenverfolgung dargestellt wurden. Bischofsweihen unter diesen Voraussetzungen würden auch in allen europäischen Ländern schwere Konflikte zwischen Kirche und Staat auslösen. Das sollte korrekterweise nicht vergessen werden.

Das Hin und Her der Gespräche zwischen Peking und Rom spiegelt die unterschiedlichen Phasen von Duldung oder Unterdrückung der Untergrundkirche wider. Die Medien rätseln immer wieder, warum Peking erneut einen hoffnungsvollen Versuch der Annäherung boykottiert. Die Kommunisten betrachten die Aktivitäten der Untergrundkatholiken als Störfeuer, die für die jeweiligen Krisen verantwortlich sind. Für die jüngere Vergangenheit kann anerkannt werden, dass die Volksrepublik China sich immer mehr für eine Verständigung mit dem Heiligen Stuhl öffnet. Im Vatikan wiederum nahm die Zahl der Scharfmacher aus der Zeit des Kalten Kriegs ab.

Schließlich erkannten die Kommunisten, dass sich die katholische Kirche mit ihrer Hierarchie und ihren strengen Regeln nicht leichttat, sich in China auszubreiten. Die Untergrundkirche ließ sich auch von Rom nur schwer disziplinieren. Deshalb erscheint eine katholische Kirche, die sich an Rom orientiert, auch den Kommunisten als eine mehr und mehr akzeptable oder zumindest kalkulierbare Größe.

Im Gegensatz dazu beunruhigt sie das unheimliche Wachstum der protestantischen Gemeinden weitaus mehr. Diese haben weder eine Bindung an eine ausländische Kirchenzentrale, noch sind sie so ohne weiteres auf einen Nenner zu bringen. So konnte beispielsweise der Bischof von Shanghai in den neunziger Jahren eine Katholikenvereinigung bilden, in der alle sozialen Schichten vertreten waren. Eine vergleichbare Vertretung brachten die protestantischen Kräfte nicht zustande.

Die Verdächtigungen gegenüber Bischof Jin Luxian ließen nach Gründung der Katholikenvereinigung nach, und der Bischof konnte sich daranmachen, auch im Ausland für Verständnis zu werben, wo gerade ehemalige China-Missionare noch immer vom längst überholten Stand der kirchlichen Situation vor und während der Kulturrevolution ausgingen.

Jin Luxian profilierte sich immer mehr als der Architekt der neuen Blüte des Katholizismus im Reich der Mitte. 15 Jahre nach seiner Entlassung aus der Haft näherte er sich auch wieder seinem alten Orden, den Jesuiten, an. 1993 schlossen Jin und der Ordensgeneral Peter Hans Kolvenbach Freundschaft. Wenige Jahre zuvor wollten Jin weder die Jesuiten in Frankreich noch der Provinzial in Deutschland empfangen. Jetzt sahen die Ordensbrüder ihn als einen der Ihrigen an. Von Anfang an waren sie Soldaten des Papstes. Sie nahmen dem Bischof von Shanghai, dem chinesischen Jesuiten, ab, dass er dies auch sei. Der Generalobere soll ihm sogar bestätigt haben, dass er einer der besten Bischöfe überhaupt sei.

Mittlerweile hatte der Bischof von Shanghai auch endlich erfahren, was das Zweite Vatikanische Konzil beschlossen hatte. Als erster Oberhirte Chinas feierte er die Messe mit dem Gesicht zum Kirchenvolk. Zum ersten Mal sprach er die Messgebete in Chinesisch statt Latein. Genauso wie die ausländischen Professoren, die mittlerweile als Dozenten in seinem Priesterseminar erlaubt sind, alle durchweg Priester, betete auch er während der Messe für den Papst.

Trotz allem sieht die Wirklichkeit im weiten Land nicht nach der großen Wende und nach einem freien Erblühen des Glaubens aus. Zwar behauptete Pfarrer Bao Jiayuan, einer der stellvertretenden Generalsekretäre des Chinesischen Christenrates (CCC), kürzlich gegenüber einer westlichen Kirchenvertreterin: »Nie gab es in China mehr Religionsfreiheit als heute.« Doch er dachte sicher zunächst an solche Zeiten wie die chinesische Kulturrevolution (1966–1976), in der Bibeln verbrannt und Gläubige in den Untergrund getrieben wurden, weil Religion als feudalistisches Überbleibsel und als »Opium für das Volk« galt.

Dennoch sind die Zeiten der Unterdrückung aller religiösen Lebensäußerungen tatsächlich vorbei. Die 1985 gegründete Diakoniestiftung Amity, die landesweit in sozialer Wohlfahrt, Gesundheitsvorsorge und ländlicher Dorfentwicklung aktiv ist, feierte im Jahr 2002 den Druck von 30 Millionen Bibeln. Jedes Jahr bekennen sich allein auf protestantischer Seite eine Million Menschen neu zum Christentum.

Wie viele es insgesamt sind, weiß niemand so recht. Von 25 Millionen Protestanten spricht ein Dokument der Kommunistischen Partei Chinas (KPCh) aus dem Jahr 2000 und erkennt damit die Existenz protestantischer Gemeinden an, die sich außerhalb des CCC bewegen. Das KPCh-Dokument nennt die Zahl von 220 Millionen Religionsanhängern: davon sind 150 Millionen Buddhisten, 11 Millionen Muslime, 5,5 Millionen Daoisten und 3,2 Millionen Katholiken. Das China-Zentrum in St. Augustin spricht von über 12 Millionen Katholiken, die etwa jeweils zur Hälfte der offiziellen Kirche bzw. dem sogenannten »Untergrund« angehören.

Die offiziellen Kirchen sind staatlich registriert und erfüllen bestimmte Bedingungen: Ihre Mitgliederzahl ist bekannt, sie besitzen eine Satzung, und über ihre Einnahmequellen müssen sie Rechenschaft ablegen. Die nicht registrierten evangelischen Hauskirchen und katholischen Untergrundkirchen kommen auf mindestens ebenso viele Anhänger wie die registrierten Kirchen. Viele nicht registrierte Gruppen werden nur toleriert, vor allem protestantische Gruppen, wenn sie klein und unauffällig bleiben. Halten sie sich nicht daran, drohen harte Urteile wie zu früheren Zeiten. Der 6. Bericht der deutschen Bundesregierung über ihre Menschenrechtspolitik in den auswärtigen Beziehungen stellt dazu fest: »Gottesdienste der nicht anerkannten protestantischen ›Hauskirchen‹ und der romtreuen katholischen Untergrundkirche werden immer wieder gewaltsam aufgelöst, Gotteshäuser zerstört, Gläubige verhaftet und teilweise in Straflager eingewiesen. In Einzelfällen kam es nach Prozessen, die rechtsstaatlichen Erfordernissen nicht genügen, sogar zur Verhängung der Todesstrafe.«

So sieht religiöse Freiheit und eine neue Blüte des Christentums nicht aus: Amnesty International berichtet immer wieder von Drangsalierungen, Verhaftungen und Verurteilungen von Christen ohne ordentliches Gerichtsverfahren. Human Rights Watch meldete, dass im Dezember 2002 in Wenzhou Hunderte »illegaler« Kirchen zerstört wurden, obwohl die Verfassung der Volksrepublik China vom 4. Dezember 1982 in Artikel 36 festhält: »Die Bürger der Volksrepublik China genießen Glaubensfreiheit. Kein Staatsorgan, keine gesellschaftliche Organisation und keine Einzelperson darf Bürger dazu zwingen, sich zu einer Religion zu bekennen oder nicht zu bekennen, noch dürfen sie jene Bürger benachteiligen, die sich zu einer Religion bekennen oder nicht bekennen. Der Staat schützt normale religiöse Tätigkeiten. Niemand darf eine Religion dazu benutzen, Aktivitäten durchzuführen, die

die öffentliche Ordnung stören, die körperliche Gesundheit von Bürgern schädigen oder das Erziehungssystem des Staates beeinträchtigen. Die religiösen Organisationen und Angelegenheiten dürfen von keiner ausländischen Kraft beherrscht werden.«

Der Text lässt einen großen Spielraum für Interpretationen und damit auch für Repressionen zu. So wird es den Behörden überlassen festzulegen, was »normale religiöse Angelegenheiten« sind. Partei und Staat lassen sich eine Hintertür für Willkür offen. Richtungsweisend ist das Dokument Nr. 19 (siehe S. 226 ff.), das am 31. März 1982 vom Zentralkomitee der KPCh erlassen wurde. Es bestimmt den Umgang mit allen anerkannten Religionen, zu denen der Buddhismus, Daoismus, Katholizismus, Protestantismus und Islam gezählt werden. In dem Dokument wird Religion ganz im Sinne des »Historischen Materialismus« als historisches Phänomen definiert, das »schließlich aus der Menschheitsgeschichte verschwinden« werde, doch erst »unter der Bedingung einer langfristigen Entwicklung vom Sozialismus zum Kommunismus und wenn alle objektiven Bedingungen dafür gegeben« seien.

Bis dahin soll eine Politik der religiösen Glaubensfreiheit als eine Hauptaufgabe in der »neuen geschichtlichen Periode« praktiziert werden. Auch müsse die »patriotische politische Bindung in jeder ethnisch-religiösen Gruppe konsolidiert und ausgeweitet werden«. Internationale Kontakte chinesischer Religionsvertreter seien erlaubt, aber man müsse wachsam sein, denn es gebe »im Ausland reaktionäre und imperialistische religiöse Gruppen«, die jede Gelegenheit nutzten, »auf das chinesische Festland zurückzukehren und China zu infiltrieren.« Es sind vor allem die religiösen Führungspersönlichkeiten, die als »patriotische Persönlichkeiten« im Fokus des Parteistaates stehen und ihre Loyalität zum real existierenden Sozialismus der Volksrepublik immer wieder unter Beweis stellen müssen.

115

Mit dem Dokument Nr. 19 und den zwanzig Jahre später folgenden Anpassungen haben sich aber immerhin Wege für eine pragmatische Zusammenarbeit zwischen den Religionen und dem Parteistaat in China eröffnet. Bei der Beschäftigung mit der Religionspolitik im heutigen China sollte man sich aber, wie Kirchenexperten betonen, immer wieder bewusst machen, dass Religion in China nie eine eigenständige Macht dargestellt hat. Ein gleichberechtigtes Nebeneinander zwischen Staat und Kirche, wie es sich in Europa entwickeln konnte, gab es in China nie.

Vor diesem Hintergrund müssen Berichte gesehen werden, die westliche Reisende und Journalisten in der jüngsten Zeit aus China mitgebracht haben. Zu den größten Schwierigkeiten gehört nicht nur die Sprache, sondern auch die unendliche Vorsicht, die angesichts der Rechtsunsicherheit nicht nur Mitglieder der Untergrundkirchen walten lassen. Journalistische Recherchen bleiben riskant. Entweder werden sie geschickt behindert, oder aber die Befragten sagen weniger, als vielleicht angebracht wäre. Eine Reihe von Zeugnissen aus kirchlichen Medien geben dennoch Einblicke in das Leben der chinesischen Katholiken. Sie erlauben, es tatsächlich von einem Aufblühen zu sprechen.

Die Leiterin des römischen Büros des amerikanischen Becket-Instituts für Religionsfreiheit und an der Gregoriana lehrende deutsche Theologin Raphaela Schmid berichtete bei der Vorstellung eines Filmes »Gott in China – Der Kampf für die Religionsfreiheit« im Juli 2007 in Rom von einer »massiven Wiedergeburt der Religion in China«. Bereits vorab beschrieb sie im Monatsmagazin »Vatican«, wie sie ein Filmteam nach China begleitet hat, um eine Dokumentation über die chinesische Untergrundkirche zu produzieren, just zur gleichen Zeit, als im Vatikan ein mit Experten besetztes Spitzengremium über die Zukunft der Kirche in China beriet.

Nach zwei Flügen und einer Zugfahrt kam das Team auf

dem Bahnhof einer Stadt an, die bezeichnenderweise nicht genannt werden durfte. Von dort nahmen sie ein Taxi zu einem abgelegenen Parkplatz, der als Treffpunkt diente. Sobald das Taxi wieder außer Sichtweite war, näherte sich dem Filmteam ein Mann und stellte sich als Fahrer vor. Stolz deutete er auf einen in der Nähe geparkten Wagen mit verdunkelten Scheiben. Bei genauerem Hinsehen zeigte sich, dass Front- und Heckscheibe große Sprünge hatten und ein Bild der Heiligen Familie vom Spiegel hing. Auf dem Weg aus der Stadt hielt der Fahrer an, um am Straßenrand Kartoffeln für das gemeinsame Mittagessen zu kaufen.

Die Reise ging auf Feldwegen weiter, an kahlen Bäumen vorbei, an brachliegenden Feldern und fensterlosen Scheunen, bis der Wagen im Niemandsland hielt und der Fahrer strahlte: »Wir sind da. Willkommen!« Man befand sich in einem Dorf. Die fensterlosen Scheunen standen wie Schutzmauern um die Wohnhäuser. Die Reporter wurden bei der Familie des Fahrers untergebracht. Es gab im Haus keine Heizung, obwohl die Außentemperaturen dort bis minus zehn Grad fallen können. Das Dorf wurde mit 22 weiteren Dörfern von einem etwa 30-jährigen Priester namens Hieronymus betreut. Als er kam, knieten die Gläubigen nieder, um von ihm den Segen zu empfangen.

Pfarrer Hieronymus erkundigte sich bei dem ausländischen Filmteam nach dem Papst. Er wollte auch wissen, ob sich die Geistlichen im Westen als Priester kleiden und wie sie lebten. Er selbst besaß nicht einmal eine eigene Wohnung, sondern lebte reihum bei verschiedenen katholischen Familien. Der Geistliche zelebrierte in einem Raum, der mit Bildern der Kreuzwegstationen ausgeschmückt war. Auf dem Altartisch lag eine Lichterkette zur Verschönerung. Den lokalen Beamten von Staat und Partei war durchaus bekannt, dass Hieronymus hier die Messe las. Und obwohl der Priester ein Untergrundpfarrer war und für ihn ein Beitritt zur Patriotischen

Vereinigung nicht in Frage kam, gab es bis dahin für ihn noch keine Schwierigkeiten.

Der Organist und Pastoralhelfer aus dem Nachbardorf hatte fünf Kinder. Wegen wiederholtenVerstoßes gegen die Ein-Kind-Politik war die Polizei immer wieder auf die Familie aufmerksam geworden. Die Mutter wurde sogar einmal ins Gefängnis gesteckt. Die Familie konnte die Geldbußen für die überzähligen Kinder nicht bezahlen. Deshalb pfändeten chinesische Beamte ihre Möbel. In dieser ausweglosen Situation dachte der Familienvater sogar an Abtreibung. Die sei im Dorf ganz normal: »Ich weiß, dass es gegen das fünfte Gebot ist. Aber ich hatte Angst«, erklärt er im Dokumentarfilm. Doch dann habe er sich an den heiligen Joseph erinnert. Das und der Mut seiner Frau halfen ihm. Die Mutter wollte ihre Kinder unter allen Umständen zur Welt bringen.

Ein weiteres Reiseziel des Filmteams war die Diözese Fengxian in der zentralchinesischen Provinz Shaanxi. Der Bischof des Bistums, Lucas Li Jinfeng, war nicht der Patriotischen Vereinigung beigetreten. Dennoch hatte seine Diözese einen Sonderstatus. Sie war vom chinesischen Regime anerkannt worden, und Jingfeng trat öffentlich auf, als wäre er Mitglied der kommunistischen Staatskirche, obwohl er mit dieser nichts zu tun haben will. Ob er zur Versöhnung bereit wäre, blieb offen.

»Als ich meinen Eltern sagte, dass ich Ordensschwester werden wollte, waren sie anfangs nicht begeistert. Auf dem Hof brauchten sie doch meine Hilfe.« Schwester Zong ist 23 Jahre alt. Sie ist das einzige Kind ihrer Eltern. Wie viele Ordensschwestern ihrer Diözese im Norden von Peking stammt sie aus einer Bauernfamilie. In China leben 60 Prozent der Bevölkerung auf dem Land. Ihre Mitschwestern sind alle jünger als 40 Jahre, bis auf acht von ihnen, die über 80 Jahre alt sind. Durch die Verfolgungen in den 50er Jahren, die Kulturrevolution von 1966 bis 1976 und die Ein-Kind-Politik fehlen zwei Generationen an Schwestern vollständig.

»Die Ein-Kind-Politik führt, unterstützt von der Pränataldiagnostik, dazu, dass vor allem Mädchen getötet werden«, berichtet eine der Schwestern im September 2004 einer Delegation von »Kirche in Not/Ostpriesterhilfe« (KIN). Ihrem Bericht ist auch diese Schilderung entnommen:

»Die Strafe, die für ein zweites Kind zu zahlen ist, beträgt etwa sechs Monatslöhne und wird bei jedem weiteren Kind verdoppelt. Die Chinesinnen leiden sehr unter dieser Situation.« Katholisch oder nicht: sie überlegen es sich zweimal, ob sie ihrem Mann mitteilen, dass sie ein Mädchen bekommen werden. »Wem außer uns könnten sie sich anvertrauen?«, sagt Schwester Zong. Die Ordensschwestern beruhigen die Mütter und retten damit manches Leben vor der Abtreibung. »Die staatliche Geburtenkontrolle wird auf dem Land weniger streng durchgeführt als in der Stadt. Auf dem Land gibt es einige Familien mit drei Kindern«, fügt sie hinzu. »Ich bin stolz darauf, Ordensschwester zu sein, weil das, was wir tun, einen tiefen Sinn hat und die Menschen uns vertrauen«, fährt Schwester Zong fort. »Immer wieder legen Mütter ihre Babys vor unserer Tür ab. Manchmal sind diese behindert. Die Eltern wissen, dass wir alle Kinder lieben.« Das Sozialsystem ist unzureichend, deshalb toleriert die Regierung katholische Sozialeinrichtungen, beobachtet sie aber sehr genau: Sie müssen sich auf die Aufnahme und Pflege von Menschen beschränken; jegliche Glaubensvermittlung ist außerhalb der dafür vorgesehenen Orte verboten.

Die Not ist groß, so auch in dem Waisenhaus mitten auf dem Land: »Es sind so viele Kinder«, sagt Pater Zhang. Der kleine Fung freut sich sichtlich, den Pater zu sehen; mit seinen kleinen Armen robbt er auf ihn zu – er hat keine Beine. Für ihn ist Pater Zhang ein bisschen wie ein Papa. Der kleine Feng hat eine Hasenscharte. Schwester Yang nimmt ihn zärtlich in den Arm. »Manchmal kommen die Leute und gehen ohne zu grüßen direkt zum Bett eines Kindes«, berichtet sie. »Wir denken, dass es die Eltern sind, aber wir sagen nichts. Die Kinder sind hier glücklich. In den staatlichen Einrichtungen sind die Zustände oft unerträglich.«

Die Regierung hat andere Prioritäten als die soziale Not. »Im modernen China zählt, wer jung ist. Alte und Kranke haben keinen Platz«, erklärt Schwester Zong. Obdachlose, Behinderte, Bettlägerige – alle Gestrandeten, die vom kommunistischen, jungen und konsumorientierten China abgelehnt werden – werden von den Schwestern aufgenommen. So auch H. Hong, der nach seiner Freilassung aus der Haft während der Kulturrevolution in der Nähe des Hauptbahnhofs gelebt hatte. Als ihn die Schwestern aufnahmen, war die Straße bereits 18 Jahre lang sein Zuhause gewesen. Mit 89 Jahren freut er sich, endlich ein Dach über dem Kopf zu haben.

Auch H. Jing hat sein Lächeln wiedergefunden. Er ist 30 Jahre alt und stolz darauf, wieder aufrecht stehen zu können. »Ich lebte auf der Straße und hatte fürchterliche Schmerzen in den Beinen. Wegen meines Gestanks sind mir alle aus dem Weg gegangen. Ich konnte es aus eigener Kraft nicht zum Krankenhaus schaffen. Pater Fang hat mich in ein Krankenhaus von Ordensschwestern getragen. Eine Schwester war Ärztin. Meine beiden Beine waren verfault. Pater Fang hat Geld gesammelt, um die Operation und die Prothesen zu bezahlen. Ohne die Hilfe der Schwestern wäre ich gestorben.«

Es gibt in diesem großen Weinberg des Herrn so viel zu tun. In einem Kloster in der Provinz Sichuan beispielsweise haben die Schwestern einen sehr straffen Tagesablauf. Von 4.45 bis 21.30 Uhr leben sie im Rhythmus von Gebet und unzähligen Aufgaben, die auf sie warten. Oder in Wanxian, wo die Regierung den größten Staudamm der Welt baut: Die Veränderungen aufgrund des großen Staudammprojekts, von dem die gesamte Drei-Schluchten-Region betroffen ist, verlangen von den Schwestern, die dort leben, außergewöhnliche Flexibilität. »Wir würden gerne ein zurückgezogeneres Ordensleben führen«, sagt Schwester Liu. Sie fühlt sich mit ihren 25 Jahren nicht wohl in einer Gesellschaft, in der sich die Lage der Frauen nach der Kulturrevolution nicht wirklich verbessert hat: Frauen sind weiterhin auf die Ausübung undankbarer Tätigkeiten beschränkt. Sie arbeiten mehr als die Männer und erhalten einen Lohn, der oft nur bei einem Viertel von dem der Männer liegt. Schwester Liu würde sich gerne weiterbilden und vor allem mehr über ihre Mitschwestern auf der ganzen Welt erfahren.

»Hier herrscht oft eine traditionelle Sicht des Katholizismus«, erklärt ein Intellektueller aus Peking, »der sehr funktionell auf Vorschriften und Arbeit ausgerichtet ist. Die Entwicklungen seit dem Zweiten Vatikanischen Konzil erreichen uns nur nach und nach.« Die Möglichkeiten für Schwestern, ins Ausland zu gehen, sind sehr begrenzt. Doch ist »der geistliche Austausch mit dem Ausland von entscheidender Bedeutung: Er gibt den Schwestern die nötige Inspiration und lässt sie ihre eigene Kultur besser verstehen«, so der Intellektuelle weiter.

Ohne Schwestern und freiwillige Helfer hätte die Kirche in China nicht ihren heutigen festen Stand. Es spielt keine Rolle, ob die Katholiken sich als solche zeigen oder ihre Religion im Verborgenen ausüben: die von ihnen geleistete Arbeit ist beispielhaft. Zum Beispiel F. Hong: Seit mehreren Jahren arbeitet sie ehrenamtlich für die Kirche. Sie ist 65 Jahre alt und trägt eine mit dem roten Stern verzierte Uhr. »Ich habe als Ingenieurin für die Regierung gearbeitet«, sagt sie. »Ich wollte katholisch sein, aber wenn man für die Regierung arbeitet, ist das verboten. Ich habe mich also erst taufen lassen, als ich in Pension ging. Jetzt setze ich mich mit Leib und Seele für die Kirche ein.« Frau Hong lebt an ihrem Arbeitsplatz. Sie leitet eine Bibliothek, arbeitet als Katechetin und überweist einen großen Teil ihrer Pension an die Diözese. Sie hofft inständig, dass ihr der Herr alles verzeihen möge, was sie während ihrer

Zeit als Funktionärin getan hat. Pater Zhang hat ihr gesagt, dass Gott barmherzig und allmächtig ist. Seitdem bemüht sie sich Tag und Nacht, Buße zu tun. Pater Zhang ist ein junger, sehr dynamischer Priester. Der Bischof seiner »offiziellen« Diözese ist sehr alt. Pater Zhang hat also viel zu tun. Außerdem werden alle seine Aktivitäten vom Staat kontrolliert. Von Zeit zu Zeit wird ein freiwilliger Helfer oder eine Schwester festgenommen, die zu eifrig waren, und nach einer Weile wieder freigelassen.

Die Hilfsorganisation »Kirche in Not« kommt zu dem Ergebnis, Pater Zhangs und Frau Hongs Beispiel zeigten, dass man zwischen »offiziellen« und »Untergrundkatholiken« in China keine Trennungslinie ziehen sollte. Den Druck, den die Regierung auf die katholische Kirche ausübt, spüren sie alle. Die Reisenden suchten nach einer Erklärung für den Boom des Christentums und fanden sie in Aussagen vieler, die gerade erst christlich geworden waren. Es gab zwei ganz typische Motive für die Menschen, Christen zu werden. Motive, die man aus der Bibel kennt, aus den ersten Tagen der Evangelisierung durch Jesus und die Apostel.

An erster Stelle stehen Heilungserlebnisse. Menschen haben zum Beispiel einen katholischen Priester um die Heilung eines nahen Angehörigen beten lassen. Denn in China haben bis heute viele Menschen keinen Zugang zur Medizin, keinen Zugang zu Ärzten. Gerade auf dem Lande können sich viele Menschen das nicht leisten. Und in ihrer Not wenden sie sich an katholische Priester, an katholische Ordensfrauen mit der Bitte: »Könnt ihr nicht mal beten?« Tatsächlich hat es spektakuläre Fälle von Heilungen aufgrund solcher Gebete gegeben. Und wie damals in den ersten Tagen des Christentums geben die Menschen davon Zeugnis. Sie erzählen es weiter, und andere kommen dazu, probieren das auch aus. Sie sehen und spüren, ganz praktisch, wie heilsam der Glaube ist und wie das Gebet hilft.

Zweites Motiv ist der Wunsch nach Gemeinschaft. Menschen, die im gleichen Dorf, in der gleichen Stadt leben, spüren, dass da etwas ganz Besonderes ist. Es kommen Menschen zusammen, die miteinander ganz anders umgehen, als das sonst in der chinesischen Gesellschaft üblich ist. Allgemein wird eine große, sich ausbreitende Kälte beklagt.

Der Glaube an Wunder stößt in China auf wenig Vorbehalte, weil die Chinesen sie unvoreingenommen annehmen. »Vor allem die Menschen auf dem Lande, die nehmen das einfach noch so, wie es ist. Wenn sie gebetet haben, und jemand, der auch nach dem Urteil der Ärzte unheilbar krank war, am nächsten Tag gesund ist, dann nehmen die das einfach als Gebetserhörung an, was es ja auch ist. Wir in Europa sind da wirklich zu rationalistisch, zu skeptisch geworden. Dabei, wenn wir einmal sehen, was zum Beispiel in Lourdes passiert, da machen sich viele normale Gläubige hier bei uns gar nicht mehr die Mühe, sich mit so etwas auseinanderzusetzen. Da hört man dann oft: ›Ja, ich brauche so etwas nicht. Ich brauche Wunder nicht.‹« So ein Augenzeugenbericht von »Kirche in Not«.

Dominikanerpater Dominik Gremershausen berichtet auf der Website seines Ordens von einem anderen Phänomen, das auch eine christliche Blüte ankündigt. Bei den Sonntagsmessen konnte er in China Kirchen beobachten, die bis auf den letzten Platz besetzt waren. In manchen großen Pfarreien müsse man bis kurz vor Beginn der stündlichen Messfeiern warten, bis die Teilnehmer der vorangegangenen Feier die Kirche verlassen haben. Wo gibt es das heute noch? Der Pater unterrichtete zwei Monate lang Philosophie am Priesterseminar der Diözese Shanghai. Aufgeschlossenheit und Kommunikationsfreude gehörten zu den Kennzeichen des intensiven Gemeinschaftslebens der 1430 Priesteramtskandidaten. Am Ende fragte er sich, ob seine Eindrücke hinreichende Anzeichen für eine lebendige Zukunft in Chinas Kirche seien?

Ein anderes Beispiel für den Wandel schilderte die Linzer Kirchenzeitung. Der Wandel umspannt ein halbes Jahrhundert und steht für das unendliche Leid Tausender. Es begann am Pfingstmontag, den 10. Juni 1946. Bewaffnete drangen in die Missionsstation Fujin in Nordchina ein. Sie holten drei österreichische Kapuzinermissionare in die Sakristei und eröffneten das Feuer. Theophil Ruderstaller aus Ostermiething war sofort tot, der Tiroler Antonin Schröcksnadel erlag innerhalb von Minuten seinen Verletzungen. Lediglich der schwerverletzte Günther Krabichler konnte in das 150 Kilometer entfernte Hauptkloster Jiamusi fliehen. Der Mord wurde nie aufgeklärt, die Gebäude wurden aber von der Kommunistischen Partei beschlagnahmt, die Gemeinde zerstreut. Die Kapuziner in Jiamusi mussten wenig später das Land verlassen. Die österreichische Kapuzinermission in Nordchina war damit nach nur zwei Jahrzehnten beendet. Die Kapuziner hörten nichts mehr vom Schicksal ihrer Mission, bis 2004 in der Ordenszentrale in Rom der Brief eines chinesischen Untergrundbischofs eintraf. Joseph Wei berichtete darin vom Fund der Gräber der beiden österreichischen Märtyrer-Priester und von einer jungen Gemeinde in Fujin.

Der Artikel darüber in der Linzer Kirchenzeitung ließ die in Österreich lebende Berlinerin Gisela Gensch nicht los. Sie reiste Anfang Mai 2007 nach Fujin, zumal sie jährlich mehrere Monate in China lebt, wo ihr Mann Gunther an einer Universität lehrt. Begleitet von zwei chinesischen Priestern fuhr sie an die chinesisch-russische Grenze, mehr als 1000 Kilometer von ihrem Aufenthaltsort Dalian entfernt. Dort erlebten sie in der heute einige hunderttausend Einwohner zählenden Stadt Fujin das Wunder einer kleinen Kirchengemeinde, die den Kirchenkampf überlebt hatte.

»Nein, eine Kirche gibt es nicht mehr«, sagten ihr die Verantwortlichen für Stadtplanung und für Kirchenfragen von Fujin. Da waren sich die beiden Herren ganz sicher. Als sie

Gisela Gensch dann doch auf das einstige Missionsareal führten, stand sie vor einem heruntergekommenen Backsteinbau, unzweifelhaft das ehemalige Gotteshaus. Die ehemalige Herz-Jesu-Kirche war deshalb nicht der Abbruchbirne zum Opfer gefallen, weil das Gebäude lange Zeit als Parteizentrale der kommunistischen Partei diente. Heute steht sie unter Denkmalschutz, auch wenn das Kirchenschiff als Lagerhalle für Düngemittel dient. Beim Überschreiten der Schwelle überfiel Gisela Gensch ein seltsames Gefühl: »Es ist Glück und Trauer zugleich: Glück, weil die Kirche noch steht, und Trauer, weil ich mich plötzlich mitten in die schrecklichen Ereignisse des 10. Juni 1946 hineinversetzt fühle. 400 Gläubige haben hier gebetet und gesungen und dann fallen die Schüsse. In der angrenzenden Sakristei sind die Kapuzinermönche zu Märtyrern geworden.« Trotz des Mülls, der den Boden bedeckte, tauchten in ihrer Vorstellung die Bilder der neoromanischen Kirche auf, wie sie sie von Fotos aus dem Tiroler Kapuzinerarchiv kannte: »Ich stelle mir das große Kreuz und die Bilder über dem Altar vor, den Tabernakel. Heute noch erinnern Löcher im Putz an sie.«

Wo waren die Gräber der Märtyrer, um die nach Bischof Joseph Weis Brief neues christliches Leben entstanden sei? Hier musste die Phantasie mit dem Untergrundbischof durchgegangen sein. Dass man im Zuge von Bauarbeiten 1997 auf die Gebeine der beiden Kapuziner gestoßen war, stimmte, aber von Grab oder einer christlichen Andachtsstätte keine Spur. Die Gruppe um das Ehepaar Gensch wurde in einen von Dornen verwucherten Hinterhof geführt. Man holte einen Nachbar. Dieser zeigte mit einer Schaufel auf die Stelle, wo Pater Antonin Schröcksnadel und Pater Theophil Ruderstaller begraben lagen. Nach den Bauarbeiten, so erzählte der Anrainer, wurden die Gebeine hier wieder bestattet.

Von der einst blühenden Gemeinde der Kapuziner waren gerade einmal dreißig alte Katholiken übrig geblieben. Die kleine Schar wird von der 150 Kilometer entfernten Stadt Jiamusi aus mitbetreut. Dort war auch die Hauptniederlassung der österreichischen Kapuzinermission. Von der alten, früher ausgedehnten Klosteranlage zeugt heute nur noch ein kleines zerfallenes Häuschen. Aber nebenan blüht das kirchliche Leben auf. Die neuerbaute Kirche platzt aus allen Nähten, sodass eine zweite gebaut werden muss, für die es bereits eine staatliche Baugenehmigung gibt.

Wie es zu den irreführenden Angaben von Bischof Joseph Wei über das neue Leben an den Gräbern kommen konnte, hängt mit der verworrenen kirchlichen Situation in China zusammen: Bischof Wei gehört der mit Rom verbundenen katholischen Untergrundkirche an, die teilweise immer noch Repressalien ausgesetzt ist. Der Bischof war deswegen vermutlich nie vor Ort in Fujin, obwohl es zu seiner Diözese gehört. Die Gläubigen in Fujin und Jiamusi werden von der patriotischen staatstreuen Kirche betreut. In dieser Region Chinas steht die patriotische Kirche aber in Einheit mit dem Papst.

Verwirrend von außen. Letzten Endes aber nur ein weiterer Beleg für die vielschichtige Wirklichkeit des kirchlichen Lebens in China. Dem entspricht auch ein Missionierungseifer, wie er im Western kaum noch zu finden ist. Laien und Priester sind da oft sehr mutig und pfiffig und schicken ihre Leute zum Verteilen von Traktaten auf die Straße, und wenn dann die Polizei kommt, laufen sie eben schnell weg.

Auch bei den katholischen Laien ist ein ungeheurer Glaubenseifer feststellbar. Die Pfarrer haben eine einfache Erklärung für die vielen Taufen, wenn es an Weihnachten in den Diözesen mal fünfhundert, mal siebenhundert, mal tausend Erwachsene sind, und an Ostern noch viel mehr. Es seien vor allem die Gläubigen selber, die missionieren, weil sie so begeistert von dem sind, was sie in ihrem Glauben gefunden haben, von den Änderungen in ihrem Leben, dass sie selber keine Ruhe geben, bis auch ihre Angehörigen, ihre Freunde, ihre Nachbarn zur Kirche gefunden haben.

Als in einer Gemeinde gefragt wurde: »Hat sich denn jetzt euer Leben verändert, nachdem ihr Christen geworden seid?«, antworteten die Leute wie aus einem Mund: »Ja!« und »Selbstverständlich!«

Die Blüte der katholischen Kirche in China liegt sicherlich auch in der Glaubensfestigkeit vieler Christen begründet, die in der Zeit der strengen Verfolgung unter Mao standhaft geblieben sind. In den Gemeinden sind sie die stillen Helden. Es wird zum Beispiel von einem alten Priester berichtet, der sieben Jahre lang in einer so kleinen Einzelzelle eingesperrt war, dass er dort weder richtig sitzen noch liegen konnte. Und das war noch nicht einmal die schlimmste Art von Folter, denen Katholiken damals, besonders die Bischöfe und Priester, ausgesetzt waren. Die Angehörigen, die Pfarrangehörigen, aber auch die Familienangehörigen wurden gezwungen, den Betreffenden zu beschimpfen, ihn in schlimmster Weise in der Öffentlichkeit bloßzustellen, ja ihn sogar zu verprügeln. Auch die Brüder dieses alten Pfarrers wurden dazu gezwungen. Und solche Greueltaten haben natürlich zu nachhaltiger Verletzung und Zerrüttung im Zusammenleben geführt, auch in den katholischen Gemeinden.

Der alte Priester berichtet von drei einfachen Bauersfrauen, die zu Glaubenszeuginnen wurden. Der Staat hat damals jedem einzelnen Katholiken einen Brief zugestellt, er solle sich zu einer bestimmten Zeit bei der örtlichen Verwaltung einfinden und dort dem Glauben abschwören. Viele Katholiken sind aus großer Angst, in Straflager zu kommen oder gleich umgebracht zu werden, dem nachgekommen. Damals haben drei Frauen versucht, den Glaubensabfall zu verhindern. Sie sind von Dorf zu Dorf, von Tür zu Tür gegangen, haben mit den Katholiken gesprochen und ihnen gesagt: »Bleibt euerem Glauben treu! Lasst euch nicht einschüchtern! Macht das nicht mit!« Und viele Katholiken haben daraufhin diese Briefe öffentlich verbrannt und ihrem Glauben nicht abgeschworen. Die drei Bauersfrauen sind umgebracht worden. Solche Zeugnisse des Glaubensmutes geben den katholischen Gemeinden Stärke, und die staatliche Autorität tut sich deshalb mit ihnen schwer.

Die chinesische Parteiführung kommt mit der Einschätzung der katholischen Kirche so wenig zurecht, dass ihr immer wieder gravierende Fehler unterlaufen. Eine gewisse Verkennung von Grundströmungen in der Gesellschaft scheint die Regierung in Peking in Kirchenfragen geradezu mit Blindheit zu schlagen. So sah sie sich nach dem Tod von Papst Johannes Paul II. nicht nur international isoliert, weil sie sich unfähig zeigte, Trauer oder Mitgefühl für das Kirchenoberhaupt zu zeigen. Seit dem Tod des polnischen Papstes sind alle früheren Abhandlungen über die Distanz der chinesischen Katholiken zum Papst nur noch Makulatur. Das Papsttum ist für alle Katholiken in China, vermutlich selbst für die offizielle, staatlich anerkannte Kirche, bedeutsamer als in den meisten europäischen Ländern.

Die chinesische Führung verkannte völlig, dass Pietätlosigkeit in China schon immer zu den größten Sünden zählt. Deshalb urteilte der Steyler Chinaexperte Roman Malek: »Die Trauer um den Tod des Papstes hat gezeigt, wie intensiv seine geistige Präsenz und sein Einfluss auf die chinesischen Katholiken waren, sowohl in der offiziellen wie auch in der Untergrundkirche.« Malek zitiert in einer Analyse einen chinesischen Priester, der meinte, dass die missionarische Reise von Johannes Paul II. eigentlich erst jetzt nach seinem Tod begonnen habe. Selbst der wichtigste Vertreter der Patriotischen Vereinigung, Liu Bainian, stellte nach dem Tod des Papstes fest, dass der Vatikan eine aktive Rolle bei der Verbesserung der sino-vatikanischen Beziehungen einnehmen müsse und dass »der Nachfolger des heiligen Petrus seine pastorale Aufgabe der Verkündigung Jesu Christi unter den 1,3 Milliarden Chinesen endlich wahrnehmen« solle. Ein Wink mit dem Zaunpfahl. Das Aufblühen der Kirche in China lässt sich nicht besser belegen.

Unwissende kleine Kaiser
von China

Sprengstoff Bildungsnot.
Was chinesische Katholiken vom Glauben kennen

Ein etwa 30 Jahre alter Bauer bekennt, dass er auf den Namen Johannes getauft sei und zum ersten Mal einen westlichen Ausländer spreche. Er trägt einfache Bauernkleider, und man sieht ihm nicht an, dass er einer Gemeinschaft von 800 Getauften in seinem Dorf vorsteht. »Seit fünf Generationen sind bei uns alle katholisch, doch seit der Machtübernahme der Kommunisten dürfen wir unsere Religion nicht praktizieren«, erzählt er mit aller Zurückhaltung, die seine Situation als Mitglied der Untergrundkirche angeraten sein lässt.

Der Priester von damals wurde verhaftet, die Kirche geschlossen und völlig zerstört. Der Bauer weiß all dies von seinen Eltern, von denen er beispielsweise auch die gesamten Messtexte in Lateinisch auswendig gelernt hat. Seine Eltern beteten sie leise murmelnd bei Tisch, als Beten streng verboten war. Johannes spielt die Rolle eines Priesters, obwohl er keiner ist und obwohl er auch nur über ein sehr oberflächliches religiöses Wissen verfügt. Aber die Gemeinde erkennt ihn als ihren Vorsteher an. Die Gläubigen wählen häufig wie in der Urkirche ihre Gemeindeleiter selbst. In diesem konkreten Fall haben sie sich dadurch sogar den Respekt der Behörden erworben, die die Gemeinde weitgehend ungeschoren lassen, weil sie keinerlei Unruhe verursacht.

Die Gemeinde ist zwar nahezu völlig mittellos und muss eigentlich für jeden religiösen Akt um Erlaubnis fragen, damit sie die Direktiven der kommunistischen Partei erfüllt. Jahrelang mussten sie auf jegliche Art von Seelsorge durch einen Priester verzichten, weil ihr Pfarrer im Gefängnis saß. Sie versammelten sich deshalb zum Gebet auf irgendeinem Feld, auf einem Hügel oder auf einer Waldlichtung. Sie bewahrten dabei den erworbenen Glauben, ohne je mehr religiöse Bildung zu erfahren oder Impulse von außen zu erhalten. Der Aufbruch der katholischen Kirche, das Aggiornamento des Zweiten Vatikanischen Konzils, hat sie nie erreicht.

Schon der einfache Katechismus überfordert die Mitglieder der Landgemeinden. Von höherer Bildung, erst recht von religiöser Bildung bleiben die meisten ausgeschlossen, was nicht nur damit zusammenhängt, dass es weder Religionsunterricht gibt noch Lehrer vorhanden sind. Zwei Priestergenerationen wurden durch die Kommunisten fast völlig ausgelöscht. Nachwuchspriester, wie sie jetzt langsam herangebildet werden, erreichen nur einen Bruchteil der Gemeinden. Kein Lagebericht über die Katholiken in China kommt ohne die Klage aus, dass es vor allem anderen an Priestern mangelt, insbesondere an solchen, die intellektuelle Auseinandersetzungen mit geschulten nichtchristlichen Gesprächspartnern erfolgreich bestehen können.

Katharina Feith vom China-Zentrum in Sankt Augustin beobachtete, dass zwar in den vergangenen zehn Jahren akademische Forschungsinstitute, Fakultäten und Zentren zur Erforschung des Christentums wie Pilze aus dem Boden geschossen sind, das Bildungsniveau der Gläubigen aber »den Dialog mit diesen Intellektuellen jedoch häufig nicht zulässt«. Erst in jüngster Zeit ergäben sich Möglichkeiten des Austausches zwischen chinesischen Religionswissenschaftlern und Theologen.

Nicht nur theologische Fachkompetenz, sondern auch mangelnde Persönlichkeitsbildung erschwert das Gespräch. Zu wenige Priester, Schwestern und Laien, bedauerte Bischofs-Koadjutor Paul Pei Jumin aus der Erzdiözese Liaoning in Nordostchina, hätten die nötige psychische und spirituelle Reife. Das geringe Alter, in dem Kandidaten für das Priesteramt oder das Ordensleben in die Seminare eintreten, erkläre die geringe charakterliche Festigung. Viele stammten aus Ein-Kind-Familien und seien das Zusammenleben mit anderen Menschen nicht gewöhnt. Fühlten sie sich verwöhnt wie kleine Kaiser von China.

Zu Diskussionen über Gott, Religion und Philosophie, die in modernen Gesellschaften alltäglich sind, ist in China nur eine überwiegend städtische Minderheit fähig. Trotz beachtlicher Steigerungsraten liegen die öffentlichen Ausgaben Chinas für Bildung mit nur 3,4 Prozent des BIP auf dem Niveau der am wenigsten entwickelten Länder (Indonesien: 2 Prozent, Nordkorea: 4,2 Prozent, nach UNESCO-Angaben von 2001). Zugleich etabliert sich der private Sektor als zweites Standbein der Bildung. Hier setzt China auf Kommerzialisierung und Internationalisierung. Der nichtstaatliche Anteil hat 2002 ein Drittel der staatlichen Ausgaben für Bildung erreicht. Er wird von Firmen, gesellschaftlichen Organisationen und Privatpersonen aufgebracht. Dieser Sektor profitiert auch von der wachsenden Bereitschaft in der Mittel- und Oberschicht, ihren Kindern eine gute Bildung zu finanzieren.

Insgesamt ist der Bildungsgrad der chinesischen Bevölkerung aber noch niedrig. Die Volksbefragung von 2003 hat ergeben, dass 32,7 Prozent nur über den Bildungsstand der Grundschule verfügen und dass nicht mehr als 16,7 Prozent über die 9. Klasse hinaus eine Schule besucht haben. Die neunjährige Schulpflicht ist noch nicht landesweit durchgesetzt. Hierfür sind die erheblichen sozialen Unterschiede zwischen der Stadt- und der Landbevölkerung sowie infrastrukturelle Probleme der unterentwickelten Regionen verantwortlich. Zwar hat der Analphabetismus 1990 bis 2002 von rund 16 auf neun Prozent abgenommen, aber die Analphabetenrate auf dem Lande war 2003 mehr als doppelt so hoch wie die in den Städten (11,5 gegenüber 5,4 Prozent). Der Anteil bei den Frauen liegt mit 16 Prozent deutlich über dem der Männer (fünf Prozent). Hohe Bildungsdefizite bestehen auch bei den über 60- und den unter 15-Jährigen.

Stolz melden die Medien zwar, dass ungefähr jeder vierte Auslandsstudent der Erde Chinese sei. China stellt damit das größte Kontingent an jungen Leuten, die nicht im Land ihrer Geburt und ihrer eigenen Sprache studieren. Erst im Dezember 1978 hat es die Regierung erlaubt, an fremden Hochschulen studieren zu dürfen. In die USA durften die ersten 52, nicht mehr ganz jungen Studenten ausreisen. Der jüngste war 36, der älteste 49 Jahre alt. Weitere 800 gingen nach Großbritannien, Frankreich, Japan, Kanada und Deutschland. Es war ein Anfang nach dreißig Jahren Abschottung Chinas vom Ausland.

Inzwischen ist die Millionengrenze an Auslandsstudenten längst überschritten. Und längst überwiegt die Gruppe derjenigen, die ihren Aufenthalt in fremden Ländern selbst finanzieren müssen. In den frühen achtziger Jahren haben staatliche Behörden und Unternehmen noch über 90 Prozent der Auslandsstudenten ausgesucht und ihnen das Studium bezahlt. Das Zahlenverhältnis hat sich inzwischen genau umgekehrt, wie die Peking-Rundschau berichtet. Das Durchschnittsalter der Studierenden ist merklich gesunken.

Die Motive für ein Auslandsstudium sind vielfältig. Die chinesische Staatsführung ist dringend daran interessiert, Fachkräfte für die wirtschaftliche Entwicklung zu gewinnen, die technische und ökonomische Kenntnisse, Fremdsprachenkenntnisse und internationale Kontakte vorweisen können. Sie will den Standard der eigenen Universitäten durch Lehrkräfte mit Auslandserfahrungen anheben. Sie bemüht sich, politische Führungspositionen mit im Ausland ausgebildeten Akademikern zu besetzen, was mit der sogenannten »Dritten Generation« der Staatsführung seit etwa 1990 üblich ist. Anfangs bestand der Führungsnachwuchs zu einem großen Teil aus Absolventen sowjetischer Hochschulen, darunter viele Experten für Wasserwirtschaft und Staudammbau.

Viele Oberschulabsolventen, welche die strengen Aufnahmeprüfungen der Eliteuniversitäten Chinas nicht bestanden haben, gehen lieber ins Ausland, als sich bei Hochschulen minderen Ansehens zu bewerben. Dabei handelt es sich meist um Nachwuchs aus dem reich gewordenen neuen oberen Mittelstand, den die Partei umwirbt und den sie an sich binden will. Diese jungen Leute sind nach Darstellung der »Peking-Rundschau« »überzeugt, dass ein Studium moderner Technologien im Ausland ihnen helfen kann, Karriere zu machen«, und zwar außerhalb der staatlich organisierten Laufbahnen.

Doch sehr viele junge Chinesen bleiben nach dem erfolgreich abgeschlossenen Studium im Ausland. Nach der Repression des Jahres 1989, die besonders die jungen Intellektuellen traf, entschieden sich viele dafür, nicht heimzukehren. Der Trend hat sich erst um die Jahrtausendwende umgekehrt. Im Jahr 2000 sind erstmals mehr als zehntausend Auslandsstudenten nach China zurückgekommen, 2003 schon über zwanzigtausend, immer noch aber nur etwa jeder Vierte. Auslandsaufenthalt, bevorzugt im englischsprachigen Raum, erhöht die Karrierechancen. Und wer ihn finanzieren kann, wird nach der Heimkehr zu den Stützen der Gesellschaft gehören.

Ausländische Dozenten würden zwar gerne in China unterrichten. Doch unterliegen sie Beschränkungen, z. B. dass so sensible Fächer wie Theologie verboten sind. Noch gilt, dass es keine ausländische Missionierung in China geben darf. So unterrichten die Ausländer die 140 Priesteramtskandidaten am Priesterseminar in Shanghai offiziell nur in Philosophie. Typisch für den Lehrkörper an diesem ersten wiedereröffneten Seminar ist der Altersdurchschnitt des Dozentenkollegiums und der Seminarleitung. Fast alle sind unter 35. Eine Folge der zehnjährigen Kulturrevolution (1966–1976), als jede religiöse

Aktivität ausgeschlossen war und in den folgenden Jahren mühsam die kirchlichen Strukturen wieder aufgebaut werden mussten. Die mittlere Priestergeneration fehlt auch hier fast völlig. Analog dazu bewegt sich das Durchschnittsalter der Bischofskonferenz um 80 Jahre.

In wenigen Jahren dürfte sich das grundlegend ändern. Dann könnte Chinas Bischofskonferenz die jüngste auf der ganzen Welt sein und mehr als alle anderen aus Bischöfen bestehen, die nicht aus den noch immer für höhere Qualifikationen unzureichenden heimischen Seminaren stammen. Einer könnte Franz Geng sein, der in der Steyler Theologischen Hochschule in St. Augustin bei Bonn promovierte. Er ließ sich auf den Namen des Spaniers Franz Xaver taufen. Der Jesuit Franz Xaver war einer der ersten Missionare in Asien. Bevor Geng zum Theologiestudium nach St. Augustin kam, hatte er vier Jahre an einem Priesterseminar in seiner Heimatprovinz Hebei studiert. »Aber was ich da gelernt habe, hat mich nicht überzeugt.« Schon das Studienmaterial sei unzureichend gewesen. Die wenigen Bücher, die einzelne Priester über die Zeit der Verfolgung retten konnten, stammen oft aus den zwanziger oder dreißiger Jahren des 20. Jahrhunderts. Studierte Theologiedozenten gebe es kaum. Besonders in abgelegenen Gebieten seien die Lehrpläne an den Priesterseminaren manchmal stark improvisiert.

Entsprechend dürftig vorgebildet sind die Bewerber, die von ihren Bischöfen nach St. Augustin geschickt werden. Der Rektor erzählt beispielsweise von einem, »der kam mit einem Brief seines Bischofs. ›Der Student hat bei mir Theologie und Philosophie studiert‹, stand darauf.« Mehr als die bischöfliche Unterweisung brachte der junge Mann als Qualifikation nicht mit. Zudem ist das meiste, was die Seminaristen in China lernen, noch vorkonziliar. Erst nach dem Konzil setzte sich durch, dass der Glaube mit dem eigenen Verstand auszulegen sei. »Bis in die fünfziger Jahre ging es oft nur darum, viel auswendig zu lernen, um das richtige Zitat an der richtigen Stelle nennen zu können.«

Franz Gengs Großeltern ließen sich in den dreißiger Jahren katholisch taufen. Seine frühesten religiösen Erinnerungen sind gemeinschaftliche Gebete in der Familie während der letzten Jahre der Kulturrevolution. »Sobald wir draußen Stimmen hörten, hörten wir auf zu beten und begannen uns über unwichtige Sachen zu unterhalten.« Geng spricht ein Deutsch wie jemand, der es fast ausschließlich aus Büchern gelernt hat. Er spricht bedächtig in sorgfältig konstruierten Sätzen. Manchmal klingt die Sprache der Bibel in seinen Erzählungen an. »In der Grundschule waren wir katholischen Kinder nur eine kleine Schar«, sagt er. »Da war die Kulturrevolution gerade vorbei. Katholik zu sein galt aber immer noch als unpatriotisch. ›Ihr habt euch für zwei Groschen an die Ausländer verkauft‹, riefen uns die anderen Kinder zu.«

Nach der Priesterweihe in China promovierte Geng in Bonn über den »Sinn von Jesus Christus als Erlöser für die Chinesen«. Er bestätigte in einem Gespräch mit Reportern, was Nestorianer, Franziskaner und Jesuiten Jahrhunderte vorher leidvoll erfahren mussten: »Viele Vorstellungen unseres Glaubens sind für Chinesen schwer zu akzeptieren.« In einer Tradition, in der der Mensch von Natur aus als gut gesehen wird, ist die Idee der Erbsünde unverständlich. Trotzdem glaubt Franz Geng, dass das Christentum in China eine Zukunft hat: »Die chinesische Kultur ist zwar traditionell säkular, aber die moderne westliche Theologie hat sich in einer säkularisierten Gesellschaft entwickelt und ist deshalb für uns heute viel geeigneter als früher.«

Doch das muss zuerst einmal vermittelt werden. Ein schwieriges Unterfangen, weil der Ausfall einer ganzen Priestergeneration riesige Lücken im Glaubenswissen hinterlassen hat. Diese Lücken können nur mit einer weitaus größeren Zahl gutausgebildeter Priester geschlossen werden, als zurzeit Pries-

1. Der Pionier: Matteo Ricci, (1552–1610) Jesuit; sein Denkmal an der Südkirche von Peking

2. Der Heilige: Joseph Freinademetz, (1852–1908), Styler Missionar aus Südtirol, im Kleid eines gelehrten Mandarins; er wurde 2003 von Papst Johannes Paul II. heilig gesprochen

3. Katechese um 1895

4. Auch Maos Töchter wurden Christen:
Mao Tse-tung und Tochter Li Na

5. Ebenso Li Xiaolin, die Tochter des
Premier Li Peng, des »Schlächters
vom Tianmenplatz«

6. Aus China vertrieben: Steyler Missionare und Missionsbischöfe auf der ersten Exiltagung 1953 in St. Augustin bei Bonn

7. Streitpunkt Bischofernennungen: Liu Xinhong wird am 3. Mai 2006 ohne Einwilligung des Vatikans zum Bischof von Wuhu in der Provinz Anhui geweiht

8. Im Widerstand: Ignatius Kong Ping Mei, der frühere Bischof von Shanghai, Jahrzehnte in kommunistischen Gefängnissen und Lagern inhaftiert bis er nach Amerika ins Exil ging

9. Mann des Dialogs: Bischof Aloysius Jin Luxian SJ von Shanghai, der »gelbe Papst«, trifft am 26. Mai 2006 Bundeskanzlerin Angela Merkel auf ihrer Chinareise in der Kathedrale von Shanghai

10. Freund klarer Worte: Joseph Kardinal Zen Ze-kiun, Erzbischof von Hongkong, ein Advokat der Untergrundkirche, seit Februar 2006 Kardinal der römischen Kirche

11. Sucht die Nähe Roms: Benedikt XVI. umarmt Joseph Kardinal Zen Ze-kiun während des Konsistoriums im März 2006 auf dem Petersplatz

12. Erbitterter Gegner Roms: Der Vorsitzende der chinesischen Bischofkonferenz der offiziellen patriotischen Kirche Bischof Liu Yuan-ren im Januar 2000 in Peking

13. Bischof der offiziellen Kirche: Bischof Stephan Yang Xiangtai und Jugend in der Diözese Handan, Provinz Hebei, Nordchina

14. Scharfmacher kann auch diplomatisch: Vizepräsident und Generalsekretär der Patriotischen Vereinigung, Liu Bainian, mit einer Delegation chinesischer Bischöfe zu Besuch im Missionsmuseum Steyl, Niederland

15. Fu Tie-shan, der ehemalige Bischof von Peking der chinesischen Staatskirche (Katholische Patriotische Vereinigung)

16. Evangelisation mit Tanzgruppe: Gelebtes Christentum in der Diözese Jingxian, Provinz Hebei, Nordchina

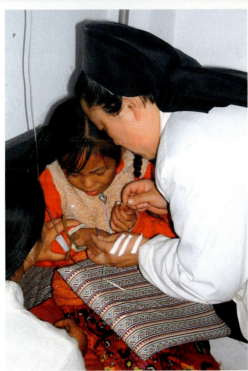

17. Soziale und karitative Dienste überzeugen: Ordensschwester in der katholischen Klinik von Jilin, Nordostchina

18. Hunger nach Glaubensunterweisung: Katechetenkurs in Nanning, Provinz Guangxi, Südwestchina

19. Wallfahrt zum heiligen Kreuzeshügel: Der heilige Platz von Paowo, Kreis Meixian, Provinz Shaanxi, erinnert an den Kalvarienberg. Er wurde von dem Missionar Liu Jialu im 18. Jahrhundert begründet und von Papst Pius VI. zum Wallfahrtsort ernannt

teramtskandidaten ausgebildet werden. Eine Umfrage hat gezeigt, dass den Gläubigen grundlegendes Bibelwissen fehlt. Dazu kommt auch eine diffuse Vorstellung von der Rolle der Christen in der Gesellschaft. Wie diese Rolle aussehen könnte, darüber ist bislang noch nicht gesprochen worden.

Für europäische Verhältnisse basiert die Umfrage auf unzulänglichem Material. So erfüllen die Kriterien in keiner Weise die Anforderungen an repräsentative Befragungen der Demoskopen. Doch für chinesische Verhältnisse sind detaillierte Antworten von 285 Gläubigen aus 18 Diözesen in elf verschiedenen Provinzen und Städten so aufschlussreich wie weitaus umfassendere Studien mit dickem Zahlenmaterial etwa in Deutschland. Sieben Seminaristen eines theologischen Seminars haben im Jahr 2005 Fragebögen ausgearbeitet und in 350 Exemplaren durch ihre Mitstudenten verteilen lassen. Die vergleichsweise hohe Zahl der Rückantworten nach insgesamt fünf Monaten ergab ein Bild, das zumindest eine Grundlage für die Seelsorge und die Ausbildung der Priester in nächster Zukunft sein kann.

Zuerst wollten die Studenten mehr über die Art der Verkündigung erfahren. 85 Prozent bestätigten, dass sie zu Hause eine Bibel besitzen. Die 15 Prozent ohne Bibel lieferten dafür keine Begründung. Immerhin gaben 42 Prozent zu, die Bibel nicht zu verstehen. 24 Prozent scheiterten daran, dass es bei ihnen keine Bibel zu kaufen gab. Für 10 Prozent kostet die Bibel einfach zu viel.

Wie oft greifen die Befragten zur Bibel? 43,1 Prozent haben nur selten das Bedürfnis. 25 Prozent lesen häufiger in der Bibel und knapp 25 selten. 70 Prozent bekannten, dass manches sehr schwer zu verstehen sei, manches allerdings leicht. Als durchgängig sehr schwer beurteilten 9,8 Prozent die Bibeltexte. Leicht tun sich 15,5 Prozent. 77,5 Prozent sind überzeugt, dass die Bibel sie im Leben leiten kann. Mit 34 Prozent liegt die Einschätzung, die Bibel sei die gute Nachricht vom

Reich Gottes, deutlich hinter der Erwartung, sie sei ein Wegweiser für das menschliche Leben. Fast 20 Prozent betrachten sie als ein literarisches Werk oder ein Geschichtsbuch. Nur gelegentlich sprechen 63 Prozent über die Bibel. Sie ist somit eine eher private Lektüre, die wenig vermittelt wird.

Als lebendig, wirklichkeitsnah und anziehend bewerteten 63,7 Prozent die Predigten der Priester. Allerdings gaben auch fast 50 Prozent zu, dass sie während der Messe bei der Predigt am meisten abgelenkt werden. »Ich verstehe das meiste«, antworteten 59,1 Prozent auf die Frage nach der Klarheit der verbindlichen Glaubenslehre der Kirche. 21,7 Prozent verstehen das meiste allerdings nicht. Schwere Defizite lassen die Antworten auf das Verständnis der Sakramente erkennen. 10,3 Prozent betrachten die Sakramente als »nur äußeren Ritus«. 10,8 Prozent empfinden die zehn Gebote als »eine Fessel für das Handeln«. Die Gottesmutter Maria halten 42,2 Prozent für gleichrangig mit Gott.

Ein gesundes Selbstvertrauen in die eigene Glaubenshaltung legten 70,6 Prozent an den Tag. Sie bekannten: »Ich glaube fest und unerschütterlich.« Bei den Schülern und Studenten lag dieser Prozentsatz allerdings mit 50 Prozent weitaus niedriger. 26,2 räumten gelegentliche Zweifel ein. Bei den Schülern und Studenten erreichte dieser Anteil 50 Prozent.

Theologen bilanzierten aus diesen Ergebnissen eine mangelnde Lektüre der Bibel und fehlendes Bibelwissen. Sie forderten die Seelsorge auf, die Verkündigung wichtiger zu nehmen und vor allem auf den Sinn der Sakramente hinzuweisen.

Große Unkenntnis herrscht über das Sakrament der Eucharistie. Manchen falle die innere Teilnahme schwer. Viele erinnern sich negativ an den Empfang des Bußsakramentes. Deutlich wird dies in den Antworten auf die Frage nach der Liturgie in der Kirche. Zwar beurteilen 78 Prozent die Messe als feierlich, heilig, bewegend. Für 32,5 Prozent bildet die

Predigt den zentralen Teil der Messe, für 34,6 Prozent die Kommunion. Das Beichtsakrament wird sehr unterschiedlich bewertet. 4,1 Prozent »empfangen es mechanisch und ohne Empfindungen«. 46 Prozent äußern: »Es kann die seelische Last vermindern und von Druck befreien.« 13,4 Prozent haben Angst davor, empfinden es als peinlich, oder das Beichten geht die ihnen schwer über die Lippen. Einmal in der Woche gehen 9,5 Prozent zur Beichte, alle zwei Wochen 10,7, einmal im Monat 31,6, alle zwei bis sechs Monate 39,9 und einmal im Jahr oder weniger 8,2 Prozent.

Das Gemeinschaftserlebnis in der Kirche schätzen die chinesischen Christen nach dieser Umfrage sehr hoch ein. Als Ort der Versammlung zum Gebet empfinden es 45,4 Prozent. 44,2 Prozent sehen in der Kirche ihr zweites Zuhause. Der Pfarrer ist für 23,8 Prozent ein dienender, für 22,91 Prozent ein gütiger Vater und für 22,3 Prozent immerhin ein Freund. Die Gemeinden werden insgesamt als warmherzig und freundlich von 66,9 Prozent wahrgenommen. Als kalt und ohne Kontakte untereinander haben 17,5 Prozent die Gläubigen ihre Gemeinde empfunden. 74,4 Prozent meinen, es müsste mehr unternommen werden. 14,2 Prozent glauben jedoch, dass außer dem Empfang der Sakramente keine anderen Aktivitäten notwendig seien.

Über die Hälfte aller Befragten sind überzeugt, dass ihr Christsein nur wenig mit politischen und gesellschaftlichen Fragen zu tun habe. So geben 77 Prozent zu, nur manchmal ihren Glauben durch gute Werke zu praktizieren. 38,6 Prozent sehen zwar einen Zusammenhang zwischen Glauben und gesellschaftlichem und politischem Engagement. Konsequenzen ziehen aber fast 60 Prozent gar keine oder allenfalls geringe. Überraschend positiv angesichts der inneren Spaltung der Katholiken: 84,7 Prozent begegnen den protestantischen Christen respektvoll und freundschaftlich. Distanz empfinden nur 10,2 Prozent, Abneigung sogar nur 2,1 Prozent.

Die Verlierer aller Revolutionen

Orthodoxe Kosaken, Flüchtlinge und
einige wenige bekehrte Chinesen

Eine weitgehend unbekannte Größe sind die orthodoxen Christen in China. Wenn über sie berichtet wird, dann nur in Andeutungen. Statt Fakten sind nur Gerüchte im Umlauf. Beispielsweise über eine orthodoxe Gemeinde in Shanghai. Auf der Suche nach einer Kirche fanden neugierige Gläubige aus Europa nur ein Restaurant in einem Gebäude, das früher einmal die orthodoxe Nikolaikirche war. Ein öffentliches orthodox-kirchliches Leben scheint es heute nicht mehr zu geben. Deshalb war es ein spektakuläres Ereignis, als sich Ostern 2005 Hunderte von russisch-orthodoxen Gläubigen zur Feier der Osterliturgie in Peking versammelten. Diese Feier fand allerdings nicht in einer Kirche statt, wie früher beispielsweise in einer katholischen, sondern auf dem Gelände der russischen Botschaft. Es waren überwiegend gläubige Mitarbeiter staatlicher Vertretungen.

Die Orthodoxen profitieren auf diese Weise wenigstens etwas von der Wende in Russland. Die vermutlich ca. 13 000 orthodoxen Christen werden in China als nationale russische Minderheit betrachtet, die vor allem im Norden im Grenzgebiet zur ehemaligen Sowjetunion lebt. In Peking soll es gerade mal 400 Orthodoxe geben. Zwölf ehemalige orthodoxe Kirchengebäude sollen in ganz China noch erhalten sein. Aber keine einzige Kirche dient wieder ihrem ursprünglichen religiösen Zweck.

Problematisch wirkt sich für die kleine orthodoxe Gemeinde aus, dass ihr Glaube nicht offiziell als Religion anerkannt wird. Es gibt zwar Hinweise, dass die chinesische Regierung sich öffnen wird und mit den Orthodoxen auch das Judentum, die Bahai und die Mormonen amtlich anerkennen werde. Wann das sein wird, ist ungewiss. Als Fürsprecher für die Orthodoxen bemüht sich das Moskauer Patriarchat darum, den offiziellen Status in China wiederherzustellen. Eine Voraussetzung für die Hilfe aus Russland war, dass die Diözese Harbin, in der die meisten Orthodoxen leben, bereits 1993 ihre Beziehungen zur Mutterkirche in Moskau wiederhergestellt hatte.

Dennoch ist die Gemeinde seit dem Jahr 2000, nach dem Tod ihres Pfarrers Gregor Zhu Shipu, ohne Seelsorger. Peking hat bisher dem Moskauer Patriarchat eine Wiederbesetzung der Pfarrstelle nicht erlaubt. Im Grunde verhält es sich da genauso wie gegenüber der katholischen Kirche. In den Augen Chinas werden beide Kirchen angeblich von ausländischen Mächten gesteuert. Eine Sicht der Welt, die sich aus den Pekinger Köpfen nicht so leicht austreiben lässt. China wittert Fremdbestimmung selbst bei einer religiösen Gruppierung, die weitgehend bedeutungslos ist.

Kleinere Unterschiede kennzeichnen aber schon die kirchlichen Beziehungen zwischen Moskau und Peking. Als ein deutliches Zeichen des Interesses und der Annäherung des Moskauer Patriarchates an China wurde die Heiligsprechung von 222 orthodoxen Märtyrern im Jahr 2000 gewertet. Die neuen orthodoxen Heiligen waren Opfer des sog. Boxeraufstands, einer antiwestlichen und antikolonialen Rebellion in China am Anfang des 20. Jahrhunderts. Die Märtyrer wurden durch die Synode der russisch-orthodoxen Kirche in Moskau zu den »Ehren der Altäre« erhoben. Im Gegensatz zur Heiligsprechung von 140 Märtyrern im selben Jahr durch die römische Kirche verzichteten die chinesischen Behörden gegenüber Moskau auf jeglichen Einwand oder Protest. Dies unterblieb, obwohl sich die russisch-orthodoxe Kirche im Gegensatz zur römisch-katholischen Kirche als nationale Kirche versteht, als russische Kirche, die dem russischen Staat nahesteht.

Die Geschichte der russischen Orthodoxie in China begann ähnlich wie die der Schweizer Garde im Vatikan, die eine enge Verbindung zwischen dem Papst und der Schweiz begründete. 1686 stellte der chinesische Kaiser Kosaken als Leibgarde an. Ihre Nachkommen übernahmen die chinesische Sprache, blieben aber orthodox. Mit den Kosaken und ihren Familien kam auch der russische Geistliche Makzim Leontev nach China. Als Kirche benutzte er ein ehemaliges mongolisches Gebetshaus. Diese wurde im Jahre 1698 eingeweiht.

Dem orthodoxen Glauben schlossen sich auch bald viele Chinesen an. 1713 wurde dann auf Befehl Zar Peters des Großen die erste orthodoxe Mission in Peking für die russischen Kaufleute und Diplomaten errichtet. Deren Weiterbestand musste jedes Mal von jedem neuen Zaren bei den Behörden von neuem erwirkt werden. Erst 1864 wurde den Ausländern in China die freie Religionsausübung gestattet. Russische Missionare lernten die chinesische und mandschurische Sprache und Kultur, übersetzten Texte und Schriften, bauten neue Kirchen und orthodoxe Zentren. Ihre Inkulturation gelang besser als die der protestantischen und katholischen Missionare. Nur ihre Zahl blieb verschwindend gering, so dass ihr Beitrag zur Christianisierung Chinas gering blieb.

Das traditionelle Zentrum der orthodoxen Kirche in China lag immer in der nordchinesischen Stadt Harbin (Mandschurei). Dort entstand die einzige noch heute bestehende orthodoxe Kirche des Landes, erbaut 1895-1897 im Zuge des Eisenbahnbaus Irkutsk – Wladiwostok, mit einem russischen Zwiebelturm. Sie wurde 1984 teilweise renoviert. Archimandrit Inokenti Figurovskij wurde in Harbin 1901 zum ersten orthodoxen Bischof Chinas bestellt. Vor allem in der Mandschurei und in Shanghai entstanden große russische Gemeinden, zumal während des 19. Jahrhunderts die orthodoxe China-Mission von der offiziellen russischen Politik gefördert wurde.

Nach der Oktoberrevolution flüchteten viele orthodoxe Russen aus Sibirien nach China. 1917 verloren die Gläubigen die Unterstützung aus Moskau. Die chinesischen Orthodoxen wurden der orthodoxen Auslandskirche im Exil unterstellt, die zeitweise in München residierte.

Nach 1920 entwickelte sich durch Zuzug ein intensives Gemeindeleben in Harbin sowie in den Städten Shanghai und Tianjin. 1922 trennte sich die Chinesische Orthodoxe Kirche aus politischen Gründen von der russischen Mutterkirche und sicherte ihren Fortbestand in der Auslandskirche. Damals hatte Harbin 23 orthodoxe Kirchen mit 140 000 Gläubigen, fast alle waren Exilrussen. Weitere 60 000 Orthodoxe lebten in den übrigen Städten Chinas. Es gab an die hundert Kirchen und acht Klöster. 1945 bis 1948 floh der Großteil des Klerus und der Ordensleute nach Australien oder in die USA.

1956 entstand eine autokephale, selbständige orthodoxe Kirche, nachdem die chinesische Regierung alle orthodoxen Bischöfe ausgewiesen hatte, die nicht zur Zusammenarbeit bereit waren. Sie gliederte sich in die fünf Diözesen: Peking, Harbin, Shanghai, Tianjin und Xinjiang. Nach den Wirren der Kulturrevolution (1966–1976) blieb nur die Diözese Harbin erhalten. 1993 stellte sie ihre Beziehungen zur Mutterkirche in Moskau wieder her, nachdem es seit 1945 immer wieder vorsichtige Annäherungen gegeben hatte. Um 1960 gab es noch 20 000, nach anderen Angaben 40 000 Gläubige und zwei mit Bischöfen besetzte Bistümer. In Shanghai, Peking, Xian und anderen Städten existierten acht russisch-orthodoxe Gemeinden, die von fünf Priestern betreut wurden.

Doch in der Kulturrevolution wurden alle orthodoxen Kirchen geschlossen, die Priester verfolgt, verbannt oder umgebracht. 1984 begann der vorsichtige Neuaufbau durch Grigori Dzhou, der zwölf Jahre im Gefängnis verbracht hatte. 1993 besuchte Metropolit Kirill von Smolensk und Kaliningrad, der Leiter des Außenamts der russisch-orthodoxen Kirche, die Gläubigen in Harbin und fand gerade noch etwa 200 orthodoxe Gläubige vor.

Der zweite orthodoxe Priester Chinas, der zu dieser Zeit noch neben Dzhou lebte, war Alexander Dhe in Peking. Er war 1953 von Erzbischof Viktor Swjatin (1893–1966) zum Priester geweiht worden und musste 1955 China verlassen. 1975 durfte er wieder zurückkehren. Die Vorfahren Dhes, darunter sein Großvater Dubinin, waren Albasin-Kosaken. Seine Kathedrale in Peking fand Dhe nach seiner Rückkehr aus dem Exil aber nicht mehr vor. Sie war 1966 gesprengt worden. Seither besteht in Peking keine orthodoxe Kirche mehr.

Grigori Dzhou starb am 21. September 2000. Seine Pfarrei zählte gerade noch 144 Seelen, von denen durchschnittlich 18 am Sonntag zum Gottesdienst kamen. Das jüngste Gemeindemitglied ist 68, das älteste 92 Jahre alt. Es fehlt an allem. Es gibt kein Geld für Reparaturarbeiten, keines für Bibeln. Gelegentlich kamen in jüngster Zeit einige Spenden herein, wenn Kinder und Enkel von ehemaligen, nach den USA oder Kanada ausgewanderten Gemeindemitgliedern ihre Heimat besuchten. Unter den Besuchern war auch ein ehemaliger orthodoxer Priester, der jetzt als Zahnarzt in Kanada lebt. Die Behörden unterstützen zwar die Gemeinde mit einem Kirchenbau. Doch der wurde so weit außerhalb der Stadt errichtet, dass die Gläubigen nur im Taxi hingelangen können, was den meisten aus finanziellen Gründen nicht möglich ist.

Die Behörden handeln so, wie es Galina Mirkuleva, ein Mitglied der orthodoxen Gemeinschaft in Yining, vor orthodoxen Besuchern beschreibt: »Seit 1985 versucht unsere Gemeinschaft erfolglos, die Kirche umzubauen. Offiziell schlägt es uns niemand ab, aber tatsächlich verschleppen die Behörden einfach alles.«

Die Stadt Yining liegt in der autonomen Region Xinjiang-Uighur, 80 Kilometer von der Grenze zu Kasachstan entfernt.

Yining teilte das Schicksal aller russisch-orthodoxen Gemeinden in China. Die ersten russischen Siedler kamen hier 1872 an, als die Stadt von der russischen Armee besetzt wurde. 1878 wurde sie wieder von den Chinesen übernommen. Eine russische Minderheit blieb. Anfang der zwanziger Jahre trafen hier Reste der unterlegenen weißen russischen Armee ein. Zehn Jahre später folgten entrechtete Bauern aus Russland auf der Flucht vor der Zwangskollektivierung. Mitte der dreißiger Jahre zählte Yining dadurch über 2000 russisch-orthodoxe Gläubige. Sporadisch dringen immer wieder Informationen aus der Region. Die stammen von ausländischen Glaubensbrüdern, die gelegentlich zu Besuch kommen. Durch sie wurde auch bekannt, dass es insgesamt in China wieder acht orthodoxe Priester geben soll, von denen aber nicht alle zelebrieren dürfen.

Zurück nach Harbin. Als Pfarrer Grigori Dzhou starb, verboten die chinesischen Behörden Alexander Dhe, seinen Amtsbruder zu begraben. Der Moskauer Patriarch Aleksij II. bat vergeblich die chinesischen Behörden, das Pfarramt in Harbin neu besetzen zu dürfen. 2001 besuchte Metropolit Kirill erneut Peking, um über die freie Religionsausübung der Orthodoxen mit den Behörden zu verhandeln. 2002 wurde wenigstens erreicht, dass die orthodoxen Gemeinden in Sinkiang durch den Erzbischof von Almaty (Kasachstan) betreut werden dürfen.

Am 16. Dezember 2003 starb auch Alexander Dhe 82-jährig, der letzte orthodoxe Priester in Peking. Es gibt vorläufig keinen Nachfolger. Verhandlungen verliefen im Sand, weil die chinesischen Behörden sich vordergründig auf den Standpunkt stellen, eine Nachfolge lohne sich nicht. Die Gemeinde sei zu klein.

Diesmal gestatteten die Behörden wenigstens, dass ein orthodoxer Priester, Dionisi Posdnjaew, den Begräbnisgottesdienst leitete. Das Requiem fand am 18. Dezember 2003 in der katholischen Kathedrale in Peking statt. Ansonsten fanden orthodoxe Gottesdienste immer nur in den zu kleinen Hauskirchen statt.

Vom 21. bis 26. August 2004 verhandelte Bischof Mark Golowkow von Jegorjewsk mit den chinesischen Behörden. Er durfte dann zwar in der russischen Botschaft in Peking den eingangs erwähnten Gottesdienst zelebrieren. Weitere Zusagen blieben aber aus. Wan Tso An, der Vorsitzende der Religionsbehörde, bestätigte nur, dass geplant sei, in Shanghai zwei orthodoxe Kirchen zu restaurieren und zwei neue orthodoxe Priester zuzulassen.

Bischof Mark Golowkow weiß von Gemeinden in Harbin, Labdarin (Innere Mongolei), Tacheng und Xinkiang mit zusammen 13 000 orthodoxen Gläubigen. Vierzehn junge Chinesen studierten im Jahr 2004 an der orthodoxen Akademie in Moskau Theologie. Wenn sie daheim ihr Seelsorgeamt ausüben dürften, würde das ausreichen, um die russische Orthodoxie zu verjüngen, zu versorgen und so ihr Überleben zu sichern.

Wenn der Vatikan Pingpong spielt

Missionspriester, ein umstrittener Kardinal
und die Angst der Patrioten

Roman Malek zeigt sich nicht besonders beeindruckt von der vatikanischen Ostpolitik. Was sie erreichen und was sie anrichten kann, kennt er aus eigener Lebenserfahrung. Der 1951 in Polen geboren Steyler-Missionar leitet heute das Monumenta-Serica-Institut in Sankt Augustin bei Bonn und arbeitet seit zwanzig Jahren als China-Beauftragter seines Missionsordens. Was wird geschehen, wenn ein päpstlicher Nuntius in Peking seine Residenz eröffnet? Die selbstgestellte Frage beantwortet er mit einem trockenen »Nichts«.

Die Begründung leuchtet ein. Die Volksrepublik ist ein erklärt atheistischer Staat, der alles innerhalb seiner Grenzen kontrollieren will. Daran wird sich auch nichts ändern, wenn ein Diplomat in Peking den Heiligen Stuhl vertreten wird. Er wird an der fehlenden Freiheit, an der mangelnden Demokratie und an der grundsätzlichen Ablehnung der Religion nichts ändern können. Warum also solche offiziellen Beziehungen de jure aufnehmen? Nur weniges spricht dafür. Denn, so unterstützt ihn sein römischer Mitbruder Willy Müller: »Mit diplomatischen Beziehungen fangen die meisten Probleme erst an.«

Die Beziehungen zwischen Vatikan und China sind von Fehlurteilen, falschen Erwartungen und übertriebenen Hoffnungen gekennzeichnet. Als der Nuntius 1955 das Land verlassen musste, glaubten nicht nur einige europäische Bischöfe, dass die »Räuberbande« bald gescheitert sein werde und sie nach wenigen Monaten, allenfalls einigen Jahren, wieder in ihr altes Missionsbistum zurückkehren könnten. Die Räuberbande, das waren die Kommunisten. Und eine Rückkehr ist nach über einem halben Jahrhundert immer noch undenkbar.

Gravierender allerdings als die enttäuschten Hoffnungen kirchlicher Oberhirten wirkte sich die politische Blindheit der Kurie aus. Sie setzte voll und ganz auf die Nationalchinesen des Chiang Kai-shek und verteufelten Mao Tse-tungs Rebellen. Es kam zum Bruch mit dem gewaltigen China, weil man an einer staatlichen Fiktion festhielt, wie sie Taiwan noch heute darstellt. Die 300 000 Katholiken auf Taiwan unter 23 Millionen Einwohnern hätten gewiss genauso gut betreut werden können, ohne dass man deshalb das chinesische Riesenreich mit damals 3,5 Millionen Katholiken unter bald einer Milliarde Chinesen hätte vernachlässigen müssen. Ein Modus Vivendi wäre möglich gewesen, bis die Kulturrevolution 1966 nicht nur die alte kommunistische Führung hinwegfegte, den Staatsapparat ruinierte und alle Werte der chinesischen Geschichte zerstörte. Einige wenige Kirchenleute hatten sogar anfangs noch im kommunistischen System vom Urchristentum inspirierte Ansätze erkannt.

Als die Politik der Perestroika in der Sowjetunion den Zusammenbruch des Ostblocks einläutete, erwarteten viele außerhalb Chinas auch eine grundlegende Veränderung in Pekings Herrschaftsgebiet. Die katholischen Chinesen selbst blieben jedoch skeptisch und teilten den westlichen Optimismus nie. In Rom zeichneten sich einige Neuorientierungen ab. So wurde zwar zu Zeiten von Papst Johannes XXIII. (1958–1963) die Katholisch-Patriotische Vereinigung (KPV) als schismatisch betrachtet, ein totaler Bruch wurde jedoch vermieden. Paul VI. zeigte sich China gegenüber dialogbereit und setzte sich sogar für dessen Aufnahme in die Vereinten Nationen ein. Als Karol Wojtyla 1978 Papst Johannes Paul II. wurde, zeigte er von Anfang an den Willen zur Annäherung, stieß aber in der römischen Kurie auf stärkste Widerstände.

Kompromisslose antikommunistische Hardliner unter den Ultrakonservativen blieben bei ihrem Urteil über China und bildeten einen geschlossenen Block. Auf der anderen Seite signalisierte Rom Dialogbereitschaft, ohne dass Papsttreue als Vorbedingung für Gespräche mit der patriotischen Kirche verlangt wurde.

Im Grundsatz hat sich bis heute daran nichts geändert. Es geht nur noch um Verhandlungspositionen, von denen keine Seite von vornherein weichen will. Dabei sieht die Wirklichkeit schon längst anders als die offiziellen Erklärungen aus. Diplomatische Beziehungen könnten am Ende von Verhandlungen stehen, obwohl sie Pater Malek keineswegs als pastoral notwendig oder gar hilfreich einschätzt:»Die Diplomatie folgt anderen Zielen, die mehr mit Staatsräson zu tun haben als mit Seelsorge.« Seine Bedenken untermauert er mit dem Hinweis auf die wenigen Probleme, die allein von oben herab gelöst werden könnten. Das sind die Rückgabe von Kirchenbesitz und eine Regelung im Streit um die Bischofsernennungen.

In der offiziellen patriotischen Kirche wählen bisher kirchliche Gremien ihre Bischöfe, die sie von der Regierung bestätigen lassen. Das Ergebnis könnte durchaus mit einer päpstlichen Approbation verbunden werden, und der seit Jahrzehnten immer wieder hochgespielte Streit um die Oberhirten wäre beigelegt. Warum soll, so fragt Malek, in China nicht funktionieren, was in anderen Staaten bereits zigfach praktiziert worden ist. Der Heilige Stuhl solle doch endlich die Kirche in China mit derselben Brille betrachten wie die Kirchen im ehemaligen Ostblock. Malek erinnerte sich an eine Bischofsernennung in Breslau. Dort sei der 20. Kandidat von Rom ernannt worden, nachdem 19 davor vom kommunistischen Staat Polen abgelehnt worden seien. Worin liege also die Ausnahmesituation Chinas? »Es gibt keine.« Geradezu beschämend empfindet er es, wie der Heilige Stuhl das Riesenreich China missachte. Alle Staaten dieser Welt haben

Beziehungen zu Peking. Die drittgrößte Wirtschaftsmacht der Welt kann nicht mehr ignoriert werden. China ist eine Großmacht, aber der Vatikan sehe seine Fehler nicht ein und halte an einer Fiktion fest.

Problemlos ließen sich die bisherigen Bischofsernennungen nachträglich rechtfertigen. Auch von der Kirchenstrafe der Exkommunikation für Bischöfe, die ohne päpstliche Einwilligung geweiht worden seien, will Malek nichts wissen. Alles sei unter Zwang geschehen und damit eine Exkommunikation obsolet. Das wisse man auch in Rom. Dennoch darauf herumzureiten macht aus der Sicht des Missionars überhaupt keinen Sinn. Das entspreche mehr taktischem Verhandeln als einer ernstzunehmenden Strategie.

Er zweifelt in keiner Weise an der Loyalität der chinesischen Bischöfe, weder an der jener Bischöfe, die vom Papst akzeptiert worden sind, noch an der der anderen. »Loyal sind sie alle. Die einen geben es offen zu – und bekommen Probleme. Die anderen sind sich dessen bewusst und sagen es nicht öffentlich.« Für die chinesische Kirche gälten Papsttreue, Traditionstreue und Zölibat sowie Marienverehrung geradezu als katholische Identitätsmerkmale, unabhängig davon, ob es einer offen bekenne oder für sich behalte.

In einem stimmen Roman Malek, Willy Müller und der dazu ebenfalls befragte Abtprimas der Benediktiner Notker Wolf überein. Ein Nuntius in Peking löst keine weiteren Probleme, die über die reinen Konkordatsfragen hinausreichen. Personalpolitik, sprich Bischofsernennungen gehören zwar dazu. Ansonsten werde er arbeitslos sein, weil der chinesische Staat sorgsam darauf bedacht sei, Einflüsse von außen eng zu begrenzen. Jede Form von Einwirken auf innerchinesische Fragen werde China unterbinden und immer wieder Mittel finden, sich auch wirksam gegen Fremdbestimmung zu wehren. Ein Konkordat sei sicherlich sinnvoll, aber dazu brauche es keine diplomatischen Beziehungen.

Überhaupt kann Malek gar nicht verstehen, warum die seiner Meinung nach überflüssige päpstliche Diplomatie nach dem Zweiten Vatikanischen Konzil überhaupt noch aufrechterhalten werde: »Die Bischofskonferenzen sollen ihre Angelegenheiten selber lösen. Sie brauchen keinen Nuntius. Mit den modernen Kommunikationsmitteln haben sie auch den direkten Draht nach Rom. Den zur eigenen Regierung haben sie sowieso, und der funktioniert besser als der zwischen Diplomaten und Regierung.« Die modernen Kommunikationsmittel nützen nach den Erfahrungen der Missionare sogar die Untergrundkirche.

Die chinesische Bischofskonferenz, die es schließlich gibt, auch wenn sie nur wenige Rechte genießt und immer unter der Kontrolle der Patriotischen Vereinigung steht, könnte bei einer Überwindung der Trennung in legale und Untergrundkirche alle Aufgaben erfüllen, die sich Rom und der Regierung stellen.

Dazu muss aber eine Voraussetzung geschaffen werden, die auch der gewichtigste päpstliche Diplomat nicht meistern kann. Denn die braucht Zeit, sehr viel Zeit, vielleicht sogar Generationen. Dieser Prozess über Generationen heißt in China Versöhnung. Pater Müller fällt dabei Frankreich ein, wo es noch immer katholische Gruppen gibt, die bis heute nicht die französische Revolution mit der Entmachtung der katholischen Kirche akzeptiert haben, fast zweieinhalb Jahrhunderte nach jener Revolution, die Freiheit, Gleichheit und Brüderlichkeit auf ihre Fahne geschrieben hatte.

»Was nützt es, wenn der Papst einen Bischof akzeptiert, der korrekt geweiht wird und der sein Amt uneingeschränkt antreten kann, wenn er von einem Teil seiner eigenen Kirche nicht angenommen wird?« Dieser Teil ist der Untergrund, der gegenüber der Katholisch-Patriotischen Vereinigung abgrundtiefes Misstrauen hegt. Jede Einlassung mit dem Staat weckt bei der Untergrundkirche Misstrauen und Ängste.

Ein Nuntius in Peking kann vielleicht die Normalität der diplomatischen Beziehungen verkörpern. Er kann aber kaum innerkirchlich versöhnen. Über das in leidvollen Jahrzehnten gewachsene Misstrauen wird er noch lange stolpern, weil auf beiden Seiten nicht unbedingt alle prinzipiell zur Aussöhnung bereit wären. Es bestehen auch bei der offiziellen Kirche zu viele Ängste, die wohlbegründet sind.

Bei den Mitgliedern der Patriotischen Vereinigung spielt Machtverlust eine entscheidende Rolle. Wenn die Bischofskonferenz aufgewertet würde und die Grundfragen mit Rom geklärt wären, würde sie an Einfluss verlieren. Sie scheint nach dem Urteil verschiedener Beobachter wiederholt Bischofsernennungen oder Reisen von Bischöfen nach Rom zu vatikanischen Ereignissen, etwa Synoden oder Papstfeierlichkeiten, auch gegen die Absicht der Regierung zu hintertreiben. Einigungen über neue Bischöfe im chinesisch-römischen Einvernehmen seien vermutlich nur missachtet worden, weil die Patriotischen aus Eigeninteresse quergeschossen hätten.

Ein Nuntius in China muss über enorm viel Fingerspitzengefühl verfügen. Schnell kann durch eine unbedachte Bemerkung jahrelange Aufbauarbeit und Vertrauensbildung zerstört werden. Vertrauen zu bilden wäre deshalb die wichtigste Aufgabe eines päpstlichen Botschafters. Eine zweite wäre: den Chinesen glaubhaft zu vermitteln, dass hinter dem Papst keine weltliche Macht steht, sondern eine Botschaft ohne diesseitige Ansprüche. Dabei gilt es die Skepsis der Chinesen auszuräumen, die gut in Erinnerung haben, wie sich die Kirchenführung in der Vergangenheit durch politische Parteinahme zumindest als Interessenvertreterin weltlicher Mächte engagierte und sich wiederholt von anderen Mächten für ihre Zwecke instrumentalisieren ließ. Dazu gehören z. B. die Versuche der USA und Deutschlands, auf die Ostpolitik des Vatikan gegenüber der Sowjetunion und den Waschauer-Pakt-Staaten Einfluss auszuüben.

Am besten würde sich der Nuntius rein dienstlich darauf beschränken, die erlaubten Freiräume auszufüllen. Bei 120 Diözesen mit zum Teil strittigen Grenzen und unklaren Eigentumsverhältnissen und mit kirchenrechtlich umstrittenen Bischofsernennungen hat er genug zu tun. Und wenn es nur darum geht, Einvernehmen mit der Regierung zu finden. Mit den stillschweigenden Übereinkünften ist der Vatikan in China bislang nicht so schlecht gefahren, wie manche behaupten.

Auf den Spuren des Architekten der vatikanischen Ostpolitik unter Paul VI., Erzbischof Agostino Casaroli, könnte eine Lösung gefunden werden. Dessen Osteuropapolitik kann man als Beispiel nehmen, wie es in China weitergehen kann. Wehe aber, wenn der Verdacht aufkeimte, der Papst wolle das chinesische Imperium zum Einstürzen bringen, wie es Johannes Paul II. beim Zusammenbruch des Sowjetreiches zugeschrieben wird. Dem Verdacht ist jeder Nuntius auch in Peking ausgesetzt. Er wird sich deshalb mehr als sonstwo auf der Welt an den vorgegebenen Rahmen halten müssen und ansonsten die einheimische Kirche mehr in ihrer Unabhängigkeit bestärken, als auf ihre Bindung an Rom zu pochen. Ob er das mit Billigung der römischen Zentrale darf, ist ungewiss. Es würde nicht verwundern, wenn die Kurie in ihrem zentralistischen Machtanspruch hier versagen und um der Uniformität willen selbst eine so hoffnungsvolle Kirche wie die in China opfern würde.

In der Untergrundkirche geht eine ganz andere Angst um. Macht hat sie keine, aber das Selbstbewusstsein einer Märtyrerkirche. Chinamissionare ziehen Parallelen zu den Märtyrerpriestern im Untergrund in der Tschechoslowakei, die im Westen in hohem Ansehen standen. Nach dem Zusammenbruch des Kommunismus waren sie plötzlich keine Märtyrer mehr, sondern lästige Figuren, weil beispielsweise einige im Untergrund geheiratet hatten. Sie wurden zu den unierten

Orthodoxen abgeschoben, die verheiratete Priester kennen. Frauen, die hervorragende Rollen gespielt hatten, darunter sogar eine Generalvikarin, fristeten nach der Befreiung ein miserables Dasein, von Rom verachtet und in der Gesellschaft daheim marginalisiert.

Alles keine frohen Erwartungen für eine Kirche, die nicht nur das Überleben gelernt hat, sondern die auch glaubt, so weiterleben zu können, wenn ein Mindestmaß an Religionsfreiheit geduldet würde. Sie sehen sich als wirklich loyale, papsttreue Traditionalisten mit lateinischer Messe. Ihren Status als die einzigen echten Katholiken verteidigen sie bis zur Selbstaufgabe, erst recht gegenüber »Kompromisslern« und »Verrätern«, als welche sie die anderen von der Patriotischen Vereinigung sehen. Sie fühlten sich, wenn sie mit denen gleichgestellt würden, um ihren Platz in der Kirche betrogen.

Eine Lösung dieses Dilemmas, das Malek mit der Quadratur des Kreises umschreibt, sehen er und seine Mitbrüder über alle Ordensunterschiede hinweg vor allem im Ausland. Hunderte chinesischer Theologiestudenten lernen im Ausland. Sie stammen aus beiden Zweigen der Kirche und allen Regionen Chinas und entdecken im Ausland, wie Malek es formuliert, dass die anderen keine Parteibonzen bzw. Untergrundmonster sind. Vor diesem Hintergrund wirkt das kirchliche Pingpong mit gegenseitigen Sticheleien und Tauziehen um einen denkbaren Besuch des Papstes oder eine beidseitig akzeptierte Bischofsernennung wie ein Versteckspiel und keineswegs wie das historische Tischtennis-Gastspiel amerikanischer Sportler, mit dem vor Jahrzehnten diplomatische Beziehungen zwischen Peking und Washington angebahnt werden konnten.

Eine offene Frage bleibt die Rolle, die der Erzbischof von Hongkong, Kardinal Joseph Zen Ze-kuin, spielen kann. Er wollte zum 75. Geburtstag vom Amt des Diözesanoberhauptes zurücktreten, wie es das Kirchenrecht vorsieht, um sich einer anderen Rolle, der des Vermittlers unter den Gläubigen, widmen zu können. Der mit ihm befreundete Willy Müller weiß, dass Kardinal Zen in der Untergrundkirche hoch angesehen ist. Seine Forderung nach klaren Worten und eindeutigen Definitionen von Rechten und Zielen würden auch in Peking Gehör finden, meint er. Doch Papst Benedikt XVI. hat Zens Rückzug aus der Seelsorge bis dato abgelehnt. Das hat gute Gründe. Eine kleine Rückblende:

Der kompromisslose Antikommunismus des alten Bischofs von Shanghai, Kong Ping Wei, hat ihm nie Vorteile und stattdessen eine Verurteilung zu lebenslänglicher Haft eingebracht. Nach seiner Freilassung beraubte er sich jeglicher Einflussnahme. Der Vatikan setzte zwar weiter auf ihn, verzichtete damit aber auf jede direkte oder indirekte Beeinflussung der Kirchenpolitik. Nebenbei trieb er Bischof Jin Luxian in schwere Gewissenskonflikte. Das änderte sich erst langsam mit Papst Johannes Paul II. Er ließ 1981 in Manila erkennen, dass die Kirche durchaus nicht nur diese schwarz-weiße Lösung sah. Sein Kardinalstaatssekretär Agostino Casaroli äußerte bei dieser Reise deutlich genug: Was illegitim ist, kann legalisiert werden.

Doch das Verständnis, wie so etwas in der Praxis funktionieren könnte, war in Rom so gut wie nicht vorhanden. So schickte der Vatikan einen europäischen Missionar nach Shanghai, um Bischof Jin eine Lösung vorzuschlagen. Er sollte beim Heiligen Stuhl darum bitten, dass der Papst ihn geheim, aber offiziell anerkenne. Der Sendbote wollte die Dokumente selbst nach Rom bringen. Jin hatte aus kirchlicher Sicht nur die Wahl, zu akzeptieren oder exkommuniziert zu werden. Dennoch lehnte er das Angebot ab und wurde noch mehr als Freund der Kommunisten gegen den Vatikan abgestempelt. In Wirklichkeit hatte er sich für die Seelsorge in China entschieden. Anders hätte er sich jeglicher Möglichkeit unter dem kommunistischen Regime beraubt, wenn er sich dem Papst in dieser Weise untergeordnet hätte. Denn eines war ihm immer, der Kurie selten klar: Die Kommunisten würden es erfahren und würden ihn als Verräter absetzen.

Rom hatte China noch immer nicht verstanden. Jin spürte dagegen, wie sich langsam die Lage für die Katholiken verbesserte. Durch einen verlockenden, aber letzten Endes falschen Schritt wollte er hier nichts gefährden.

Ebenso irreal erschienen die Begegnungen Jins mit Erzbischof Kong im Gefängnis. Er besuchte ihn mehrmals, konnte ihn aber nicht davon überzeugen, dass seine Hartnäckigkeit der Kirche überhaupt nichts nütze. Das einzige Ergebnis war, dass Kong 1987 mit 84 Jahren eine Ausreisegenehmigung erhielt. Peking wollte sich den lästigen Dissidenten vom Hals schaffen. In den USA konnte er nicht mehr viel ausrichten. Er starb 2000 als Kardinal, weil ihn Johannes Paul II. bereits 1979 geheim, »in pectore«, ernannt hatte.

Wie schwer es sein würde, mit China ins Gespräch zu kommen, musste auch der französische Kurienkardinal Roger Etchegaray erfahren, als er 1980, damals noch Erzbischof von Marseille, mit besonderen Aufträgen nach Shanghai reisen durfte. Er wollte den inhaftierten Kong Ping Wei treffen, aber nicht den offiziellen patriotischen Bischof. Jin Luxian hatte zwar von dem Besuch erfahren, es war aber nicht möglich, ein Treffen zu arrangieren. Er zog Lehren daraus, denn Etchegaray verhandelte vergebens. Der Franzose traf schließlich mit keinem der beiden Bischöfe zusammen.

Im Februar 2006 wurden in Rom von Benedikt XVI. die ersten Kardinäle seines Pontifikats ernannt. Unter ihnen befand sich auch Erzbischof Joseph Zen von Hongkong. Der 74-jährige Salesianer wollte nun alles dafür tun, die äußerst zähe Annäherung zwischen dem Heiligen Stuhl und dem kommunistischen Regime in Peking voranzutreiben. Die ersten Kommentare aus Peking fielen nicht besonders kritisch aus, es waren eher Routine-Reaktionen. Bald mehrten sich aber nach Zens eigenem Eindruck böse Stimmen. Der Generalsekretär der Patriotischen Vereinigung, Liu Bainian, wertete Zens Beförderung als Benedikts Lohn für dessen konservative Haltung: »Dass der Papst Erzbischof Zen zum Kardinal macht, ist ein feindlicher Akt gegen China.« ... »Sie denken an Johannes Paul II. und seinen Antikommunismus in Polen«, versicherte Zen in einem WELT-Interview. »Jeder weiß, dass Bischof Zen gegen den Kommunismus ist, sagten sie. Wenn die Bischöfe in China alle wie er werden, dann sind wir in Gefahr wie damals in Polen! Das ist allerdings schlicht lächerlich, und dementsprechend entschieden habe ich das zurückgewiesen.«

Zen interpretiert seine Ernennung als Ausdruck des Wohlwollens, das Benedikt für das chinesische Volk habe. Für die Gespräche zwischen dem Heiligen Stuhl und der chinesischen Regierung in Peking hoffe er, dass er Benedikt die Stimme der chinesischen Bischöfe übermitteln könne.

Bald kritisierte Kardinal Zen, solcherart ermutigt, scharf die chinesische Regierung, weil sie ohne Zustimmung des Papstes die Bischofsweihe des 36-jährigen Priesters Wang Renlei in Xuzhou durchgesetzt habe. Der Kardinal nannte diese Weihe »schamlos und bestürzend«. Zudem sei versucht worden, zwei katholische Bischöfe zu entführen, um sie zu zwingen, an der Weihe teilzunehmen. Ein 94-jähriger Bischof nahm schließlich die Weihe vor. Nach Zens Ansicht ist es unverständlich, dass es Menschen gibt, die so hartnäckig an der Zerstörung der eigenen Kirche mitwirken. Sie gäben vor, der Kirche zu dienen und seien doch Handlanger der Zerstörung der Einheit der Kirche. An der ungültigen Bischofsweihe in Xuzhou werde deutlich, wie sehr jene Kreise den Verlust staatlicher Privilegien fürchteten, wenn die Kirche eines Tages wieder in der Lage sein werde, entsprechend ihrer Konstitution frei und normal zu handeln.

Zen forderte: »Aus Liebe zu unserem Land und zu unserer

Kirche appellieren wir an die höchsten Staatsführer: Bitte, erlaubt nicht länger den Leuten, denen das Wohl des Landes gleichgültig ist, der Kirche Schaden zuzufügen, die Gefühle zahlloser Gläubiger zu verletzen und unser Land vor der Weltgemeinschaft zum Gespött zu machen. Auf der Grundlage der fundamentalen Einheit fordern wir sie auf, einen entschlossenen und tragfähigen Dialog mit dem Papst zu beginnen, um gemeinsame Wege zu finden, die für Staat und Kirche annehmbar sind, damit die Kirche in unserem Land normal handeln kann und die Gläubigen sich glücklich schätzen, sich für das wahre Wohl des Staates einzubringen.«

Später drängte der Kardinal den Vatikan, die Suche nach Versöhnung mit China zu beenden. Der laufende Dialog über eine Aufnahme von Beziehungen zwischen dem Heiligen Stuhl und Peking »kann nicht weitergehen, weil die Leute denken werden, wir wären bereit, uns zu ergeben« ... »Wir können nicht nachgeben. Wenn jemand knallhart Tatsachen schafft, wie lässt sich dann von Dialog sprechen?«, fragte der Kardinal rhetorisch.

Doch selbst in der Auseinandersetzung mit anderen kommunistischen Regimen erfahrene Organisationen wie »Kirche in Not« mäßigten den Ton: »Von systematischer Verfolgung von Katholiken wie damals während der Kulturrevolution kann keine Rede sein«, sagt etwa Michael Ragg von der Deutschen Sektion des Hilfswerks. Es seien »kaum noch Priester für längere Zeit inhaftiert«. Beispielsweise kam der Weihbischof der nordchinesischen Diözese Baoding, An Shuxin, nach zehn Jahren Haft frei. Der chinesischen Regierung gehe es bei den Repressionen vor allem um Kontrolle. Das bestätigte das katholische China-Zentrum in Sankt Augustin: »Die Ausübung religiöser Riten unterliegt keiner Einschränkung. Die Regierung in Peking will vielmehr die Kontrolle über die Kirchenverwaltung und die religiöse Erziehung. Da haben sie Angst, die Übersicht zu verlieren«.

Für Papst Johannes Paul II. war es ein bis zuletzt unerfüllter Traum, für Papst Benedikt XVI. aber könnte es Wirklichkeit werden: ein Besuch im Reich der Mitte. Unter der Eisfläche ist trotz Zens Wettern einiges in Bewegung geraten. Benedikt richtete 2007 sein Schreiben an die Katholiken Chinas und streckte ungewohnt offen die Hand aus (siehe Kapitel: Ein neuer Ton aus Rom, S. 179). Und Zen wurde nicht päpstlicher Vermittler in Peking.

Pingpong-Diplomatie bedeutet eigentlich, dass eine politische Wende auf einem scheinbar unpolitischen Gebiet vorbereitet wird. So war es bei der chinesisch-amerikanischen Annäherung über den Umweg von Tischtennisspielen, eben Pingpong. 1971 war eine amerikanische Tischtennismannschaft nach China eingeladen worden. In der Folge intensivierten sich Gespräche und Kontakte wieder, die schließlich in der Aufnahme diplomatischer Beziehungen gipfelten.

In einem etwas anderen Sinn kann bei den vatikanisch-chinesischen Beziehungen auch von Pingpong gesprochen werden. Das chinesische Zeichen für ping-pang bedeutet Knall eines Schusses, Krach, Schlag. Das passte wiederum zum Schlagabtausch zwischen dem Generalsekretär der Patriotischen Vereinigung, Liu Bainian, und dem neuernannten Kardinal Zen von Hongkong. Die Zweimonatsschrift »China heute« listete Äußerungen, Reaktionen, geheime Kontakte, Annäherungen und Dementis auf, die ein Jahr voller Widersprüche zeigten.

In der Tat ging es hin und her wie beim Tischtennis, urteilte Pater Malek. Er beobachtet jedenfalls skeptisch den Aufstieg des Hongkonger Kardinals. Viele Kommentatoren erwarteten schwerwiegende negative Folgen, weil auf beiden Seiten von der Konfrontation zum Pragmatismus übergegangen worden sei. Ein Hardliner in Hongkong könne in dieser heiklen Phase mehr zerstören als aufbauen. Es gehe heute nicht mehr um die bloßen Kontakte, um Reaktionen oder Überreaktionen, sondern darum, auf Regierungsebene, also direkt zwischen Peking und dem Heiligen Stuhl eine Formel zu finden, die beide Seiten akzeptieren können. Dafür war die Zeit schon vor dem Brief von Papst Benedikt XVI. im Juli 2007 reif.

Hetze aus dem Internet

Das World Wide Web eröffnet eine neue Front
im Kampf um die Gläubigen

Die »Stimme aus aus der Wüste« lässt sich fast täglich hören bzw. lesen. Ihr Stil ist geschliffen. Der Autor lässt die Leser aber bisweilen ratlos. Offensichtlich sind Christen gemeint. Zumindest Zweifel an den Absichten tauchen auf. Selbst im fernen Rom rätseln China-Experten. In einem sind sich die Mitarbeiter in den Ordenszentralen und der römischen Kurie einig: »Das entspricht in keiner Weise dem Niveau unserer Priester, überhaupt den uns bekannten Chinesen im kirchlichen Dienst.«

Die Rätsel kommen aus dem Internet. Und die »Stimme aus der Wüste« gehört zu den auffallendsten Beiträgen. In wenigen Monaten füllen sie bereits über 60 Websites und zielen fast immer auf dieselben Themen ab. Sie richten sich gegen die Kirchenzentrale in Rom. »Sie vergiften auf jeden Fall die Atmosphäre«, konstatieren Mitarbeiter in der Kongregation für die Evangelisierung der Völker. Wer dahinter steckt, wissen die Adressaten nicht. Sie vermuten allerdings eine neue Variante des Kirchenkampfes, den die chinesische Regierung entweder initiiert hat, begrüßt oder wenigstens duldet. Immerhin darf die Hetzsite ungehindert publizieren. Andere Internetauftritte werden regelmäßig gestört oder müssen mangels Mitteln eingestellt werden.

Für viele chinesische Religionsanhänger ist das Internet Hauptinformationsquelle für Nachrichten aus den weltweiten Religionsgemeinschaften. Zahlreiche religiöse Webseiten aus dem Ausland sind in China jedoch blockiert, darunter »erstaunlich viele« katholische. Das stellte die norwegische

Organisation Forum 18, die sich speziell mit Fragen der Religionsfreiheit weltweit beschäftigt, bei einem zweimonatigen Test der Zugänglichkeit ausländischer religiöser Webseiten in der Volksrepublik China fest. Forum 18 untersuchte mehrere hundert Webseiten verschiedener Religionen in verschiedenen Sprachen an mehreren Orten in China von Mitte Mai bis Mitte Juli 2004. Die interessanten Ergebnisse der Untersuchung sind unter www. forum18.org abrufbar.

Grundsätzlich unzugänglich fand Forum 18 bei seinem Test erwartungsgemäß alle von der Falungong-Bewegung und der islamistischen Bewegung Hizb-ut-Tahrir unterhaltenen Seiten. Nahezu unzugänglich waren Seiten, die mit dem Dalai Lama in Verbindung stehen. Blockiert waren ferner Webseiten, die über religiöse Verfolgung in China berichten, wie z. B. www.chinaaid.org, www.china21.org, www.religiousfreedomforchina.org, www.freechurchforchina.org und www.ftf.org. sowie die Seite des von den italienischen PIME-Missionaren betriebenen Nachrichtendienstes Asia News.

Hingegen waren die chinesischsprachigen Dienste des vatikanischen Nachrichtendienstes Fides sowie von Radio Vatikan und Radio Veritas zugänglich. Nicht blockiert waren durchweg die Seiten der internationalen Zentralen und Organisationen großer Religionsgemeinschaften wie des Vatikan, verschiedener orthodoxer Patriarchate, des Ökumenischen Rates der Kirchen, des Lutherischen Weltbundes, der Adventisten, der Mormonen, der Muslimischen Weltliga sowie Seiten mit heiligen Schriften verschiedener Religionen in chinesischer Sprache.

Viele Webseiten religiöser Gruppen in Hongkong, Taiwan, Singapur und anderen Ländern der Region waren von Festlandchina aus zugänglich, darunter die Seiten der katholischen Kirche in Taiwan, des als Forschungs- und Kontaktstelle zur katholischen Kirche in der Volksrepublik eingerichteten Holy Spirit Study Centre in Hongkong, der katholischen

Nachrichtenagentur UCA News und des Hongkonger Christenrates. Blockiert waren hingegen die offizielle Seite der katholischen Diözese Hongkong (seit der Verschlechterung der Beziehungen zwischen der Diözese und der chinesischen Regierung im Zuge des Kampfs um den Anti-Subversions-Artikel 23 des Hongkonger Grundgesetzes im Jahr 2003) sowie die Seite der Steyler Missionare in Taiwan, www.svdchina. org.

Auch innerhalb der Volksrepublik China betriebene Webseiten religiösen Inhalts spielen vor allem bei jüngeren Gläubigen und an Religion Interessierten eine immer größere Rolle, nicht zuletzt deshalb, weil die Religionen zu anderen öffentlichen Medien in der Regel keinen Zugang haben. Die Behörden versuchen daher zunehmend auch die Internetaktivitäten der chinesischen Religionsgemeinschaften zu überwachen. So hat die Stadtregierung von Shanghai im Oktober 2004 eine Neufassung ihrer Vorschriften für religiöse Aktivitäten angekündigt, die erstmals auch Bestimmungen über die Verwaltung religiöser Webseiten enthalten.

Trotz der Behinderung und staatlichen Kontrolle wächst in China die Zahl katholischer Websites. Eine ganze Reihe von Diözesen hat eigene Seiten eingerichtet. Es gibt aber auch von Gemeinden, Gruppen und Einzelpersonen betriebene Seiten. Bereits 1999 ging Xinde (Faith Press), das landesweit aus der katholischen Kirche berichtet, mit www.chinacatholic.org ans Netz. Die Chatrooms der katholischen und noch mehr der protestantischen Websites werden besonders von jungen Christen genutzt. Etliche kleine Websites verschwinden jedoch auch wieder, weil niemand sie betreut oder die kirchliche Unterstützung fehlt. Andere können die Gebühren nicht mehr zahlen, die die früher kostenlosen chinesischen Server seit einigen Jahren für eine Website erheben.

Als Beispiele für das Niveau der Netz-Diskussionen hat die Zweimonatszeitschrift »China heute« des China-Zentrums St.

Augustin Beiträge von Studenten entdeckt und übersetzt. In der Form unterscheiden sich die Texte nicht von westlichen Beiträgen. So fragt »das verletzte Schaf«: »Ich bin Student und von klein auf katholisch. Manchmal weiß ich nicht, wie ich zu meinem Glauben stehen soll.«

»Jemand, der das Leben liebt« antwortet: »Heute wird Glauben überall respektiert. Ich denke, bestimmt kommst du an der Universität oft in die Situation, dass man mit den Kommilitonen über Glauben spricht. Das ist genau der Augenblick, an dem du dich zu erkennen geben musst. Macht nichts, nur mutig für Gott Zeugnis ablegen! Gott wird dir Kraft geben. Manchmal wirst du vielleicht eine Glaubenskrise erleben, aber gib nicht auf. Mach einen Schritt nach vorne. Ich glaube, du bist womöglich nicht der einzige Christ an eurer Hochschule! Kannst du dich nicht mit anderen Christen zusammentun und mit ihnen regelmäßig über unser Glaubensleben sprechen?«

Der Autor von »Die große Welle bewegt den Sand« meint: »Unsicherheit zu erleben ist normal. Nur Menschen, die einmal Verunsicherung erfahren haben, können wissen, was ›nicht unsicher‹ ist. Von einem weisen Mann aus dem Altertum (es war wohl Sokrates) gibt es den Spruch: Ein Leben ohne Reflexion lohnt sich nicht zu leben. Ich will damit sagen: Ein Glaube ohne Reflexion ist kein reifer Glaube. Reagiere auf diesen Satz erst einmal nicht zu heftig. Ich frage: Ist der Glaube der Taliban ein Glaube? Ermutigen sie die Menschen, ihren Glauben zu reflektieren? Nein, sie verbieten den Menschen, den Glauben zu hinterfragen oder zu reflektieren, sie verbieten Diskussionen, verbieten Wissen von der Welt außerhalb, sind ganz selbstzufrieden in ihrem Aberglauben und Fanatismus und schotten sich selbst gegen die Vernunft ab, die ihnen von Gott gegeben ist. Wenn man nicht über den eigenen Glauben reflektiert, bleibt er oberflächlich, dann gehört er noch nicht einem selbst. Nach der Reflexion muss man die

Zweifel untersuchen und diskutieren. Von [einem Glauben] voller Zweifel bis zu einem festen Glauben ist es ein langer Prozess, doch nur wenn man einen solchen Prozess durchlebt hat, kann der Glaube reifer werden.

Unser katholischer Glaube ist tief und weit, er hat seine Wurzel in der Wahrheit der Offenbarung. Feuerbach, Marx, Nietzsche u. a. haben versucht, das sog. ›Wesen der Religion‹ zu entlarven. Im Nachhinein betrachtet haben sie der Kirche geholfen, einige oberflächliche, seichte oder gar abergläubische Elemente loszuwerden und die Wahrheit des Glaubens noch reiner hervortreten zu lassen. Um die Lehre der Kirche zu verstehen, muss man zunächst bei der Bibel anfangen und viel in den Evangelien und den Paulusbriefen lesen, danach in den Dokumenten des II. Vatikanischen Konzils. Wenn du Hans Küngs ›Christsein‹ [in der chinesischen Übersetzung] finden kannst, ist dies auch eine große Hilfe. In anderen Sprachen gibt es zahllose [religiöse] Bücher, wie die Bücher von Papst Johannes Paul II. und Papst Benedikt XVI. Die Bücher von Walter Kasper sind auch sehr gut. Studenten sollten mindestens eine Fremdsprache gründlich lernen ...«

Li Baoyon: »Ich studiere auch an der Universität. Ich rede offen über meinen Glauben. Dass wir an Gott glauben, ist nichts, was man nicht offen sagen kann, wir haben nichts, weswegen wir unsicher sein müssten! Es ist nichts dabei, wenn wir mit Kommilitonen über Glauben sprechen, selbst wenn wir mit ihnen über unsere Kirche sprechen. Du kannst sie in eine Kirche [jiaotang] mitnehmen, damit sie unsere Kirche [jiaohui] besser verstehen.«

Canning: »Hallo allerseits, ich studiere auch an der Hochschule! Zum Glauben gebe ich mal meine eigene unmaßgebliche Sicht ab! Ich meine, im Grunde ist der Glauben zu deinem eigenen Nutzen da. Er hilft dir, deine Gefühlslagen und deine seelische Verfassung auszugleichen, entsprechend deiner Entwicklung. Wenn man den Glauben im Leben umsetzt und nach außen hin zeigt, wird das von den anderen geachtet, und eine solche Lebenshaltung wird im Allgemeinen von den Menschen sehr hoch geschätzt! Was uns anbelangt, muss man sagen, dass wir den Glauben weder umfassend noch tief genug verstehen. Und die Umsetzung des Glaubens in unserem Leben stellt an uns zu hohe Anforderungen, und so verengen wir diese Lebenshaltung auf das rein Philosophische! [...] Wenn ich mit Kommilitonen debattiere, sind die Fragen und Antworten oft unvermeidlich kindisch und naiv. Aber man kann eben nur mit der eigenen Sichtweise an die philosophischen Fragen herangehen. Eine eigene philosophische Sicht zu entwickeln, um die Probleme im eigenen Denken umfassender lösen zu können, das ist der Anspruch, den man manchmal an sich selbst stellt. Doch weil das eigene Niveau begrenzt ist, ist es kaum zu erreichen!«

Soweit der studentische Internet-Austausch aus der Website Xinde. Sie weist nicht nur auf Ansprüche der Jugend hin, sondern zeigt auch die intellektuellen Grenzen auf, wenn es darum geht, gegen die eingangs erwähnte Hetze vorzugehen, die aus dem Netz kommt. Wie man sich sinnvoll verhält an dieser neuen Front religiöser Auseinandersetzung, weiß in den Missionsorganisationen noch niemand. Soll man sich mit der antireligiösen Agitation näher auseinandersetzen? Das würde sie nur anerkennen und aufwerten. Am besten, so scheint es sich bislang abzuzeichnen, man ignoriert die Angriffe aus der virtuellen Welt. Wie lange das gutgehen kann, weiß man nicht. Es hängt auch davon ab, wie schnell kirchliche Einrichtungen lernen, mit dem World Wide Web umzugehen.

Wie kann man das Internet für die Glaubensverkündigung nützen? Was ist erlaubt, was nützlich, was Unsinn? Die chinesischen Christen setzen mittelfristig auf Erfolge ihrer Bildungsbemühungen. Aber auch von den sogenannten Kulturchristen wird erwartet, dass sie ihre Auseinandersetzungen aus den intellektuellen Zirkeln hinaustragen. Und wenn sie schon nicht im Internet um den Glauben ringen, so erwarten die User von ihnen doch sachliche Argumente.

Für eine offizielle Rückendeckung der Hetze im Internet spricht vieles. Das Internet in China sei noch weit davon entfernt, unter demokratischen und liberalen Bedingungen zu operieren, heißt es beispielsweise in einem Bericht der »Neuen Zürcher Zeitung« (NZZ). Sie berichtet von der Studie »Internet Filtering in China in 2004–2005«, herausgegeben von der Organisation Open Net Initiative (ONI). Das Gemeinschaftsprojekt der Sozial- und Kommunikationswissenschaftler der Universitäten Toronto, Harvard und Cambridge hat den Kampf der chinesischen Führung gegen sogenannte »Cyberspace-Dissidenten« untersucht.

Ergebnis: »China betreibt das umfassendste und technologisch ausgeklügeltste Internet-Filtersystem der Welt.« Eine staatstreue Netzpolizei verhindere den Zugang und den Austausch von regimekritischen Informationen. Rund 50 000 Vollzeit-Kontrolleure setze der Staat als »Netzspione« ein, um Jagd auf »Dissidenten« zu machen, die das kommunistische System im virtuellen Raum angreifen.

Möglichst lückenlose Filtertechniken sollen helfen, die durch eine rasche Zunahme der Internet-Nutzung bedrohte Informationskontrolle des Staates aufrechtzuerhalten. Das China Internet Network Information Center schätzt die jährliche Wachstumsrate von Internet-Anschlüssen mit 30 Prozent. Demzufolge muss die Zahl der Internetanschlüsse bis Ende 2007 auf 200 Millionen angestiegen sein. Das heißt, knapp jeder siebte Chinese verfügt über einen Anschluss. 40 bis 60 Prozent der Chinesen, die einen Internetzugang haben, nahmen schon bisher an Kommunikationsforen teil.

Im Visier der Netzpolizei stehen besonders Online-Chats, Blogs und Bulletin Boards, die elektronischen »Schwarzen Bretter«, oder offene Diskussionsforen der Hochschulen. Restriktive Regeln sehen vor, dass Nutzer von Bulletin Boards an

Hochschulen und Besucher von Internet-Cafés zur Registrierung von Namen und Personalausweisnummer verpflichtet werden. Anonyme oder unter Pseudonym veröffentlichte Meinungsäußerungen, die Schutz vor Verfolgung bieten könnten, sind in diesen Fällen nicht mehr möglich. Die Filtertechniken werden nach dem NZZ-Bericht ständig perfektioniert.

An dieser »Verbesserung« seien auch amerikanische und europäische Unternehmen beteiligt. Das US-Unternehmen Cisco etwa hat nach Angaben der »NZZ« mit hochentwickelten Technologien maßgeblich dazu beigetragen, das Internetkontrollsystem des Staates auszubauen. Projektpartner für den Aufbau der Internet-Infrastruktur der »nächsten Generation« fänden sich auch in Europa. Ein weiterer Kontrollmechanismus bestünde außerdem in der Auferlegung von Selbstzensur durch Suchmaschinen-Anbieter. Zu einer solchen sähen sich Anbieter wie Baidu (Google) und Yisou (Yahoo) gezwungen, um überhaupt Zugang zum Markt erhalten zu können.

Es ist also extrem schwierig zu unterscheiden, hinter welchem Beitrag ernstzunehmende Quellen stecken und was nur Spielmaterial ist oder gar gezielte Desinformation. So ging im Internet im Frühjahr 2007 die Meldung um die Welt, dass der Heilige Stuhl und die Volksrepublik China noch im selben Jahr diplomatische Beziehungen aufnehmen würden.

Ein Film des Norddeutschen Rundfunks stellte eindrucksvoll dar, welche Bedeutung dem Internet in der chinesischen Gesellschaft bereits heute zukommt. Er zeigte, dass die Jugendlichen stundenlang bis in die Nacht in den Pekinger Internetcafés sitzen, illegal natürlich, denn laut Gesetz haben nur Erwachsene Zutritt. Die Cyberspace-Junkies sind selbst beim Essen immer online. Nach klinischen Kriterien sind sie süchtig, ihre Droge: Computerspiele im Internet. »Das Internet ist doch nicht die Ursache«, meint einer, Qing Gang. »Der Druck in der Schule und zu Hause, der ist einfach zu groß. Ich stand immer allein gegen meine Eltern. Geschwister haben wir Teenager ja nicht. Das Einzige, was ich von meinen Eltern höre, ist: pauken, pauken. Du musst es schaffen. Nur im Internet habe ich meine Ruhe.«

Maos Urenkel stehen unter brutalem Leistungsdruck. Bildung ist teuer, und die Angst zu versagen ist groß. In den Großstädten ist bereits jeder achte Chinese unter 30 internetsüchtig. Besonders gefährdet sind Schüler und Studenten. Je höher der Lernstress, desto größer die Sehnsucht nach der virtuellen Parallelwelt. Hinter dem rasanten Aufstieg Chinas steckt ein gnadenloser Wettbewerb um Jobs und Geld. Die neuen Freiheiten, die junge Menschen in den Städten genießen, haben einen hohen Preis.

Im Militärkrankenhaus Nr. 6 unterziehen sich Jugendliche einer Entziehungskur. Verzweifelte Eltern stehen hier Schlange. Sie wissen keinen anderen Ausweg, als ihre Kinder den staatlichen Behörden anzuvertrauen. Rund 1000 Euro kostet die Behandlung, viel Geld für chinesische Eltern. Der Militärarzt Tao Ran will die Kinder von der Sucht befreien: »Diese Kinder kommunizieren nur noch mit dem Computer. Sie ignorieren die Außenwelt und spalten sich in zwei Personen. Die eine lebt in der realen, die andere in der virtuellen Welt. Manche glauben sogar, dass sie nach dem Tod in den Spielen weiterleben. Kürzlich hat sich ein Kind umgebracht, weil es hoffte, eine Internet-Figur zu werden. Spielsüchtige Kinder flüchten in Scheinwelten, weil sie Angst vor der Wirklichkeit haben.« 80 Prozent der Patienten schaffen den Ausstieg, sagen die Ärzte. Langsam kehren die Jungs zurück von der langen und gefährlichen Reise in die virtuelle Welt des Internets.

»Besonders erschreckend ist der Verlust von moralischen Werten«, klagt Tao Ran. »Die Zahl der Gewalttäter unter internetsüchtigen Jugendlichen ist extrem hoch. Alle leiden unter Zerstörungswut, und jeder dritte Patient hat sogar schon einmal seine Eltern angegriffen. Denn im Cyberspace ist alles erlaubt, Recht und Moral existieren dort nicht. Alles ist verfügbar: Frauen, Macht, Ruhm und Geld.«

Wer will diesen Gefahren aus dem Internet wirksam begegnen? Die materialistische Gesellschaft bietet keine Lösung. Die Kirchen könnten Werte vermitteln und Orientierung geben. Doch das Internet benützen sie für die Evangelisierung nicht einmal im nicht zensierten Westen ausreichend. Von den Kirchen unabhängige soziale Organisationen, die sich den Menschenrechten verpflichtet wissen und die den Jugendlichen Halt und Orientierung geben könnten, gibt es in China nicht. Für eine fehlende Wertorientierung ist die staatliche Zensur also nicht verantwortlich zu machen.

China hat die Vereinigten Staaten als Internet-Markt inzwischen überrundet. So erklärte Google-Chef Eric Schmidt bei der Eröffnung eines Forschungszentrums in Peking, dass China »den Weltinternetmarkt noch viele Jahre anführen« werde. So wird also künftig jede Aussage über das Internet unvollständig sein, wenn sie keinen Bezug auf China enthält.

Die Medien sind mit wenigen Ausnahmen den Kirchen verschlossen, und das in einem Land mit 1,3 Milliarden Einwohnern und dem größten nationalen Zeitungsmarkt mit täglich fast hundert Millionen verkauften Exemplaren und 320 Millionen Lesern. Das populäre Magazin »Du Zhe«, das mit »Reader's Digest« vergleichbar ist, hat eine Auflage von mehr als zehn Millionen Exemplaren, und bereits 393 Millionen Chinesen besitzen ein Mobiltelefon.

Die Frankfurter Allgemeine Zeitung (FAZ) meldete 2006 rund 115 Millionen Internetnutzer in China. Davon agierten sechzehn Millionen als Blogger, führen also öffentlich Tagebuch, und allein 1,5 Millionen spielen das Internetspiel »World of Warcraft«. 2005 wurden in China fünfzig Milliarden E-Mails von rund 72 Millionen Nutzern verschickt. Der Chatroom des chinesischen Internet-Anbieters Baidu erhält täglich fünf Millionen Nachrichten. Nach einem Bericht der

Qing-Hua-Universität gab es 2006 in China 658 Blog-Server, sechzehn Millionen Blogger und rund 37 Millionen Blogs. Zwischen 2004 und 2005 entwickelte sich Bloggen zu einem Massenphänomen. Ähnlich dem Chatten, das ja in Gruppen stattfindet und das in China beliebter ist als der Versand von E-Mails, spiegelt auch das Bloggen eine Kommunikationskultur wider, in der das soziale Moment von Sprechen und Zuhören wichtiger ist als das individualistische Moment von Selbstbestätigung und Wiedererkennen.

Diese 115 Millionen Internetnutzer konzentrieren sich auf die regionalen Wachstumszonen. Der Rest des Landes bleibt drastisch zurück. Allerdings beeindruckt, dass die digitale Kluft zwischen Arm und Reich oder Stadt und Land ständig abnimmt. Dennoch dürfte die Frage nach einem Internetanschluß für die achthundert Millionen Menschen in den ländlichen Regionen Chinas eher unwichtig sein. Ihnen geht es noch immer ums nackte Überleben, Kampf dem Hunger, gegen unerträglichen Land- und Eigentumsraub durch lokale Funktionäre der kommunistischen Partei. Die Konflikte entladen sich in gewalttätigen Bauernprotesten und Aufständen.

Welche Folgen hat das Internet aber über die seelischen Schäden bei Jugendlichen hinaus? Das amerikanische Nachrichtenmagazin »Newsweek« erwartet, dass eine Nation von Bloggern den Status quo von China zerstören wird. Die Hamburger Wochenzeitung »Die Zeit« sieht in den chinesischen Bloggern bereits »neue Kulturrevolutionäre«. Wunschdenken oder Realität?

Die FAZ hat das Phänomen genauer untersucht am Beispiel von Fang Xing Dong, der 2002 den ersten Blog-Server startete. Ein ganzes Jahr lang waren dort wenige Begeisterte unter sich. Im Juni 2003 meldete sich aber die fünfundzwanzigjährige chinesische Journalistin Lee Li unter dem Pseudonym »Muzimei« mit einem eigenen Blog. Muzimei veröffentlichte ein Tagebuch über ihr Sexleben und nannte regelmäßig die

Namen ihrer Liebhaber. Ihre unverblümten und drastischen Bekenntnisse machten sie berühmt. Das Medienecho auf Muzimeis Blogs war enorm: Mehr als tausend Zeitungen und Zeitschriften berichteten darüber. In China brach ein Blogger-Fieber aus.

Diese Blogger-Szene wird aber westliche Erwartungen nach größerer gesellschaftlicher Freiheit enttäuschen. Sie untergräbt auch nicht die staatliche Autorität. Die meisten chinesischen Blogger wollen gar nicht anonym arbeiten. Sie wollen sich im bunt-schillernden Gewand eines Skandalerfolgs in aller Öffentlichkeit sonnen, um so schnell wie möglich Karriere zu machen. Das geht bei vielen Bloggern am besten dadurch, dass sie nach ihrem Blogger-Erfolg als Mitarbeiter zu offiziellen Printmedien wechseln. Zudem thematisieren die Blogger so gut wie nie politische oder soziale Themen. Meistens kommentieren sie linientreu die Inhalte der offiziellen Massenmedien.

Umso ernster müssen kirchenfeindliche Beiträge genommen werden. Den Beleg für den andauernden Druck auf die katholische Kirche lieferten Betreiber katholischer Internetseiten. Sie mussten den Brief von Papst Benedikt XVI. an die Katholiken Chinas auf Drängen der Regierung von ihren Sites löschen. Entsprechende Aufforderungen seien kurz nach der Veröffentlichung des Schreibens eingegangen, meldete der katholische Nachrichtendienst »Asia News«. Betroffen seien sämtliche katholischen Internetseiten in China. Selbst das Portal des Heiligen Stuhls war von China aus zu erreichen.

Die von der Regierung installierte Patriotische Vereinigung hatte die Verbreitung des Papstbriefs mit der Begründung verweigert, er stehe im Internet zur Verfügung. Die Katholiken wussten sich auf altmodische Weise zu helfen. Sie verschickten ihn per Fax oder verteilten persönlich Kopien.

Sinnsuche auf Chinesisch

Marxismus am Ende.
Selbst Parteifunktionäre gehen in die Kirche

Ein bedeutender Europäer ist in Peking völlig unbekannt, der ausgerechnet in der chinesischen Hauptstadt die entscheidende Entwicklung seines Denkens hat vorantreiben können. Es ist Pierre Teilhard de Chardin, der von 1881 bis 1955 gelebt hat. Dreißig Jahre lang hielt sich der französische Jesuit und Paläontologe in kirchlicher Verbannung in China auf, um, gegen den Willen seiner Ordensoberen, im universalistischen Geiste Naturwissenschaft und Religion zu versöhnen, die Evolutionstheorie mit dem biblischen Schöpfungsglauben der Kirche.

Teilhard könnte jenen modernen Chinesen sehr entgegenkommen, die aus dem materialistischen Gefängnis ausbrechen und einen neuen Sinn in ihrem Leben und der gesamten menschlichen Existenz suchen. Die Antworten ihrer marxistischen Vordenker haben sich als nichtig herausgestellt und ein Sinndefizit hinterlassen. Vielleicht entdecken sie nun Teilhard, der schließlich nach einer Synthese von christlicher Weltsicht und Evolutionstheorie strebte, die sich einem bislang materialistischen Atheisten erschließen könnte.

Teilhard interpretierte den biblischen Schöpfungsbericht als eine mythische Beschreibung der Erdgeschichte, von der Erschaffung des Lichtes als Ursprung allen Lebens am ersten Tag bis zur Erscheinung des Menschen am sechsten Tag, und vor allem der Geburt eines neuen Bewusstseins – der Fähigkeit der Überlegung und der Entscheidungsfreiheit – im Zeichen der göttlichen Ruhe des siebten Tages.

Chinas neue Intellektuelle könnten sich vielleicht auch

deshalb für Teilhard interessieren, weil der Jesuitenpater als einer der ersten ausgerechnet in ihrem Land versucht hat, die christliche Religion und die Erkenntnisse der modernen Naturwissenschaft zu einer lebendigen Spiritualität zu vereinen, die dem Lebensgefühl des heutigen Menschen entspricht. Warum nicht auch dem der modernen Chinesen mit einem bestimmten intellektuellen Anspruch, um die es hier geht? Ihre Lage ist nicht so weit von der Teilhards entfernt. Dem blieb die kirchliche Anerkennung sein Leben lang verwehrt. Erst durch das Zweite Vatikanische Konzil wurde er rehabilitiert. Ein besseres und näherliegendes Vorbild für die am Christentum interessierte neue chinesische Elite als er ist schwerlich zu finden.

Der Boden ist wohl bereitet, so dass das Beispiel des Leiters einer wissenschaftlichen Einrichtung der Hochschule in Peking nicht als Einzelfall anzusehen ist. Er denkt, glaubt und handelt wie ein Christ. Er wird sich auch taufen lassen. Doch erst, wenn er pensioniert sein wird. Der Mann gehört zur intellektuellen Elite Chinas und darf offiziell gar nicht glauben. Wer Funktionen in der Kommunistischen Partei innehat, muss sich zum Atheismus bekennen. Alles andere wäre der Karriere, wenn nicht der Berufsausübung überhaupt schädlich. Der Wissenschaftler gehört zu den Kulturchristen, ein Phänomen, das weit über die Hauptstadt und intellektuellen Zentren hinaus anzutreffen ist.

Der führende chinesische Christentumsforscher Zhuo Xinping begründet dieses neue Interesse mit der Wertekrise. »Der rasche gesellschaftliche Wandel hat in der Weltanschauung, dem Moralempfinden und der Wertorientierung vieler Chinesen zu Krisen geführt. So ist für chinesische Intellektuelle die Frage akut, wie in einer kommerzialisierten und utilitaristischen Gesellschaft spirituelle Werte wie die Würde der Persönlichkeit und der kulturellen Identität erhalten bleiben können. In diesem Zusammenhang gilt ihr Interesse vor allem den Inhalten und der Wahrheit des Christentums.« Dieses Interesse am Christentum breitet sich aus wie ein Lauffeuer, ohne irgendwelche organisatorische oder institutionelle Anbindung. Erfasst werden Akademiker, Wissenschaftler und Jugendliche, denen der amtliche Materialismus zu viele Fragen unbeantwortet lässt.

Wie weit das christliche Denken des erwähnten Pekinger Wissenschaftlers in der gebildeten Schicht schon verbreitet ist, offenbart eine Klage der englischsprachigen Monatszeitschrift »Zhengming« (Debatten), die in Hongkong erscheint. In China selbst ist sie nur führenden Kadern zugänglich. Sie zitiert aus internen Statistiken der Parteiführung, wonach zwölf Millionen Parteimitglieder in den Städten einer »religiösen Praxis« nachgehen. Fünf Millionen davon praktizieren regelmäßig, was als Gottesdienstbesuch übersetzt werden kann. Acht Millionen bekennen sich auf dem Land zum christlichen Glauben, davon besuchen vier Millionen regelmäßig die Gottesdienste.

»In Shijiazhuang in der Provinz Hebei betrachten Tausende von Parteifunktionären den regelmäßigen Kirchgang als einen bedeutenden Teil ihres Lebens. Einige höhere Kader haben Hauskirchen gegründet, um Ärger zu vermeiden.« In der katholischen Hochburg Baoding gehören viele sogar zur Untergrundkirche, berichtete die Zeitschrift. Vizepräsident Zeng Qinghong habe in einer Sitzung des Sekretariates des Zentralkomitees der Kommunistischen Partei bekannt, dass die religiöse Infiltration tiefer gehe und stärker verankert sei als die sonstigen westlichen Wertvorstellungen. Einige führende Parteimitglieder hätten sogar vorgeschlagen, den religiösen Glauben für Parteimitglieder zuzulassen. Er könne dem Staatsziel einer harmonischen Gesellschaft dienen.

Doch zunächst hat die Parteispitze zum bekannten Gegenmittel gegriffen, dem Verbot. Am 12. Oktober 2005 beschloss das Zentralkomitee für Parteikader totale religiöse Abstinenz:

1. Allen Parteiorganisationen ist es nicht erlaubt, unter welchem Vorwand auch immer, religiöse Aktivitäten zu organisieren oder daran teilzunehmen.
2. Den Parteifunktionären ist es nicht erlaubt, religiösen Organisationen anzugehören, einschließlich ausländischen religiösen Organisationen und Aktivitäten.
3. Wer schon Mitglied ist und an religiösen Aktivitäten teilnimmt, muss nach Erhalt dieser Warnung sofort die religiöse Praxis aufgeben und von sich aus einen Bericht vorlegen.
4. Wer sich nicht offenbart und weiter an religiösen Aktivitäten teilnimmt, wird ermahnt, sein Parteiamt niederzulegen oder er wird ausgeschlossen.
5. Wer an verbotenen Aktivitäten teilnimmt, wird ausgeschlossen und von jeder Aufgabe innerhalb und außerhalb der Partei entbunden. Er wird entsprechend dem Gesetz verfolgt.

Die Hongkonger Zeitschrift erinnert in einem Kommentar an den Altvorderen Karl Marx, der Religion als Opium für das Volk bezeichnet hatte. Religion müsse immer noch so betrachtet werden. Über die Erfolge dieser Verbote wurde wenig bekannt. Zu viel spielt sich im Schatten ab. Vor allem die Kulturchristen tangierten die Drohungen nicht. Ihre religiöse Praxis lässt sich sowieso kaum definieren. Ist es intellektuelle Neugier, wenn sie sich mit der Kirche befassen oder einen Gottesdienst besuchen, oder bereits ein Bekenntnis?

Der Marxismus liefert den Chinesen nach den Beobachtungen der Jesuiten in Verbindung mit den Lehren Maos keine hinreichenden Antworten mehr auf heutige Fragen. Der Chefredakteur der deutschen Jesuitenzeitschrift »Stimmen der Zeit«, Martin Maier, beobachtete, dass in den vergangenen Jahren in China das konfuzianische Prinzip der »harmonischen Gesellschaft« wiederentdeckt wurde. Nach einem mehrwöchigen Aufenthalt in Fernost bilanzierte Maier, das sprunghafte Wachsen von spirituellen Bewegungen wie Falun Gong zeige, dass es ein großes Bedürfnis nach Sinn und geistlicher Orientierung gebe. Das Interesse am Christentum kann in seinem Ausmaß gar nicht hoch genug eingeschätzt werden. Es ist Ausdruck der Verwestlichung der Gesellschaft.

Der Sprecher der Hilfsorganisation »Kirche in Not«, Michael Ragg, kam von einer Chinareise mit dem Eindruck zurück: »Da wurde vor wenigen Jahren einfach ein Hebel umgeleg, und seitdem muss in China alles westlich werden, und zwar in einem ganz rasanten Tempo.« Das Christentum wird dabei häufig unterschätzt, zumal der Westen sich eine eher unscharfe Vorstellung von der Religion in China gemacht hat. Die Chinesen gelten während ihrer ganzen Geschichte hindurch und auch heute noch als unreligiös. Buddhismus und Konfuzianismus prägten zwar die Lebenshaltung, aber stünden nicht für tiefe Religiosität.

Dennoch stifteten beide Weltreligionen einen Sinn, der heute verlorengegangen ist und ein Vakuum hinterlassen hat. Das Vakuum muss jetzt gefüllt werden. Parteikader versuchen, den Kahlschlag der Kulturrevolution durch Rückbesinnung auf den traditionellen Konfuzianismus zu mildern. Sie haben verstanden, dass ihre Gesellschaft vom Gefühl eines tiefgreifenden Sinndefizits heimgesucht wird, wie »Die Zeit« im Februar 2007 schrieb. Also erfinde das Land heute seine Traditionen neu, teils unsicher und tastend, teils aber auch ziemlich ungestüm. Viertausend Jahre Geschichte sollten den Grund für ein stabiles Selbstwertgefühl bilden. Den Geisteswissenschaften wird ausdrücklich die Aufgabe zugewiesen, diese kulturelle Kontinuität herzustellen. Seit der Kapitalismus Kollateralschäden zeitigt, spreche die Führung von einer »neuen Ethik«. »Aber eine Gesellschaftsmoral bringt man in einem Milliardenvolk nicht per Erlass zur Geltung.«

Diese Lagebeschreibung bestätigen alle befragten kirchlichen Chinaexperten. Sie bedauern aber die beschränkte Sicht, wonach im Westen die Bedeutung des Christentums in China nicht erkannt werde. Säkular geprägte Autoren scheinen nicht wahrhaben zu wollen, dass die chinesische Sinnsuche durchaus im Christentum münden könnte. Wohl deshalb, weil sie das Christentum für ihre westlichen Gesellschaften weitgehend abgeschrieben haben.

Ein neuer Ton aus Rom

Benedikt XVI. schreibt an die chinesischen Katholiken

In 600 Frauenklöstern in China wurde im Frühjahr 2007 intensiv für Religionsfreiheit in China gebetet. Anlass war das Schreiben Benedikts XVI. an die Katholiken in der kommunistischen Volksrepublik. Die Ordensfrauen beteten dafür, dass »der Brief des Heiligen Vaters gut aufgenommen wird und dass China sich für die Botschaft des Evangeliums öffnet und den Gläubigen uneingeschränkte Religionsfreiheit gewährt«, versicherte Kardinal Ivan Dias, der aus Indien stammende Präfekt der Kongregation für die Evangelisierung der Völker in der römischen Kurie.

Kardinal Dias und Pater Ciro Biondi, Sekretär der Päpstlichen Missionsvereinigung, haben die Klöster in einem gemeinsamen Brief dazu ermutigt, wenigstens eine Woche lang dafür zu beten, dass der Brief des Heiligen Vaters reiche Früchte hervorbringe. Kardinal Dias wies darauf hin, dass Benedikt XVI. mit diesem Brief seiner »väterlichen Nähe« Ausdruck verleihen und »eine Richtschnur für das Leben und die Evangelisierungstätigkeit der Kirche« im großen asiatischen Land vorlegen wolle.

Ganz neue Töne erklangen dann in der Tat im Juli 2007 aus dem Apostolischen Palast in Rom. Papst Benedikt XVI. hat auf einem Feld, das für ihn früher sehr weit weg gelegen war, mit der falschen Politik vieler Vorgänger gebrochen. Zwei Jahre nach seinem Amtsantritt hat er, so konstatierte Radio Vatikan, eines der großen ungelösten Probleme der katholischen Kirche und der vatikanischen Diplomatie in Angriff genommen: das Verhältnis der katholischen Kirche zur Volksrepublik China und zur dortigen Kirche. Papst Benedikt XVI.

wendet sich in einem Brief an die gespaltene katholische Gemeinde in China, an »die Bischöfe, Priester, die Personen des gottgeweihten Lebens und an die gläubigen Laien der katholischen Kirche in der Volksrepublik China«. Die katholische Pariser Tageszeitung »La Croix« brachte die Botschaft auf den Punkt: »Der Untergrund gehört nicht zum normalen Leben der Kirche.« Daraus ergeben sich Konsequenzen, wie sich Katholiken, kommunistische Partei und Regierung in China endlich verständigen können.

Pater Federico Lombardi, Pressesprecher des Heiligen Stuhls, hob zunächst einmal den »originellen Stil« des China-Briefes hervor. Der Papst suche »keinen Streit« und formuliere keine Vorwürfe. Im Gegenteil: Auch wenn er die Spannungen in der Kirche oder Einschränkungen der Freiheit anspreche beziehungsweise Verhaltensweisen beim Namen nenne, die nicht akzeptiert werden könnten, sei der angeschlagene Ton stets sachlich und respektvoll. Der Brief enttäusche die Erwartungen nicht. Benedikts Stil erinnere an die Briefe der Apostel im Neuen Testament. Die dienten dazu, den christlichen Gemeinden Trost und Hoffnung zu schenken.

Die konservativ-katholische »Deutsche Tagespost« in Würzburg sekundierte: »Es ist der vielleicht ungewöhnlichste Akt im Pontifikat des deutschen Papstes.« Einen solchen Brief an die chinesischen Katholiken habe es noch nie gegeben.

Die bürgerlich-konservative »Welt« sprach gar von einer »Veröffentlichung wohl ohne Beispiel in der Geschichte.« So sei die Originalsprache des überaus freundlichen und höflichen Schreibens Chinesisch. Schon die Adressierung sei von unerhörter Brisanz. Die »kleine Herde« Chinas nämlich, an die der Nachfolger Petri in Rom sich da wendet, sei gleichzeitig auch der am schnellsten und dynamischsten wachsende Teil der katholischen Weltkirche.

Das Blatt bewertet den Brief als ein konziliantes Manifest selbstgewisser Emanzipation, wie es der Regierung in Peking noch nicht unter die Augen gekommen sein dürfte. Gleichzeitig stelle er »angesichts der Herausforderungen, denen sich das chinesische Volk gegenübergestellt sieht« auch ein außerordentliches Angebot zum Dialog mit allen Schichten der Bevölkerung ebenso wie mit ihrer legitimen Regierung dar. Denn die Kirche könne nach ihrem eigenen Selbstverständnis »nicht mit irgendeiner politischen Gemeinschaft identifiziert werden, noch sei sie an irgendein System gebunden«.

Die Regierung in China reagierte dennoch abwartend kühl auf den Vorstoß. Der Sprecher des Außenministeriums, Qin Gang, forderte den Vatikan am Tag danach erneut auf, sich nicht im Namen der Religion in Chinas innere Angelegenheiten einzumischen. Außerdem solle der Vatikan seine Beziehungen zu Taiwan abbrechen: »Wir hoffen, dass der Vatikan Schritte zur Verbesserung der Beziehungen unternimmt und nicht länger neue Hindernisse aufbaut.« Der Bischof von Shanghai, Jin Luxian, bewertete die Reaktion des Staates als »offensichtlich ruhig«. Das verwunderte nicht, denn die chinesische Führung hatte den Text durch nicht näher benannte Vermittler schon vor der Veröffentlichung erhalten und in Ruhe geprüft. Die verhaltene Antwort sollte die bisherige Distanz nicht aufheben, aber auch die weitere Annäherung nicht verhindern. Eine diplomatische Erklärung also.

Kommentatoren in Rom sprachen von einem Versuch Benedikts, ein neues Kapitel in den Beziehungen zu China aufzuschlagen. In dem knapp 50 Seiten langen Schreiben räume der Papst zwar ein, dass sich die schwierige Lage der chinesischen Katholiken in den vergangenen Jahren verbessert habe. Es gebe aber immer noch »Anlass zur Sorge«. Radio Vatikan bestätigte gleich: »Immer wieder werden Priester und Bischöfe willkürlich verhaftet oder verhört. Die Untergrundkatholiken erhalten auch keine Erlaubnis zum Bau von Kirchen.«

Benedikt XVI. hatte sich nach einem Treffen am 19. und

20. Januar 2007 im Vatikan mit sechs chinesischen Bischöfen und der Kurie zu dem Schreiben entschlossen und dabei versucht, nicht auf Einflüsterer einzugehen, die China immer voller Vorurteile beurteilt haben. Sein Aufruf an die chinesischen Christen, ihre Spaltung in staatlich anerkannte und Untergrundkirche zu überwinden, entspricht der Forderung aller Chinamissionare der Gegenwart. Das gegenseitige Misstrauen und die Verketzerung werden als schwierigere Probleme angesehen als alle Fragen zwischen Staat und Kirche. Dass die offizielle Kirche mit der Regierung zusammenarbeitet, lässt sich nicht mehr als Ablehnung des Papstes interpretieren. Die Katholiken der offiziellen Kirche sind so papsttreu wie die Untergrundkatholiken. Die einen sprechen es aber den anderen ab.

China stellt sich differenzierter dar, als es die Ewiggestrigen wahrhaben wollen. Diese erhoben schwere Vorwürfe gegen den Brief des Papstes. Er wende sich an die angeblich »gespaltene katholische Gemeinde in China«, heißt es da beim rechten Pressedienst kreuz.net. Dem Papst wird schon die Adressierung vorgeworfen, weil er seine Zeilen an die Untergrundkirche und an die vom kommunistischen Regime eingesetzte Gegenkirche »Patriotische Vereinigung« richtete. Er hebe alle Befugnisse der nach wie vor verfolgten Untergrundkirche auf. Damit sei die Kirche in China vollständig dem Kirchenrecht der Volksrepublik verpflichtet. Diese Maßnahme treffe aber die Kirche im Untergrund.

Der Papst begründe diesen Kurswechsel mit den veränderten Umständen der allgemeinen Lage der Kirche in China und den größeren Kommunikationsmöglichkeiten. Daraus wird ihm nun der Vorwurf gemacht, er habe eine Warnung von Pius XII. in den Wind geschlagen. Der hatte in seiner Enzyklika über die kommunistische Gegenkirche »Ad Sinarum Gentem« im Oktober 1954 ausdrücklich vor der chinesischen Staatskirche gewarnt. Jetzt verdächtigen die Traditionalisten ausgerechnet Benedikt XVI., dem chinesischen Regime nach-zugeben. Das versuche, unter den Katholiken Chinas eine nationale Kirche aufzubauen, die nicht länger katholisch sei, wie Pius XII. vor mehr als fünfzig Jahren erkannt habe. Die Patriotische Vereinigung ist in ihren Augen bis heute die Ver-neinung der Universalität und Katholizität, durch welche die von Jesus Christus gestiftete Gemeinschaft über allen Natio-nen stehe und sie alle umfasse.

Was hat der deutsche Papst den Chinesen aber tatsächlich geschrieben? Im ersten Teil des Briefes spricht er die aktuelle Lage der Kirche in China sowie theologische Aspekte an. Im zweiten geht er auf das pastorale Leben ein. Benedikt betont seine tiefe Zuneigung zu den Katholiken und zu China und lobt ihre »begeisterte Treue« zu den großen Werten der ka-tholischen Tradition. Ausdrücklich räumt er nach Darstellung seines Senders Radio Vatikan ein, dass sich ihre Lage in den vergangenen Jahren verbessert habe. Doch auch die Probleme der Katholiken in der Volksrepublik spart der Papst nicht aus, namentlich die Beziehung zum chinesischen Staat, und erwähnt hierbei besonders die Frage der Bischofsweihen:

»Der Heilige Stuhl möchte in der Ernennung der Bischöfe völlig frei sein«, schreibt Benedikt. Er wünsche sich in dieser Frage eine Übereinkunft mit der chinesischen Regierung. »Mir ist bewusst, dass die Normalisierung der Beziehungen mit der Volksrepublik China Zeit braucht und den guten Willen bei-der Parteien voraussetzt. Der Heilige Stuhl bleibt immer offen für Verhandlungen, die notwendig sind, um den gegenwärtig schwierigen Moment zu überwinden.« Gleichzeitig betont der Papst, dass die Autorität eines Bischofs streng religiöser Natur sei. »Es handelt sich also nicht um eine politische Autorität, die widerrechtlich in innere Angelegenheiten eines Staates eingreift und seine Souveränität verletzt.« Gemeinschaft und Einheit seien allerdings »wesentliche und integrale Elemente der katholischen Kirche; daher ist das Vorhaben einer vom

Heiligen Stuhl ›unabhängigen‹ Kirche auf religiösem Gebiet unvereinbar mit der katholischen Lehre«. So könne der Heilige Stuhl das offizielle chinesische Bischofskollegium nicht anerkennen, weil darin die Untergrundbischöfe fehlten.

Benedikt benennt in seinem Brief alle drei Gruppen von katholischen Bischöfen in der Volksrepublik. Zum einen spricht er von jenen Oberhirten, die sich wegen ihrer Treue zu Rom geheim und ohne staatliche Autorisierung weihen ließen. »Illegalität gehört nicht zur Norm des kirchlichen Lebens«, präzisiert der Papst. Er wünsche, dass Peking die Untergrundbischöfe anerkenne und dass die Katholiken ihren Glauben frei leben könnten. An die mit staatlicher Erlaubnis geweihten Bischöfe appellierte er, sich um eine Aussöhnung mit Rom zu bemühen. Der Papst bat zudem jene »offiziellen« Bischöfe, die diese Aussöhnung bereits vollzogen hätten, die Mehrheit, dies auch offen gegenüber ihren Gläubigen und den Behörden zu bekennen, was in der Praxis zumindest eine voreilige Forderung, in Einzelfällen sogar schädlich sein dürfte. Den Laien und Familien versichert Benedikt, sie seien die Hoffnung der Kirche für die Zukunft. »Die Familie trägt in sich das Erbe der Menschheit, weil durch sie das Leben von Generation zu Generation weitergegeben wird.« Allerdings wirkten in China auch Kräfte, die »auf verschiedene Weise« die Familie negativ beeinflussten. Benedikt ruft die Kirche zu mehr Anstrengungen auf, um vor allem die Werte der Ehe und der Familie zu bekunden.

Im zweiten Teil des Briefes gibt der Papst pastorale Ratschläge. Den Gläubigen empfiehlt er, sich an romtreue Priester und Bischöfe zu wenden. Sollte dies aber nicht möglich sein, könnten sie auch Gottesdienste von Geistlichen besuchen, die noch nicht in Gemeinschaft mit dem Papst stünden.

Ferner erlaubt er Priestern der Untergrundkirche, mit »offiziellen« Priestern zu konzelebrieren, »sofern diese Beziehungen nicht die Ablehnung von unverzichtbaren Prinzipien des Glaubens und der kirchlichen Gemeinschaft mit sich bringen«. Zugleich stellt der Papst fest, dass alle bisherigen Sonderregelungen für die Kirche in der Volksrepublik China abgeschafft seien. Die Katholiken in China hätten inzwischen ausreichend Gelegenheit, sich in Zweifelsfällen direkt an den Vatikan zu wenden. Das ist theoretisch leicht, hängt aber davon ab, in welchem Umfang China Religionsfreiheit gewährt. Benedikt XVI. mahnte deshalb die chinesischen Behörden, den Kirchenvertretern internationale Kontakte zu erlauben. Diese gehörten zum Grundrecht der Religionsfreiheit. Schließlich legt er in seinem Brief den 24. Mai als Weltgebetstag für die katholische Kirche in China fest. Das Schreiben ist auf den 27. Mai 2007 (Pfingstsonntag) datiert.

Das Schreiben des Papstes wurde in einer höchst schwierigen Zeit für die katholische Kirche in China veröffentlicht. Der Episkopat ist völlig überaltert. Es gab etwa einhundert katholische Bischöfe, von denen jedoch siebzig älter als achtzig Jahre sind, zehn sogar älter als neunzig Jahre. Die für den Vatikan dringlichste Frage ist die, ob es in absehbarer Zeit gelingen wird, mit der Führung in Peking eine Übereinkunft für die bald zu erwartende Welle an Bischofsernennungen zu finden. Bisher hat der Papst nur die Bischöfe der »Untergrundkirche« ernannt und geheim weihen lassen.

Nun geht Papst Benedikt in die Offensive. Die chinesische Staatsführung wird das Schreiben aus Rom nicht ignorieren können, erwarten römische Beobachter. Zumal der Vatikan schon in anderer Hinsicht tätig war: Der neue Substitut im Staatssekretariat, Erzbischof Ferdinando Filoni, der dritte Mann in der Kirchenhierarchie, war von 1992 bis 2001 Kulturattaché der Vatikanbotschaft in Manila. Residiert hat er in dieser Zeit jedoch in Hongkong. Er hatte den Auftrag von Papst Johannes Paul II., inoffizielle Kontakte zur Kirche in China zu pflegen. In dieser Zeit sei es ihm gelungen, den

Großteil der von der Patriotischen Vereinigung ernannten Bischöfe diskret zur Einheit mit dem Papst zurückzuführen. Die Zahl der regimenahen Bischöfe, die sich nicht mit Rom versöhnt haben, soll nach Angaben aus dem Vatikan nur noch unter zehn liegen. Einer von ihnen war der 2007 verstorbene Erzbischof von Peking Michael Fu-shan.

Zwei Grundgedanken treten im Text hervor: einerseits eine tiefe Zuneigung zur ganzen katholischen Gemeinschaft in China und andererseits eine begeisterte Treue zu den großen Werten der katholischen Tradition im Bereich der Ekklesiologie. Der Papst erinnert daran, dass die katholische Gemeinschaft in China die letzten fünfzig Jahre intensiv erlebt und dabei einen schwierigen und schmerzvollen Weg zurückgelegt hat, der sie nicht nur tief geprägt hat, sondern auch besondere Eigenarten annehmen ließ, die sie noch heute kennzeichnen.

Benedikt beschreibt in einem historischen Aufriss die Geschichte der Kirche Chinas in den vergangenen sechzig Jahren: Die katholische Gemeinschaft erlitt eine erste Verfolgung in den fünfziger Jahren, die die Vertreibung der Bischöfe und der ausländischen Missionare, die Inhaftierung fast aller chinesischen Geistlichen und der Verantwortlichen der verschiedenen Laienbewegungen, die Schließung der Kirchen und die Isolation der Gläubigen bedeutete. Ende der fünfziger Jahre wurden dann staatliche Organe wie das Amt für religiöse Angelegenheiten und die Patriotische Vereinigung der chinesischen Katholiken mit dem Ziel geschaffen, jede religiöse Aktivität zu lenken und zu kontrollieren. 1958 fanden die ersten beiden Bischofsweihen ohne päpstlichen Auftrag statt. Damit nahm eine lange Reihe von Akten ihren Anfang, die die kirchliche Gemeinschaft tief verletzen.

In den zehn Jahren von 1966 bis 1976 hat die Kulturrevolution die katholische Gemeinschaft heftig in Mitleidenschaft gezogen und dabei auch jene Bischöfe, Priester und gläu-

186

bigen Laien getroffen, die sich gegenüber den neuen, von den Regierungsautoritäten auferlegten Orientierungen gefügiger gezeigt hatten.

Mit den von Deng Xiaoping geförderten Öffnungen in den achtziger Jahren begann eine Zeit größerer religiöser Toleranz, die die Wiedereröffnung von Kirchen, Seminaren und Ordenshäusern sowie eine gewisse Wiederaufnahme des gemeinschaftlichen Lebens erlaubte. Die Informationen, die von den kirchlichen Gemeinschaften Chinas kamen, bestätigten, dass das Blut der Märtyrer einmal mehr der Samen für neue Christen war: Der Glaube war in den Gemeinden lebendig geblieben, die Mehrheit der Katholiken hatte ein glühendes Zeugnis der Treue zu Christus und zur Kirche gegeben, die Familien waren in ihrem Inneren zu einem Hort der Weitergabe des Glaubens geworden.

An die Zeit der Verfolgung erinnert der Papst, wenn er davon spricht, dass einige Hirten, »die einer widerrechtlichen, über das Leben der Kirche ausgeübten Kontrolle nicht unterliegen wollten und wünschten, eine volle Treue zum Nachfolger Petri und zur katholischen Lehre zu bewahren, [...] sich gezwungen [sahen], sich im Geheimen weihen zu lassen«, um die Seelsorge für die eigenen Gemeinden sicherzustellen. Denn »der Untergrund«, präzisiert der Heilige Vater, »fällt nicht in die Normalität des Lebens der Kirche, und die Geschichte zeigt, dass Hirten und Gläubige dazu nur mit dem mit Leid verbundenen Wunsch greifen, den eigenen Glauben unversehrt zu bewahren und keine Einmischung von staatlichen Organen in Dingen zu dulden, die das Innerste des Lebens der Kirche berühren«.

Andere, vor allem in Sorge um das Wohl der Gläubigen und im Blick auf die Zukunft, »haben [...] eingewilligt, die Bischofsweihe ohne päpstlichen Auftrag zu empfangen, haben aber in der Folge darum gebeten, in die Gemeinschaft mit dem Nachfolger Petri und mit den anderen Brüdern im

Bischofsamt aufgenommen werden zu dürfen«. Der Heilige Vater hat in Anbetracht der Vielschichtigkeit der Situation und mit dem tiefempfundenen Wunsch, die Wiederherstellung der vollen Gemeinschaft zu fördern, vielen von ihnen »die volle und rechtmäßige Ausübung der bischöflichen Jurisdiktion gewährt«.

Bei der sorgfältigen Analyse der Lage der Kirche in China ist sich Papst Benedikt XVI. der Tatsache bewusst, dass die katholische Gemeinschaft in ihrem Inneren unter einer von starken Gegensätzen gekennzeichneten Situation leidet, von der Gläubige wie Hirten betroffen sind. Er hebt aber hervor, dass diese schmerzliche Situation nicht von unterschiedlichen Lehrmeinungen verursacht wurde, sondern das Ergebnis der »wichtige[n] Rolle« ist, »die von jenen Organen wahrgenommen wird, die als Hauptverantwortliche des Lebens der katholischen Gemeinschaft durchgesetzt worden sind.«

Es handelt sich um Staatsorgane, deren erklärte Ziele – besonders jenes, die Prinzipien der Unabhängigkeit, der Autonomie und der Selbstverwaltung der Kirche umzusetzen – nicht mit der katholischen Lehre vereinbar sind. Die Einmischung der Staatsorgane hat zu wirklich besorgniserregenden Situationen Anlass gegeben. Darüber hinaus sahen sich die Bischöfe und Priester in der Ausübung des eigenen Hirtenamtes kontrolliert und unter Zwang gestellt.

In den neunziger Jahren haben sich verschiedenerseits und immer häufiger Bischöfe und Priester an die Kongregation für die Evangelisierung der Völker und an das Päpstliche Staatssekretariat gewandt, um vom Heiligen Stuhl genaue Verhaltensanweisungen hinsichtlich einiger Probleme des kirchlichen Lebens in China zu erhalten. Viele fragten, welche Haltung gegenüber der Regierung und den dem Leben der Kirche vorgesetzten staatlichen Organen eingenommen werden müsse. Andere Anfragen betrafen Probleme im Bereich des eigentlichen sakramentalen Lebens der Kirche, wie die Möglichkeit der Konzelebration mit Bischöfen, die ohne päpstlichen Auftrag geweiht wurden, oder die Frage des Sakramentenempfangs von Priestern, die von solchen Bischöfen geweiht worden waren. Einige Teile der katholischen Gemeinschaft fanden sich schließlich nicht mehr zurecht angesichts der Legitimierung zahlreicher Bischöfe, die unerlaubt geweiht worden waren.

Das Gesetz zur Registrierung der Kultstätten und die staatliche Forderung nach der Bescheinigung der Zugehörigkeit zur Patriotischen Vereinigung riefen dann neue Spannungen und weitere Fragen hervor.

Während dieser Jahre richtete Papst Johannes Paul II. an die Kirche in China mehrmals Botschaften und Aufrufe, die alle Katholiken zur Einheit und zur Versöhnung einluden. Die Interventionen des Heiligen Vaters wurden gut aufgenommen und riefen Eifer für die Einheit hervor, aber die Spannungen mit den staatlichen Autoritäten und innerhalb der katholischen Gemeinschaft ließen nicht nach.

Der Heilige Stuhl gab wiederholt Hinweise zu verschiedenen Problemkreisen, aber der Lauf der Zeit und das Auftreten von neuen, immer vielschichtigeren Situationen erforderten ein erneutes Überdenken des ganzen Sachverhalts, um auf die Anfragen möglichst genau zu antworten und um sichere Orientierungen für die Seelsorgstätigkeit in den kommenden Jahren zu geben.

»Ohne jedes Detail der komplexen Problemkreise, die euch gut bekannt sind, behandeln zu wollen«, schreibt Papst Benedikt XVI., »möchte ich mit diesem Brief einige Orientierungspunkte in Bezug auf das Leben der Kirche und das Werk der Evangelisierung in China geben, um euch zu helfen, das zu entdecken, was der Herr und Meister Jesus Christus [...] von euch will.«

Indem er seine große Freude über die Treue, die die Katholiken in China in diesen letzten fünfzig Jahren gezeigt

189

haben, zum Ausdruck bringt, bestätigte Papst Benedikt XVI. den unschätzbaren Wert ihrer Leiden und der aufgrund des Evangeliums erlittenen Verfolgung und richtet an alle einen innigen Aufruf zur Einheit und zur Versöhnung. Im Wissen, »dass dieser Weg sich nicht von heute auf morgen erfüllen können wird«, erinnert er daran, dass dieser Weg »vom Beispiel und vom Gebet vieler ›Glaubenszeugen‹ getragen wird, die gelitten und vergeben haben, während sie ihr Leben für die Zukunft der Kirche in China hingegeben haben«.

Der Papst erinnert im Folgenden an die bleibende Geltung des Wortes Jesu »Duc in altum« (Lk 5, 4). Dieses Wort »lädt uns ein, dankbar der Vergangenheit zu gedenken, leidenschaftlich die Gegenwart zu leben und uns vertrauensvoll der Zukunft zu öffnen«. Denn in China, wie in der restlichen Welt, ist »die Kirche [...] dazu berufen, Zeugin Christi zu sein, mit Hoffnung nach vorn zu schauen und sich – in der Verkündigung des Evangeliums – mit den neuen Herausforderungen zu messen, die das chinesische Volk angehen muss«. »Auch in eurem Land«, ermuntert der Papst, »wird die Verkündigung des gekreuzigten und auferstandenen Christus in dem Maß möglich sein, in dem ihr in Treue zum Evangelium und in Gemeinschaft mit dem Nachfolger des Apostels Petrus und mit der universalen Kirche die Zeichen der Liebe und der Einheit zu verwirklichen wisst.«

Bei der Auseinandersetzung mit einigen sehr dringlichen Problemkreisen, die aus den Bitten hervorgehen, die den Heiligen Stuhl von Bischöfen und Priestern erreicht haben, bietet Papst Benedikt XVI. Weisungen zum Thema der Anerkennung von Geistlichen der Untergrundgemeinschaft durch die Regierungsautoritäten und hebt ausführlich das Thema des chinesischen Episkopats hervor unter besonderer Bezugnahme auf all das, was die Bischofsernennungen betrifft. Eine besondere Bedeutung haben sodann die pastoralen Orientierungen, die der Heilige Vater der Gemeinschaft schenkt, wobei er vor allem die Bedeutung des Bischofs in der diözesanen Gemeinschaft unterstreicht: »nichts ohne den Bischof«. Ferner bietet er Maßgaben zur eucharistischen Konzelebration und fordert dazu auf, die von den kanonischen Bestimmungen vorgesehenen diözesanen und pfarrlichen Einrichtungen zu schaffen. Des Weiteren gibt er Hinweise zur Ausbildung der Priester und zum Leben der Familie.

Zu den Beziehungen der katholischen Gemeinschaft zum Staat erinnert Papst Benedikt XVI. sachlich und respektvoll an die katholische Lehre, die vom Zweiten Vatikanischen Konzil bestätigt wurde. Er äußert den Wunsch, dass der Dialog zwischen dem Heiligen Stuhl und der chinesischen Regierung vorangehen möge, um zu einer Übereinkunft über die Ernennung der Bischöfe, zur vollen Ausübung des Glaubens der Katholiken durch die Achtung echter Religionsfreiheit und zur Normalisierung der Beziehungen zwischen dem Heiligen Stuhl und der Regierung in Peking zu gelangen.

Der Papst hebt alle Befugnisse und alle – älteren und neueren – pastoralen Weisungen auf, die der Kirche in China vom Heiligen Stuhl gegeben worden waren. Die veränderten Umstände der allgemeinen Lage der Kirche in China und die größeren Möglichkeiten der Kommunikation erlaubten es den Katholiken nunmehr, die allgemeinen kanonischen Normen zu befolgen und, sofern nötig, sich direkt an den Apostolischen Stuhl zu wenden. Auf jeden Fall finden die Lehrgrundsätze nun ihre neue Anwendung in den im vorliegenden Brief enthaltenen Vorgaben.

Dem Papst liegt es in seinem Schreiben fern, Auseinandersetzungen zuzuspitzen. Er hebt einige kritische Situationen hervor, aber mit Verständnis für die situationsbedingten Aspekte und für die betroffenen Personen, selbst wenn er deutlich an die theologischen Grundsätze erinnert. Der Papst möchte die Kirche zu einer größeren Treue zu Jesus Christus einladen und erinnert alle chinesischen Katholiken an ihre

Sendung, im gegenwärtigen konkreten Kontext ihres Landes Boten des Evangeliums zu sein. Der Heilige Vater blickt mit Achtung und großer Sympathie auf die ältere und jüngere Geschichte des großen chinesischen Volkes und erklärt sich noch einmal bereit zum Dialog mit den chinesischen Regierungsstellen – im Bewusstsein, dass die Normalisierung des Lebens der Kirche in China einen aufrichtigen, offenen und konstruktiven Dialog mit den Autoritäten voraussetzt. Wie schon sein Vorgänger, Papst Johannes Paul II., ist Papst Benedikt XVI. außerdem fest davon überzeugt, dass die Normalisierung einen unvergleichlichen Beitrag zum Frieden in der Welt leisten und so einen unersetzbaren Mosaikstein im Gesamtbild des friedlichen Zusammenlebens der Völker bilden wird.

So weit der Inhalt des Papstbriefes. Der Steyler-Missionar und Direktor des China-Zentrums St. Augustin bei Bonn, Pater Anton Weber, setzt große Hoffnung auf den Brief. »Die Erwartungen waren ungeheuerlich hoch. Weil sich das so hingezögert hat, ist das ein Zeichen dafür, dass der Papst sehr vorsichtig sein wollte in dem, was er sagen möchte. So wie ich es nun sehe, hat er eben gewisse Grenzen eingehalten. Der Brief ist sehr pastoral ausgerichtet und nicht politisch. Es wird hier richtig deutlich, worum es der Kirche geht: um das Wohl der Gläubigen. Das kommt sehr stark durch.«

Weber lobt, »dass der Papst Hinweise gibt, und zwar sehr konkrete Hinweise. Dies betrifft beispielsweise die Bischofsernennungen und das Leben in einer Gemeinschaft, in der dies Thema ist. Dass es Bischöfe gibt, die von der Kirche nicht anerkannt sind, und wie sich die Gläubigen da zu verhalten haben. Ob das überhaupt gültig ist, damit die Leute wissen, ob sie die Sakramente (von dem jeweiligen Priester) erhalten können.«

Der Brief werde Konsequenzen für den Dialog zwischen dem Heiligen Stuhl und der Volksrepublik haben, davon ist

Weber überzeugt: »Das ist auch das Wesentliche. Und zwar, dass von innen her Schritte getan werden, wo die Kirche sich einigt, einen gemeinsamen Standpunkt hat, und dass der hält.« Immerhin geht es, wie Johannes Paul II. prophezeit hat, darum, dass »im dritten Jahrtausend eine große Ernte des Glaubens in der ungeheuren Weite des pulsierenden asiatischen Kontinents« wartet.

Der Erzabt des bayerischen Benediktinerklosters Sankt Ottilien, Jeremias Meier, dessen Orden seit Jahren in China aktiv ist, äußerte sich froh über den Brief, weil er die verfahrene Situation weiterbringen könne: »Ich weiß, dass die chinesischen Christen auch mit einem gewissen Bangen diesem Brief entgegengesehen haben, weil sie nicht wussten, was da kommen wird. ›Wird da vielleicht aus der Ferne unser Leben noch schwieriger gemacht?‹ Aber es hat sich schon im Vorfeld abgezeichnet, dass der Papst da einen guten pastoralen Ansatz findet und sehr verständnisvoll über die chinesische Realität sprechen wird. Das hat er jetzt getan, und ich bin sehr froh darüber, weil ich denke, das wird helfen, die Dinge in China wirklich weiterzubringen.«

Er habe in Peking einige Monate zuvor gehört: »Wissen Sie, wir haben hier alle Angst, dass es uns geht wie in der Sowjetunion. Die Sowjetunion ist auseinandergefallen, weil der Papst sich da eingesetzt hat.« Er habe dann versucht zu erklären, dass das unbegründet sei. »Der Papst antwortet genau auf diese große Angst, die bei vielen in der Führungsriege in der Volksrepublik China vorherrscht, dass die Kirche eigentlich einen Regimewechsel will. Das ist nicht das katholische Verständnis der Kirche. Die Kirche ist dazu da, den Menschen zu helfen, ihren Lebenssinn zu entdecken, und nicht dazu da, politische Systeme umzustürzen.«

Der Erzabt bewertete gegenüber Radio Vatikan den Brief als bedeutsam, weil er »die Katholiken untereinander zur Einheit aufruft. Da ist viel Energie vergeudet worden, und es sind Spannungen entstanden, die wirklich Menschen verletzt haben. Der Papst macht deutlich: Alle, die in China in verschiedenen Situationen katholisch sein wollen, sind Teil der katholischen Kirche, und es geht nicht darum, politische Optionen gegeneinander auszuspielen. Ich denke, dass das sehr klug war und hilft, die Energien zu bündeln und die Kirche allmählich zur Einheit zu führen.«

Gewollt, in Kauf genommen oder unbedacht hat der Vatikan trotz der Vorabinformation der chinesischen Führung die Veröffentlichung zeitlich so plaziert, dass allein daran sich erneut Streitereien mit Peking entzünden könnten. Jedenfalls war es keine diplomatische Meisterleistung, das Schreiben genau zum zehnten Jahrestag der Rückgabe von Hongkong an China zu veröffentlichen. Zwar zogen nicht mehr wie noch in den Jahren 2003 und 2004 eine halbe Million Menschen durch die Straßen der einstigen britischen Kronkolonie. Doch immerhin rund 50 000 Demonstranten sandten Peking ein klares Signal: China habe sein Versprechen auf demokratische Wahlen gebrochen.

Staatspräsident Hu Jintao warnte Hongkongs Demokraten bei der offiziellen Jubiläumsfeier, Chinas nationale Einheit sei von »allerhöchster Wichtigkeit«. Hongkong habe seine eigenen Interessen jenen der Nation unterzuordnen. Der Führer von Hongkongs katholischer Kirche, Kardinal Joseph Zen Ze-kuin, bekannte daraufhin während des Protestmarschs, er sei »nicht in Stimmung zu feiern«. In den zehn Jahren unter Chinas Führung sei man der Demokratie keinen Schritt näher gekommen. Keine vertrauensbildende Maßnahme für das päpstliche Angebot. Immerhin würdigte Zen das Schreiben als historisch bedeutsam. Es sei von einer »sorgfältigen Balance« zwischen der »Treue zur Wahrheit« und dem Eintreten für die Anliegen der Kirche in der Volksrepublik geprägt.

Der Kardinal kannte den Papstbrief. Vermutlich war ihm gerade auch deshalb nicht zum Feiern zu Mute. Was in den

Wochen danach aus der Untergrundkirche durchsickerte, ermutigte nicht, anzunehmen, dass sie die Papstbotschaft verstanden hätte. Ihre Priester hatten sich nicht nur an den Druck des Staates gewöhnt und damit zu leben gelernt. Sie kümmerten sich auch kaum um die Kirchendisziplin. Ihre überwiegend unzureichende Ausbildung und das Bewusstsein, allein die wahre katholische Kirche zu repräsentieren, treibt sie auf ein Schisma zu. Kardinal Zen ermutigte diese Tendenz sogar noch, als er Ende Juli vom Papst verlangte, mit der Patriotischen Vereinigung zu brechen.

Das Gegenteil trat aber ein. Die Vereinigung wählte gerade den neuen Bischof von Peking als Nachfolger des vor zwei Monaten gestorbenen und weitgehend von den Gläubigen abgelehnten Michael Fu Tie-shan. Der neue Oberhirte hieß Joseph Li Shan, und der Vatikan zeigte sich überraschend erfreut. Kardinalstaatssekretär Tarcisio Bertone ließ umgehend wissen, dass Peking sogar mit einer Bestätigung Lis durch den Papst rechnen könne. China-Experte Dorian Malovic kennt Bischof Joseph Li gut und kommentierte die Wahl in Radio Vatikan mit den Worten: »Er ist sehr engagiert in seiner Gemeinde und durchaus verbunden mit allen Katholiken Pekings. Außerdem, wie mir auch andere Freunde bestätigten, ist er sehr zugänglich.« Li Shan erhielt bei der Bischofswahl 74 Stimmen von insgesamt 93 möglichen. Das zeigt nach Malovics Urteil, dass er fast einstimmig gewählt wurde. Er ist sicherlich der neutralste Kandidat gewesen, den sie auswählen konnten. Zwar ist die Bischofskonferenz Chinas vom Papst nicht vollständig anerkannt, da es auch Bischöfe gibt, die vom Heiligen Vater nicht approbiert wurden. Daher musste Li Shan sowohl der chinesischen Bischofskonferenz als auch dem Vatikan genehm sein. Malovic sieht in Li Shans Wahl ein »Zeichen der Versöhnung«. Auf jeden Fall könne man nicht sagen, dass sie eine Provokation sei.

Die Wähler kannten den Papstbrief und orientierten sich

vermutlich bereits an ihm. Chinas offizielle Kirche passt sich damit vorsichtig den Papstwünschen an und bricht mit einer Vergangenheit, die zu einem Teil auch frühere Päpste zu verantworten haben. Die vielgerühmte katholische Kirchenordnung durften die Untergrundpriester jahrzehntelang mit päpstlicher Billigung missachten. Jeder durfte predigen und Messen feiern, wo er wollte, ohne sich je einem Bischof unterordnen zu müssen. Benedikt XVI. untersagte ihnen das in dem Brief. Sie müssen sich einem Bischof unterstellen. Das sind auch die staatlich anerkannten, von denen schließlich 90 Prozent vom Papst akzeptiert worden sind. Zu ihnen gehört nun auch der Oberhirte der Hauptstadt. Paradoxerweise wehren sich gerade jene Priester gegen diese Bischöfe, die sich als besonders papsttreu gebärden.

Die Hausaufgaben der Katholiken

Neupriester, Bildung und Versöhnung

Papst Benedikt XVI. war gut beraten. Sein Brief an die chinesischen Katholiken liest sich im zweiten Teil wie eine Liste der heute so genannten »to do's«. Der Papst listet unter dem Stichwort »Orientierung für das Pastorale Leben« genau jene Hausaufgaben auf, die Bischöfe, Priester und Laien sowie die Behörden in China abarbeiten müssen.

Vorsichtig nennt er Schwierigkeiten »in letzter Zeit im Zusammenhang mit Einzelinitiativen von Hirten, Priestern und gläubigen Laien, die, bewegt von einem großherzigen seelsorglichen Eifer, nicht immer die Aufgaben und Verantwortlichkeiten anderer beachtet haben«. Der allgemeinen Mahnung folgt eine Erinnerung an das Zweite Vatikanische Konzil, wonach die einzelnen Bischöfe einerseits »als Glieder des Bischofskollegiums und rechtmäßige Nachfolger der Apostel [...] aufgrund von Christi Stiftung und Vorschrift zur Sorge für die Gesamtkirche gehalten [sind]«, andererseits »ihr Hirtenamt [nur] über den ihnen anvertrauten Teil des Gottesvolkes, nicht über andere Kirchen und nicht über die Gesamtkirche aus[üben dürfen]«.

Angesichts gewisser Probleme, die in den letzten Jahren in verschiedenen diözesanen Gemeinschaften aufgetreten waren, scheint es dem Papst ein besonderes Anliegen gewesen zu sein, an die kanonische Vorschrift zu erinnern, wonach jeder Kleriker in einer Teilkirche oder in einem Institut des gottgeweihten Lebens inkardiniert sein und seinen Dienst in Gemeinschaft mit dem Diözesanbischof ausüben muss.

Nur aus besonderen Gründen kann ein Kleriker Dienst in einer anderen Diözese tun, aber immer nach vorheriger Vereinbarung der beiden Diözesanbischöfe, das heißt des Diözesanbischofs der Teilkirche, in der er inkardiniert ist, und des Bischofs jener Teilkirche, für deren Dienst er bestimmt wurde.

Damit fordert Benedikt XVI., ein Durcheinander zu beenden, das zwischen offizieller und Untergrundkirche entstanden ist. Die neue Ordnung der Kirche in China soll die alte sein, wie sie überall auf der Welt gilt. Eine intakte Hierarchie in genau definierten Grenzen, sprich Bistümer. In zwei Systemen hat jede Seite Priester und Bischöfe berufen, von der die andere nichts wusste oder nichts wissen wollte. Bischöfe ordinierten Nachfolger und diese wiederum ihre Nachfolger. Priester im Untergrund zogen von Diözese zu Diözese, ohne dass der eine vom anderen oder wenigstens der Bischof davon wusste. Das Chaos war die erzwungene Folge der Repression. Die Ordnung dürfte leichter durchzusetzen sein, wenn die Unterdrückung nachlässt.

Vor demselben Hintergrund hat sich die Frage nach der Konzelebration der Eucharistie entwickelt. Der Papst verweist darauf, dass diese als Bedingungen das Bekenntnis desselben Glaubens und die hierarchische Gemeinschaft mit dem Papst und mit der Universalkirche voraussetzt.

Es sei daher legitim, mit Bischöfen und Priestern zu konzelebrieren, die in Gemeinschaft mit dem Papst stehen, auch wenn diese von den zivilen Autoritäten anerkannt sind und Beziehungen mit vom Staat gewollten, nicht zur kirchlichen Struktur gehörenden Organen und Einrichtungen unterhalten, vorausgesetzt, dass die Anerkennung und die Beziehung nicht die Leugnung von unverzichtbaren Prinzipien des Glaubens und der kirchlichen Gemeinschaft mit sich bringen. Hier schlägt das Kirchenoberhaupt nicht nur eine Brücke zwischen den Kirchenflügeln. Er trifft die Untergrundkirche im Innersten in ihrer Ablehnung der »Kollaboration« mit dem Staat. Viele Laien haben bisher einen Pfarrer abgelehnt, der vom Staat anerkannt wurde, auch wenn er sich als papsttreu zu erkennen gab. Diese ermahnt der Papst mit den Worten: »Auch die gläubigen Laien, die von einer aufrichtigen Liebe zu Christus und zur Kirche beseelt sind, sollen nicht zögern, an der Eucharistie teilzunehmen, die von Bischöfen und Priestern gefeiert wird, die in voller Gemeinschaft mit dem Nachfolger Petri stehen und von den staatlichen Autoritäten anerkannt sind. Dasselbe gilt für alle anderen Sakramente.«

Immer im Licht der Prinzipien der katholischen Lehre müssen die Probleme gelöst werden, die mit jenen Bischöfen auftreten, die zwar unter Einhaltung des katholischen Ritus der Bischofsweihe, jedoch ohne päpstlichen Auftrag geweiht worden sind. Ihre Weihe ist unerlaubt, aber gültig, wie auch die von ihnen erteilten Priesterweihen und die von solchen Bischöfen und Priestern gespendeten Sakramente gültig sind.

Unter Berücksichtigung dessen müssen die Gläubigen für die Eucharistiefeier und die übrigen Sakramente nach Möglichkeit Bischöfe und Priester suchen, die in Gemeinschaft mit dem Papst stehen: Wenn dies nicht ohne schwere Unannehmlichkeiten für sie machbar sein sollte, können sie sich, wenn es ihr geistliches Wohl erfordert, auch an jene wenden, die nicht in Gemeinschaft mit dem Papst stehen.

Schließlich hält es der Papst für angebracht, die Aufmerksamkeit auf das zu lenken, was die kanonische Gesetzgebung vorsieht, um den Diözesanbischöfen bei der Erfüllung ihrer eigenen Hirtenaufgabe zu helfen. Jeder Diözesanbischof ist aufgefordert, von den unerlässlichen Mitteln der Gemeinschaft und der Zusammenarbeit innerhalb der diözesanen katholischen Gemeinschaft Gebrauch zu machen: der Diözesankurie, dem Priesterrat, dem Konsultorenkollegium, dem Diözesanpastoralrat und der Diözesanvermögensverwaltungsrat.

Diese Organe bringen die Gemeinschaft zum Ausdruck, sie fördern die Teilhabe an der gemeinsamen Verantwortung und sind von großer Hilfe für die Hirten, die sich in dieser Weise der brüderlichen Mitarbeit der Priester, der gottgeweihten Personen und der gläubigen Laien bedienen können.

Dasselbe gilt für die verschiedenen Räte, die das kanonische Recht für die Pfarreien vorsieht: Pfarrgemeinderat und pfarrlicher Vermögensverwaltungsrat. Sowohl für die Diözesen als auch für die Pfarreien heißt es, besonderes Augenmerk auf die zeitlichen – beweglichen und unbeweglichen – Güter der Kirche zu richten, die im zivilen Bereich auf den Namen der Diözese oder der Pfarrei und niemals auf den Namen einzelner Personen (das heißt des Bischofs, des Pfarrers oder einer Gruppe von Gläubigen) registriert werden müssen. Gleichzeitig behält die herkömmliche pastorale und missionarische Orientierung ihre volle Gültigkeit, die im Grundsatz »nihil sine episcopo« (nichts ohne den Bischof) zusammengefasst ist.

Benedikt XVI. sagt hier nichts Neues. Das Pekinger Regime könnte dennoch in diesen Fakten erkennen, dass trotz des Oberhauptes in Rom die katholische Kirche in Bistümern und Gemeinden ein eigenständiges Leben führt, das mit den Vorgaben der materiellen und verwalterischen Unabhängigkeit vom Ausland, wie sie die Volksrepublik ständig wiederholt, übereinstimmt.

Neben den inneren Gegensätzen der Kirche in China haben Experten im Westen als Konfliktpunkt für Beziehungen zwischen Rom und Peking auch die Aufteilung in Kirchenprovinzen benannt. In dem Papstbrief wird deshalb auch auf die Verwaltungsänderungen in den vergangenen fünfzig Jahren im zivilen Bereich verwiesen. Dadurch seien auch verschiedene Kirchenbezirke aufgehoben, zusammengelegt oder neu abgegrenzt worden. Der Heilige Stuhl ist bereit, über die Kirchenbezirke und Kirchenprovinzen in einem offenen und konstruktiven Dialog mit dem chinesischen Episkopat und mit den Regierungsautoritäten zu verhandeln.

»Mir ist wohl bekannt«, schreibt der Papst schließlich, »dass die auf dem weiten chinesischen Territorium verstreuten diözesanen und pfarrlichen Gemeinschaften eine besondere Lebendigkeit des christlichen Lebens, des Glaubenszeugnisses und seelsorglicher Initiativen erkennen lassen. Es ist für mich tröstlich festzustellen, dass die Bischöfe, die Priester, die gottgeweihten Personen und die gläubigen Laien trotz der vergangenen und gegenwärtigen Schwierigkeiten ein tiefes Bewusstsein bewahrt haben, in Glaubens- und Lebensgemeinschaft mit allen katholischen Gemeinden in der Welt lebendige Glieder der Universalkirche zu sein.

In ihrem Herzen wissen sie, was es heißt, katholisch zu sein. Und genau diesem katholischen Herzen muss auch der Einsatz entspringen, um sowohl innerhalb der einzelnen Gemeinden als auch in den Beziehungen zu den anderen Gemeinden jenen Geist der Gemeinschaft, des Verständnisses und der Vergebung deutlich zu machen und wirksam werden zu lassen, der das sichtbare Siegel einer wahren christlichen Existenz ist. Ich bin mir sicher, dass der Geist Christi, so wie er den Gemeinden geholfen hat, den Glauben in Zeiten der Verfolgung lebendig zu erhalten, auch heute allen Katholiken helfen wird, in der Einheit zu wachsen.«

Benedikt XVI. bedauert, dass es Katholiken »leider noch nicht gestattet ist, bestimmte Aspekte ihrer Zugehörigkeit zur Kirche und ihrer hierarchischen Gemeinschaft mit dem Papst voll und auch auf sichtbare Weise zu leben und zum Ausdruck zu bringen, insofern ihnen freie Kontakte mit dem Heiligen Stuhl und mit anderen katholischen Gemeinschaften in den verschiedenen Ländern in der Regel verwehrt sind.«

Danach wendet er sich besonders den Priestern zu, vor allem den in den letzten Jahren geweihten Priestern, die mit großer Hochherzigkeit den Weg des Seelsorgedienstes eingeschlagen haben: »Mir scheint, dass die gegenwärtige kirchliche und gesellschaftspolitische Situation immer dringender erfordert, aus den Quellen der priesterlichen Spiritualität

Licht und Kraft zu schöpfen. Es sind dies die Liebe zu Gott, die bedingungslose Nachfolge Christi, die Leidenschaft für die Verkündigung des Evangeliums, die Treue zur Kirche und der großherzige Dienst am Nächsten. Wie könnte man hier als allen geltende Ermutigung nicht an die leuchtenden Gestalten jener Bischöfe und Priester erinnern, die in den schwierigen Jahren der jüngeren Vergangenheit eine unerschütterliche Liebe zur Kirche bezeugt haben – auch mit der Hingabe des eigenen Lebens für die Kirche und für Christus?«

Viel Verständnis bringt der Papst für die schwierige Situation der Seelsorger auf, ohne jene zu verurteilen, die aus Überzeugung oder Opportunismus die Zusammenarbeit mit dem Regime eingegangen sind. Er kommt nicht nur ihnen entgegen, sondern erwartet auch von den Gläubigen, dass sie ihre Distanzierung aufgeben. Noch ziemlich lange dürfte allerdings der Wunsch illusorisch bleiben, dass im Konfliktfall alle den Heiligen Stuhl anrufen könnten. Hier rührt der Papst an der Angst vor ausländischer Einmischung, die eben tiefer im Land verwurzelt ist, als dass es nur eine rein kommunistische Empfindlichkeit wäre.

Wörtlich heißt es dazu in dem Papstbrief: »Liebe Priester! Ihr, die ihr ›den ganzen Tag über die Last der Arbeit und die Hitze‹ (Mt 20,12) ertragt, die ihr ›Hand an den Pflug gelegt habt‹ und nicht zurückblickt (Lk 9,62), denkt an die Orte, wo die Gläubigen sehnsuchtsvoll auf einen Priester warten, einen solchen seit vielen Jahren vermissen und nicht aufhören, seine Anwesenheit herbeizuwünschen.

Ich weiß sehr wohl, dass es unter euch Mitbrüder gibt, die sich mit schwierigen Zeiten und Situationen auseinandersetzen mussten und Positionen eingenommen haben, die vom kirchlichen Gesichtspunkt aus nicht immer nachvollziehbar waren, und die trotz allem wünschen, in die volle Gemeinschaft der Kirche zurückzukehren. Im Geiste jener tiefen Versöhnung, zu der mein verehrter Vorgänger die Kirche in

China wiederholt aufgerufen hat, wende ich mich an die Bischöfe, die in Gemeinschaft mit dem Nachfolger Petri stehen, damit sie in väterlicher Gesinnung Fall für Fall prüfen und einem solchen Wunsch eine rechte Antwort geben – wenn notwendig unter Anrufung des Apostolischen Stuhls.«

Einen zentralen Problempunkt berührt Benedikt XVI. mit dem Priesternachwuchs. Ihm sei bewusst, dass auch in China, wie in der übrigen Kirche, Bedarf an einer angemessenen Fort- und Weiterbildung des Klerus besteht. Hier untertreibt der Papst, weil in China wegen der Kirchenverfolgung eine ganze Priestergeneration ausgefallen ist. Die Überlebenden sind schlecht ausgebildet, und der Nachwuchs kann mangels Theologen nicht so erzogen werden, wie es in anderen Ländern trotz des Mangels an Berufungen noch üblich ist.

Der Papstappell an die Bischöfe, als Verantwortliche der kirchlichen Gemeinschaften besonders an den jungen Klerus zu denken, der in zunehmendem Maße neuen pastoralen Herausforderungen ausgesetzt ist, wird ohne ausländische Hilfe nicht befolgt werden können. Einen Ausweg könnten die Kirchen im Westen schaffen und mehr als bisher chinesischen Studenten in Europa und den USA kostenlose Studienplätze anbieten. Der Nebeneffekt der Versöhnung von Seminaristen aus dem bisherigen Untergrund mit solchen aus der Staatskirche könnte die Arbeit in der Heimat erleichtern.

Auf einige Skepsis stößt Benedikts Urteil, wonach es in den vergangenen fünfzig Jahren in der Kirche in China nie an einer reichen Blüte an Berufungen zum Priestertum und zum gottgeweihten Leben gefehlt habe. Aus diesem Zeichen der Lebendigkeit und Grund zur Hoffnung seien viele heimische Ordensgemeinschaften entstanden. Die Betonung in diesem Absatz liegt eindeutig auf dem Attribut »heimisch«, auch wenn dies eher beiläufig daherkommt.

Gemeint ist, dass weltweit operierende Orden, deren Zentralen in Europa oder den USA, überwiegend in Rom, liegen, in China als »Ausländer« nicht arbeiten dürfen. Kirchliche Gemeinschaften »diözesanen Rechts«, die also als einheimische Initiative entstanden und von einem heimischen Bischof akzeptiert worden sind, durften sich entfalten. Das hat zu zahlreichen Frauenorden geführt, ohne die karitative Einrichtungen, die vom chinesischen Staat sträflich vernachlässigt werden, kaum vorhanden wären.

In dem Brief wird diese Erkenntnis schön umschrieben: »Die Bischöfe und die Priester wissen aus Erfahrung, wie unersetzlich der Beitrag der Ordensfrauen in der Katechese und im pfarrlichen Leben in all seinen Formen ist. Darüber hinaus ist die Sorge gegenüber den Bedürftigen, die auch in Zusammenarbeit mit den zivilen Autoritäten geleistet wird, Ausdruck jener Liebe und jenes Dienstes am Nächsten, die das glaubwürdigste Zeugnis für die Kraft und die Lebendigkeit des Evangeliums Jesu sind.«

Eine für Staat und Kirche heikle Frage handelt der Papst so grundsätzlich wie unverbindlich und voller Andeutungen ab. Es geht um die Laien und die Familie. Die Laien haben in einem priesterlosen Gemeindeleben gelernt, auf sich selbst angewiesen zu sein, und ein Selbstbewusstsein entwickelt, das sich möglicherweise nur schwer in die wiedererstarkende römische Klerikerkirche einbinden lässt. Es könnten von China neue, ungeahnte Impulse des Laienapostolats ausgehen.

Die gesetzlich verordnete Ein-Kind-Familie wiederum bringt die katholische Vorstellung von der Rolle der Familie in diametralen Gegensatz zum Regime. »Ihr Laien seid auch heute dazu berufen, das Evangelium in eurem Leben Fleisch werden zu lassen und durch einen großherzigen und tatkräftigen Dienst für das Wohl des Volkes und die Entwicklung des Landes Zeugnis zu geben, und diesen Auftrag erfüllt ihr mit einem Leben als ehrliche Bürger und als aktive und mitverantwortliche Mitarbeiter bei der Verbreitung des Wortes Gottes in eurer ländlichen oder städtischen Umgebung.

Ihr, die ihr in der jüngsten Vergangenheit mutige Glaubenszeugen gewesen seid, bleibt die Hoffnung der Kirche für die Zukunft! Dies erfordert eure immer besser motivierte Teilnahme in allen Bereichen des Lebens der Kirche in Gemeinschaft mit euren jeweiligen Hirten.

Da die Zukunft der Menschheit über die Familie geht, halte ich es für unverzichtbar und dringlich, dass die Christgläubigen die Werte der Familie fördern und die familiären Erfordernisse schützen. Die Laien erkennen im Glauben ganz und gar den wunderbaren Plan Gottes mit der Familie. Sie haben daher einen Grund mehr, diesen konkreten und anspruchsvollen Auftrag zu übernehmen: Die Familie ist in der Tat jene natürliche Umgebung, die es den jungen Generationen ermöglicht, die personale und soziale Reife zu erlangen.

Die Familie trägt das Erbe der Menschheit selbst in sich, denn durch sie wird das Leben von Generation zu Generation weitergegeben. In den asiatischen Kulturen nimmt die Familiengemeinschaft eine wichtige Stellung ein, und familiäre Werte wie die respektvolle Haltung der Kinder den Eltern gegenüber, liebevolle Fürsorge für die Alten und Kranken, die Liebe für die Kleinen und die Eintracht untereinander sind, wie die Synodenväter hervorheben, in allen Kulturen und Religionen Asiens hoch geschätzt.

Die oben erwähnten Werte sind Teil des bedeutenden chinesischen kulturellen Umfelds; dennoch fehlt es auch in eurem Land nicht an Kräften, die auf verschiedene Weise negativ auf die Familie einwirken. Daher muss die Kirche in China, die sich bewusst ist, dass das Wohl der Gesellschaft und ihr eigenes mit dem Wohl der Familie eng verbunden sind, stärker und überzeugender ihre Sendung verspüren, allen den Plan Gottes hinsichtlich von Ehe und Familie zu verkünden, um deren volle Lebenskraft zu sichern.«

Ungewöhnlich viele Taufen stellen die protestantischen Kirchen und die katholische Kirche in China vor unterschiedliche herausfordernde Fragen. Die freikirchlichen Gemeinden kommen den Taufwilligen weitaus mehr entgegen, weil sie nicht unter direktem ausländischem Einfluss stehen, aber auch keinen so strengen Glaubenskanon kennen wie die katholische Kirche. Die evangelischen Kirchen wachsen deshalb zurzeit weitaus stärker als die katholische. Benedikt XVI. will und kann aus seinem Kirchenverständnis heraus hier kein Zugeständnis machen. Er ruft deshalb »die Hirten auf, in besonderer Weise für die christliche Initiation dieser Personen durch eine entsprechende und ernsthafte Zeit des Katechumenats Sorge zu tragen. Ein solches Katechumenat soll ihnen helfen und sie darauf vorbereiten, ein Leben als Jünger Christi zu führen. In diesem Zusammenhang möchte ich daran erinnern, dass Evangelisierung niemals nur bloße intellektuelle Weitergabe des Glaubens bedeutet, sondern auch Lebenserfahrung, Reinigung und Umwandlung der ganzen eigenen Existenz sowie einen gemeinschaftlich beschrittenen Weg. Nur so kann eine rechte Beziehung zwischen Denken und Leben hergestellt werden.«

Der Papst erkennt an, dass in der Vergangenheit »viele Erwachsene nicht immer ausreichend in die vollständige Wahrheit des christlichen Lebens eingeführt wurden und auch den Reichtum der Erneuerung nicht kennengelernt haben, die das Zweite Vatikanische Konzil mit sich gebracht hat. Daher scheint es dringend notwendig, ihnen eine solide und gründliche christliche Bildung und Formung anzubieten – auch in der Form eines Katechumenats nach der Taufe.« Dazu fehlt aber bis auf weiteres das Personal.

China braucht die Katholiken

Eine Tour d'Horizon mit Abtprimas Notker Wolf
und weitere Ausblicke

Die Abtei Sant'Anselmo liegt auf dem römischen Aventin-Hügel. Hier residiert der Abtprimas, der oberste Benediktiner der ganzen Welt. Seit 2000 ist es ein Deutscher, der Allgäuer Notker Wolf, der zuvor Erzabt von St. Ottilien in seiner bayerischen Heimat war. Jahrelang hat er sich um die Verbesserung der Beziehungen zu China bemüht und vor allem keine Mühe gescheut, Vertrauen zu den Chinesen aufzubauen, wo immer er sie und in welcher Funktion er sie traf. Sein Nachfolger Erzabt Jeremias Meier hat ihm inzwischen diesen Teil der Arbeit abgenommen, weil von Rom aus an der Spitze der Benediktiner viel Zeit für das wichtige, aber doch zeitraubende Thema China nicht bleibt.

Der Terminkalender ist voll. Notker Wolf ist ein gefragter Gesprächspartner, in jüngster Zeit hat er mit einem Buch und vielen Stellungnahmen zur deutschen Politik und zur Gesellschaft Einfluss genommen. Prominente aus Wirtschaft und Gesellschaft finden den Weg zum Aventin, um mit ihm über die wichtigsten Fragen daheim zu sprechen. Wer bietet in der offensichtlich nach Werten suchenden Gesellschaft die richtige Orientierung? Kann es der Ordensmann, der sich frei weiß von kirchenstrukturellen Zwängen? Der Mann darf ohne viel Rücksicht und Protest Deutschland einen bürokratisch beherrschten sozialistischen Staat nennen, in dem mehr behindert als gefördert wird.

Wir sprechen zuerst über Deutschland. Notker Wolf hat schon vor Jahren seine bischöflichen Brüder davor gewarnt, dass das Kirchensteueraufkommen nachlassen werde, dass immer weniger Menschen in die Kirche gingen und diese selbst von der eigenen Bürokratie mehr belastet als befreit werde. Er braucht sich als Mahner nichts vorzuwerfen. Gleichzeitig erkennt er aber auch an, dass es noch immer viel Christentum trotz aller Verweltlichung in Deutschland gibt.

Was hat das Thema mit China zu tun? Nichts und doch alles. Wir lassen einige Ereignisse der vergangenen Jahre Revue passieren. Der Streit, ob in öffentlichen Schulen ein Kruzifix hängen darf. Ein Beispiel, wie der Staat Ansprüche der Kirche zurückdrängt, die vor einer Generation überhaupt nicht zur Diskussion gestanden hätten. Deutschland, so haben es Umfragen ergeben, ist mehr christentümlich als wirklich christlich. Viele grüßen mit »Grüß Gott«, ohne an ihn zu glauben. Doch auch dahinter verbirgt sich das real vorhandene Christentum, dessen Träger sich allerdings keinen Deut mehr um die Kirche scheren.

Die Übersetzung ins Chinesische fällt leicht. Sind die säkularisierten Europäer, die vielleicht noch Kirchensteuer bezahlen, aber selbst nicht mehr in die Kirche gehen, nicht auch Kulturchristen und damit den chinesischen Kulturchristen ähnlich? Jede Diskussion über Form und Inhalt ließe sich nahezu eins zu eins auf China übertragen. Wir haben uns nur noch nicht daran gewöhnt, China mit demselben Maßstab zu messen wie die eigene Gesellschaft. Damit soll in keiner Weise die Unterdrückung der Menschenrechte in China gerechtfertigt werden. Hier soll einfach nur der Blick für die Tatsachen und damit das Unterscheidungsvermögen geschärft werden.

Nehmen wir andere Beispiele. In Deutschland wird kein Priester zum Bischof geweiht, wenn nicht vorher die Zustimmung der jeweiligen Landesregierung eingeholt worden ist. In Deutschland darf kein Pfarrhaus ohne Baugenehmigung errichtet oder umgebaut werden. In Deutschland dürfen Kirchenglocken auch nur zu bestimmten Zeiten läuten. Wer sich gestört fühlt, hat unter Umständen Chancen, die Glocken per Gerichtsurteil zum Schweigen zu bringen.

Was anderes verlangt der chinesische Staat? Notker Wolf weiß aus eigener Erfahrung, dass er jederzeit in China die Messe lesen kann, wenn er eingeladen wird. Kirchliche Werke dürfen karitativ arbeiten, wenn sie eine Genehmigung einholen. Darf in Deutschland jeder einen Kindergarten ohne Erlaubnis eröffnen? Eine Kinderkrippe? Ein Altenheim? Auch undenkbar.

Wenn in China ein solches Projekt ohne amtliche Genehmigung begonnen und dann verboten wird, gehen Meldungen über Christenverfolgung und Unterdrückung durch die Weltpresse. Niemand zieht Vergleiche. Niemand versucht zu verstehen, wie der chinesische Staat heute relativ großzügig die Tätigkeit der Kirchen zulässt, ja sogar unterstützt, wenn er um Erlaubnis gefragt wird, wie bei uns. Der Unterschied wiegt allerdings in einem Punkt gravierend. Wer sich an den Gesetzen vorbeizumogeln versucht, wird unverhältnismäßig hart bestraft. Kirchenleute vermutlich noch mehr als zivile Sünder. Das Misstrauen ist beträchtlich, gerade wegen der jahrzehntelang gepflegten gegenseitigen Unkenntnis. Deshalb hat sich Pater Notker besonders gefreut, als ihm ein hoher Parteifunktionär bekannte: »Seitdem wir Benediktiner kennen, haben wir keine Angst mehr vor der Kirche.«

Ein höchst erstaunliches Bekenntnis. Es spiegelt zweierlei wider. Einmal, dass es eine zwar unbegründete, aber überall ausgeprägte Angst vor der Institution Kirche gibt. Das hat historische Gründe, weil zu viele Kirchenleute zu lange als Erfüllungsgehilfen der westlichen Kolonialmächte mit einem hohen Maß an Überheblichkeit und einem Mindestmaß an Hochachtung für die viel ältere chinesische Kultur ins Reich der Mitte eingefallen waren. Zum anderen versteht ein atheistischer Funktionär nur sehr schwer, dass sich hinter katholischen Einrichtungen, die sich zum Papst bekennen, eben keine imperialistische Macht verbirgt, sondern dass es um einen Dienst am Menschen geht. »Es fällt den Chinesen schwer, die Rolle des Papstes richtig einzuschätzen.«

Darauf gibt es nur eine Antwort: Geduld und nicht verzagen. Notker rechnet mit viel Zeit und viel Gesprächsbedarf, um dieses Misstrauen abzubauen. Dann sieht er in China ein riesiges Feld für das Christentum. Selbst wenn es sich überwiegend um Kulturchristen handeln würde, so ist für den Ordensmann entscheidender, dass sie sich vielleicht nicht so bezeichnen, aber auf jeden Fall handeln wie Christen. Das sei jedenfalls wichtiger als die formale Zugehörigkeit zur Kirche.

Denn auch ohne Kirchenmitgliedschaft könnte sich die chinesische Gesellschaft so stark christianisieren, wie es Europa vor der Aufklärung war. Christentum als Reimport aus China? Durchaus denkbar, denn auch der noch stark vorhandene Konfuzianismus verliert zugunsten des Christentums an Attraktivität. In der traditionellen chinesischen Weltanschauung herrschen klare Hierarchien, vergleichbar der früheren abendländischen Ständegesellschaft. Das Individuum zählt nichts, die Familie, der Stand alles. Die einzelne Persönlichkeit, wie sie das Christentum lehrt, könnte chinesische Denkmuster aufbrechen und geradezu revolutionäre Auswirkungen nach sich ziehen.

Einiges trägt ausgerechnet der atheistische Staat dazu bei. Das Gebot der Ein-Kind-Ehe unterhöhlt klassische chinesische Familientraditionen. Der hemmungslose Kapitalismus nimmt keine Rücksicht mehr auf überkommene gesellschaftliche Strukturen und Familienzusammenhalt. Hier suchen und finden anscheinend aufgeklärtere Chinesen bereits heute im Christentum eine neue Heimat für ihre individuellen Lebensentwürfe. Es ist durchaus denkbar, dass christliche Familienvorstellungen in China neue Kraft entfalten.

Da diese Kulturchristen begierig nach den historischen Modellen und den ethischen und kulturellen Errungenschaften des Christentums suchen und den Glauben zunächst beiseite lassen, setzen sie sich auch mit den katholischen Lehren der vergangenen hundert Jahre vorurteilsfrei auseinander. Das Subsidiaritätsprinzip, das von der individuellen Persönlichkeit und der Würde des Einzelnen ausgeht und den übergeordneten Instanzen bis hinauf zum Staat jeweils nur überträgt, was der Einzelne oder die Familie nicht selbst leisten kann, gehört ebenso zu den Studienobjekten der Kulturchristen wie das christliche Arbeitsethos.

China ist damit sicherlich kein klassisches Missionsland. Ausländische Missionen sind sowieso verboten. Aber kaum irgendwo sonst werden nützliche Ideen so unvoreingenommen überprüft, abgewogen und übernommen wie in China. Die Selbstverantwortung und das große neue Selbstbewusstsein erlauben es den Chinesen, das zu übernehmen, was ihnen gut und sinnvoll erscheint, vor allem, was ihnen dient. Da steht das Christentum in der ersten Reihe der Angebote. Und sage niemand, Chinesen seien feindlich gegen alles Fremde. Eine der schlimmsten Katastrophen in Chinas Geschichte stammte schließlich aus Deutschland, der Kommunismus in seiner maoistischen Form. Der Urheber hieß Karl Marx, und der stammt aus Trier.

Die katholische Kirche scheint die Chancen zu erkennen. Experten sprechen von einem Boom. Sie kann ihn aber nur unzureichend nützen, weil die Mittel fehlen. »Kirche in Not« konstatiert: »Es gibt immer mehr Katholiken, und die brauchen erst einmal Orte, wo sie sich versammeln können. Die brauchen Kirchen, und da ist es wichtig, dass diese Kirchen auch gut sichtbar sind, dass sie in den Zentren der Großstädte sichtbar sind und dass die Menschen auch wieder Mut bekommen, zur Kirche zu gehen, nach dieser langen Verfolgungszeit.«

Gleichauf steht der Priestermangel. An Priesternachwuchs fehle es nicht. Es gebe auch viele junge Ordensfrauen. Es ist aber noch immer nicht einfach, sie auszubilden. Denn nach wie vor wird der Kontakt zum Ausland weitestgehend unterbunden. Es ist also kaum möglich, Lehrer von außerhalb, etwa Professoren, nach China zu bringen. Und wer soll denn den Unterricht geben? Er wird dann oft von alten Priestern erteilt, deren eigene Ausbildung schon sehr lange zurückliegt. Es liegt also noch einiges im Argen.

Dann ist es auch wichtig, dass der Unterhalt sichergestellt wird für die jungen Seminaristen und die jungen Ordensfrauen, Novizinnen, die für ihre Ausbildung jahrelang von zu Hause weg sein müssen. Die chinesischen Christen können zwar selbst schon einiges dazu beitragen und bemühen sich auch darum, aber sie sind nicht in der Lage, all das, was jetzt notwendig ist an finanziellen Mitteln, aus eigener Kraft aufzubringen.

Trotz aller Behinderungen braucht China die katholische Kirche. Der Botschafter Taiwans beim Heiligen Stuhl, Tou Chouseng, meinte, wenn Peking die Katholiken »in Ruhe arbeiten« ließe, wären viele Probleme in China gelöst. Die Kirche könnte »ihre Qualitäten« in der Kranken- und Altenpflege sowie im Bereich Bildung und Erziehung beweisen.

Der Wert der katholischen Kirche für Chinas Entwicklung wird unter seinen Intellektuellen hoch eingeschätzt. Die chinesische Führung dagegen teilt diese Einschätzung nicht in gleichem Maß. Die Kirchen pflegten sich in der Vergangenheit wenig um ihr öffentliches Ansehen zu kümmern, weswegen ihnen heute noch großes Misstrauen entgegenschlägt. China hat in seiner Geschichte nicht nur positive Erfahrungen mit den westlich orientierten Kirchen gemacht. Aber auch ein Blick in die jüngere Zeitgeschichte erklärt, warum selbst wohlwollende Spitzenpolitiker immer noch zögern, der katholischen Kirche mehr Spielraum einzuräumen.

Das Sowjetimperium ist nicht durch die direkte Einwirkung von Papst und katholischer Kirche zusammengebrochen. Die päpstliche Unterstützung der polnischen Gewerkschaft Solidarität hat das Ende des sowjetischen Blockes aber wesentlich beschleunigt. Vor einer ähnlichen Entwicklung haben die Chinesen verständlicherweise Sorge, auch wenn in ihrem Reich keine vergleichbar starke katholische Bevölkerung existiert. Ohne sie ist selbst ein chinesischer Papst chancenlos.

Es gibt aber auch Beispiele für Staaten mit einer vergleichsweise geringen katholischen Bevölkerung, in denen Katholiken zum Sturz diktatorischer Regime beigetragen haben. Diese Bewegungen werden mit dem Begriff Rosenkranz-Revolutionen zusammengefasst. Auf den Philippinen wurde 1986 durch den gewaltfreien Widerstand, der in katholischen Basisgemeinden teils gegen den Willen der Bischöfe organisiert wurde, Diktator Marcos gewaltlos gestürzt.

In China fehlen aber alle Voraussetzungen für einen solchen katholischen Aufstand. Auch eine aktive Rolle der evangelischen Gemeinden, wie sie die friedliche Wende in der DDR erst ermöglicht hat, ist nicht einmal in Ansätzen zu erkennen. Auf den umwälzenden Effekt der Kirchen zu setzen oder ihn zu fürchten bleibt illusorisch, selbst wenn das Christentum in China noch stürmischer wachsen sollte als zurzeit.

Bald chinesische Bischöfinnen?

Der evangelische Aufbruch
und die besonderen Hindernisse der Vielfalt

Die christlichen Kirchen in China gelten weltweit als die am schnellsten wachsenden. Drei bis vier Millionen Taufen im Jahr. Tausende Bekehrungen oder Taufen kommen manchmal in wenigen Tagen vor. Viele Fakten spielen zusammen. Sinnsuche, Hilfe in Not, Wunderglauben und überzeugende Glaubensvorbilder haben dazu beigetragen, dass in China bereits mindestens so viele Christen leben, wie Deutschland Einwohner hat.

Nach Schätzungen finden jedoch nur zehn bis fünfzehn Prozent den Weg in die katholische Kirche. Das bedeutet, dass die evangelischen Kirchen optimistischer in die Zukunft blicken können. Ungeheure Chancen bieten sich für alle Denominationen in dieser millionenfachen Bereitschaft, den christlichen Glauben anzunehmen.

Für die Protestanten zeichnen sich größeres Wachstum, aber auch spezifische Risiken ab, die Delegationen der Evangelischen Kirche in Deutschland (EKD) bereits bei mehreren Besuchen beobachtet haben.

Selbst als historisch bedeutsam bewertete Ereignisse täuschen nicht über die Probleme hinweg, als etwa der Ratsvorsitzende Bischof Wolfgang Huber im Oktober 2004 zum ersten Mal auf Deutsch mit chinesischer Übersetzung im Sonntagsgottesdienst in der überfüllten Pekinger Chongwenmen-Kirche predigen durfte und auch etwa 20 Mitglieder der deutschsprachigen Gemeinde der Hauptstadt teilnahmen. Obwohl dieser Sonntag kein arbeitsfreier Tag war, so vermerkte die Delegation, war der Gottesdienst am Morgen um 8 Uhr überfüllt. Die Chorgewänder und viel angelsächsisches Liedgut im Gesangbuch wiesen auf Einflüsse aus der anglikanischen Kirche und aus den USA hin.

Wichtiger als solche schlagzeilenträchtigen Ereignisse waren jedoch für den Rat Kontakte zu Vertretern der »Hauskirchenbewegung«. Bei einem Vertreter dieser Hauskirchen stellten sie Selbstbewusstsein, sehr gute Englischkenntnisse und eine missionarische Begeisterung fest, die manchem in der Delegation wohl zu weit ging. Er schilderte die Lage der Hauskirchen in China als »Semi-Freiheit«. Vielerorts seien die Treffen der nicht registrierten Hauskirchen den staatlichen Behörden bekannt. Es gebe Kontakte zu registrierten Gemeinden der Drei-Selbst-Bewegung. Die staatliche Duldung ihres Tuns reiche den Hauskirchen aber nicht aus. Sie hätten einen Anspruch auf Rechtssicherheit, auf die Achtung der Religionsfreiheit ihrer Mitglieder und Kirchen.

Rechtssicherheit wird eine der großen Fragen sein, die es erleichtern würden, die halb offiziellen, halb versteckten und geheimen Hauskirchen aus dem Schattendasein zu führen. Dann würden sie auch eine weniger strikte Staatskontrolle akzeptieren. Die Vielfalt der Hauskirchen mit zum Teil extrem sektiererischen Bekenntnissen erschwert diesen Weg. Das wissen auch die Gemeinden, die sich zwar nicht vom Staat kontrollieren lassen, sich aber doch an den großen etablierten Kirchen der Reformation orientieren. Immer wieder beklagen ihre Mitglieder die Ausfransung in gefährliche Sekten. Ökumene wird zudem kleingeschrieben. Einzelne christliche Gruppen bekämpfen sich und versuchen, sich gegenseitig Mitglieder abzuwerben.

Eine Möglichkeit, die vielfältige evangelische Szene in China trotz des Wachstums enger zusammenzuführen, könnte das Vorbild des inzwischen 90-jährigen Bischofs Ting sein, eine der großen Symbolfiguren des staatlich anerkannten Protestantismus in China. Das Modell läuft auf einen ähnlichen Prozess wie bei der Versöhnung der katholischen Untergrundkirche mit der offiziellen Kirche hinaus.

Ting hat 1948 bereits an der Gründungsversammlung des Ökumenischen Rats der Kirchen in Amsterdam teilgenommen. Später wurde er zum anglikanischen Bischof geweiht. Gegenüber der EKD betonte er, in Theologie und Politik stets »ein Liberaler« gewesen zu sein. Niemals habe er der Partei angehört, tritt er anderslautenden Gerüchten entgegen. Er steht für einen staatlich anerkannten Protestantismus, der die politische Vorherrschaft der KP Chinas und damit auch eine weitgehende staatliche Kontrolle kirchlichen Handelns akzeptiert hat, der aber mit dieser Haltung nach der Kulturrevolution auch eine beachtliche Duldung kirchlicher Aktivitäten und ein erhebliches Gemeindewachstum erreichen konnte. Welchen Zwängen er dabei ausgesetzt war, wer mag dies beurteilen. Welche »Preise gezahlt« wurden, das könnte eines Tages eine Offenlegung der Akten zeigen. Er hat jedenfalls Freiräume für sich und seine Gemeinde geschaffen, wie sie Bischof Jin Luxian in Shanghai für die Katholiken erreicht hat.

Bischof Ting berichtete, dass die führenden Vertreter des China Christian Council und der »Drei-Selbst-Bewegung« übereingekommen seien, genuin kirchliche Strukturen auszubilden. Als erster Schritt sollen Bischofsämter geschaffen werden. Diese Bischöfe sollen nicht nur regional begrenzte Bistümer leiten, sondern auch neue Pfarrerinnen und Pfarrer ordinieren.

Die chinesischen Kirchen müssten also weitgehend aus sich selbst heraus die Probleme des Untergrundes lösen. Eine hierarchische Ordnung wie die Katholiken, die letzten Endes auch im Vordergrund der Verhandlungen zwischen Peking und dem Heiligen Stuhl steht, kennen sie nicht. In Asien sind sie fast genauso isoliert wie die chinesischen Katholiken, aus Angst vor Repression haben sie sich keiner übernationalen

Vereinigung angeschlossen. Aber auch Vorbehalte der kontinentalen Zusammenschlüsse spielen eine Rolle. So gibt es zwar die Christian Conference of Asia (CCA). Nach Angaben von deren Generalsekretär Jae-Woong Ahn gehören ihr 102 Kirchen und 15 nationale Kirchenräte an. Die haben aber zusammen nur 55 Millionen Mitglieder in ganz Asien. Das sind weniger Gläubige, als sich in China zu evangelischen Kirchen bekennen.

Ein chinesisches Übergewicht ist in Zukunft kaum zu vermeiden, wenn das China Christian Council (CCC) der CCA beitreten würde. Das wird vermutlich im Gefolge einer katholischen Neuorientierung von Taiwan weg und hin zur Volksrepublik China kommen. Die Presbyterianische Kirche von Taiwan gehört zur CCA und verhindert bislang den Beitritt der Festlandchinesen. Aber die starken und schnell wachsenden evangelikalen Kirchen Asiens gehören nicht zur CCA, sondern arbeiten in der Evangelical Fellowship zusammen mit Sitz in Colombo, Sri Lanka.

Ein praktisches Problem könnten hingegen der staatliche Christian Council und die lokale »Drei-Selbst-Bewegung« lösen, wenn sie das Geld dafür aufbrächten. Die 40 000 Pekinger Protestanten teilen sich elf Kirchengebäude, in denen sonntäglich bis zu vier Gottesdienste gefeiert werden. In der Hauptstadt sind zusätzlich etwa 700 Treffpunkte bekannt, an denen die Hausgemeinden zusammenkommen. Kirchen wären ihnen lieber. Aber die Angst vor der Repression, die sie in den Untergrund getrieben hat, lässt sie bis heute zögern, die neuen Freiheiten auszuprobieren. Die offiziellen Kirchenstrukturen nutzen sie überwiegend für ihre Logistik. Sie besorgen sich dort Bibeln.

Als Präsident des Theologischen Seminars in Nanjing hatte Bischof Ting auch eine Überraschung für die EKD-Delegation parat, die in Richtung Zusammenwachsen deutet. Die protestantische Kirche in China werde zum ersten Mal seit

Jahrzehnten wieder Bischöfe weihen, kündigte er an. Kirchenkreise werteten die Ankündigung als sensationell. »Wir haben beschlossen, dass die Kirche Chinas mehr wie eine richtige Kirche werden soll«, begründete er den Entschluss. Man wolle die »apostolische Nachfolgeregelung« wiederbeleben. Die Bestimmung der Bischöfe solle durch Handauflegen durch Geistliche geschehen, die bereits selbst Bischöfe sind, sagte er. »Da es außer mir niemand mehr gibt, wollen wir einige Bischöfe aus dem Ausland zum Handauflegen einladen.« Wann die ersten Bischöfe geweiht und nach welchem Modus sie gewählt würden, stehe noch nicht fest. Frauen seien mit Sicherheit darunter.

Globale Wirkung

Es darf spekuliert werden

Gesellschaften im Übergang, erst recht, wenn er sich so tiefgreifend vollzieht wie in China, vom steinzeitkommunistischen Maoismus zur materialistischen Wirtschaftsliberalität, eröffnen gewaltige Chancen für alle. Die Veränderungen beschränken sich nicht auf das Land selbst. Alles, was sich im bevölkerungsreichsten Land der Erde abspielt, wird sich früher oder später in der ganzen Welt bemerkbar machen. Wer hätte sich vor wenigen Jahren vorstellen können, dass 2007 chinesische Aktien an der Frankfurter Börse gehandelt würden. Oder dass China als wichtigster Lieferant die Märkte der ganzen Welt überschwemmen würde.

Kann dieser Eroberungszug sich auf Teilgesellschaften beschränken? Wohl kaum. Die Chinesen selbst, von ihrer Mentalität her sowieso verbindlicher und ausgeprägtere Händler als die Japaner, scheuen keine Gesellschaft und keinen Markt. Weltanschaulich nur noch gering vorbelastet und bereit, alles aufzunehmen, was ihnen nützt, lassen sie sich vorurteilsfrei auch auf Kulturen ein, die ihnen fremd, aber attraktiv erscheinen. Dazu gehört, wie gezeigt und so erstaunlich es vielleicht klingt, auch das Christentum.

Die christentümliche Befindlichkeit der Europäer ist ihnen fremd. Die Chinesen fragen sich aber, was an der christlich geprägten Ordnung so erfolgreich ist, das sie für sich verwenden können. Die christlichen Kirchen beobachten erfreut, wie sich christliches Gedankengut in China verbreitet und dass es mehr und mehr Intellektuelle gibt, die der sinnentleerten chinesischen Gesellschaft christliche Inhalte geben wollen. Experten nennen sie Kulturchristen.

De facto ein Christ zu sein, ohne den Glauben zu bekennen, widerspricht sich nicht mehr, seitdem der bedeutendste Theologe des 20. Jahrhunderts, der Jesuitenpater Karl Rahner, das Wort vom anonymen Christen geprägt hat. So hat Rahner, jene genannt, die, selbst wenn sie Jesus gar nicht kennen, seine Grundanliegen der Liebe, Gerechtigkeit und des Friedens vertreten. Was ist damit gemeint? Schon der Kirchenvater Augustinus hat gesagt: »Manche scheinen in der Kirche zu sein und sind in Wirklichkeit draußen. Manche scheinen draußen zu sein und sind in Wirklichkeit drinnen.« Entscheidend ist also, wie man sich persönlich zu Gott stellt, wie man das Grundgebot der Liebe, Gott und den Nächsten zu lieben, einhält. Das alles ist wichtiger als eine äußere Kirchenzugehörigkeit. Deshalb hat Rahner auch gesagt: »Wer ein solches Leben führt, wer selbstlos ist, wer für Wahrheit und Freiheit eintritt usw., der ist Christ, auch wenn er nicht diesen Namen hat, er ist also ein anonymer Christ.«

Rahner hat nicht an China gedacht. Er ging von der Entchristlichung Europas aus. Der umgekehrte Prozess läuft aber mindestens genauso spannend ab. Und der lässt sich nicht mehr von China trennen, wo sich Menschen so verhalten, als würden sie Christus folgen, obwohl sie sich nur intellektuell mit seiner Lehre auseinandergesetzt haben. Taufen bleiben nicht ausgeschlossen, erreichen aber zumindest unter den heutigen gesellschaftlichen Rahmenbedingungen nicht die Zahlen, die der Masse der Kulturchristen nach möglich wären. Das kann sich ändern, wenn das Bekenntnis zum Christentum oder überhaupt zu einem Glauben keine beruflichen Nachteile mehr nach sich zieht. Christen machen noch keine Karrieren in China.

Eine wirkliche Liberalisierung, die zu umfassender Religionsfreiheit führt, ist kurzfristig nicht zu erwarten. China wird sich noch jahrelang wegen der Unterdrückung der Menschenrechte und der Religionsfreiheit anklagen lassen müssen.

Das mag aber gerade der Nährboden dafür sein, neue Formen des Christentums zu erproben. Statt aus einer christlich geprägten in eine völlig säkularisierte Gesellschaft zu driften, christianisiert sich eine Gesellschaft, in der sich christliche Traditionen allenfalls punktuell aus den vier verschiedenen gescheiterten Missionierungen gerettet haben.

Unbelastet von einem Traditionskatholizismus und von angelsächsischen Partikularkirchenbewegungen könnte eine christliche Gesellschaft oder wenigstens Teilgesellschaft erwachsen, die mit den erschöpften Kirchen in Europa und Amerika konkurrieren könnte. Es wird sicher keinen chinesischen Katholizismus in Deutschland geben. Es wird überhaupt keine christliche chinesische Kirche im Ausland entstehen. Es wird aber vielleicht Christen geben, die nach chinesischem Vorbild leben. Die zahllosen Menschen, die den Kirchen den Rücken gekehrt haben, ohne sich von ihrem individuellen Glauben zu verabschieden, könnten sich in dem chinesischen Modell des Kulturchristentums wiedererkennen.

Ein solch relativistisches Christentum, wie Papst Benedikt XVI. es so rigoros ablehnt, bräuchte nicht weiter beachtet zu werden. Hinter diesen Individualisten steht schließlich keine Kirche, nicht einmal eine Sekte. Wenn aber eine Gesellschaft mit 1,3 Milliarden Menschen auf diese neue Art christlich würde, muss sich jede etablierte Kirche mit ihr auseinandersetzen. Sie fordert zumindest heraus, über eigene Formen und Inhalte nachzudenken, die zwar lange gepflegt und zum kulturellen Erbe ganzer Kontinente erklärt wurden, dabei an Attraktivität kontinuierlich verloren haben. Die etablierten Kirchen müssten Angst vor Chinas Kulturchristen als Exportartikel bekommen.

Bis es so weit kommt, könnten auch viele Probleme der Menschenrechte gelöst sein. Denn hohe chinesische Funktionäre behaupten, dass die Staatsführung von der Notwendigkeit der Demokratie überzeugt sei. Doch wolle sie nur Schritt für Schritt die Kontrolle lockern oder, so konterte ein chinesischer Botschafter in Europa den Vorwurf der Repression: »Wollen Sie, dass China in Verhältnissen, wie sie in den neunziger Jahren auf dem Balkan herrschten, versinkt?«

So verwegen solche Überlegungen zunächst erscheinen, so realistisch werden sie bereits in China gesehen. Wie sich die Horizonte öffnen können, hat beispielsweise Pan-chiu Lai, Professor für Theologie des Departement of Religion an der Chinese University of Hongkong, beim Heidelberger Ökumenischen Forum 2002 in einem Vortrag über »Chinese Culture and Christianity« entwickelt. Lai sieht sich als Grenzgänger zwischen den Kulturen und versteht deshalb die Schwierigkeiten auf beiden Seiten. Der 1963 geborene Theologe hat Theologie, Religionswissenschaft und Philosophie in Hongkong studiert und promovierte 1991 bei Prof. Schwöbel am King's College London über Paul Tillich.

Lai verabschiedete sich in seinem Vortrag von einer christlichen Theologie, die in Abgrenzung von der chinesischen Kultur für viele christliche Chinesen eine Entscheidung entweder für den Glauben und gegen die eigenen chinesischen Wurzeln oder umgekehrt bedeutet. Sein Modell der Inkulturation geht davon aus, dass das chinesische Christentum die große Chance habe, erwachsen zu werden. Es brauche weder die westliche Christenheit als allwissende Eltern zu verstehen, noch müsse es in jugendlicher Rebellion einen völlig eigenen Weg gehen, der auf eine Verbindung von christlichem Glauben und klassischer chinesischer Kultur und auf die Ablehnung alles im Christentum mittransportierten abendländischen Denkens abziele.

Große Chancen sieht Lai für beide Seiten, für das abendländische, westliche Christentum wie die chinesische Kultur und Religion, wenn seiner Aufforderung mehr Beachtung geschenkt würde: »Frage nicht, was die westliche Kultur für dich tun kann, frage, was du für die westliche Kultur tun kannst!«

Und der Heimat des abendländisch denkenden Christentum empfahl er: »Frage nicht, was du für das chinesische Christentum tun kannst, frage, was die chinesische Kultur für dich tun kann!« Dann ließe sich auch eine gemeinsame Richtung erkennen: »Fragt, was ihr gemeinsam für das Zusammenleben in der Welt tun könnt!« Einbahnstraßen im interreligiösen wie interkulturellen Bereich könnten so überwunden werden.

In seinem Vortrag über »The Significance of Confucianism for a Christian Eco-Theology« illustrierte Lai, wie der Konfuzianismus im Bemühen um eine Theologie, die die Herausforderungen der ökologischen Krise unserer Zeit ernst nimmt, hilfreiche Gedanken bereitstellt, die den Grundgedanken einer christlichen Schöpfungstheologie nicht fremd sind. Der Konfuzianismus hat auch in Zeiten, in denen es das Christentum in der modernen Welt zu vergessen schien, im Auge behalten, dass die Menschen und die Dinge in der Welt voneinander abhängig sind: Kennzeichen des menschlichen Lebens nach dem Konfuzianismus ist »ren«, ein Begriff, der einerseits gesunde Beziehungen zwischen zweien benennt, andererseits aber auch für himmlische, göttliche Harmonie gebraucht werden kann. Die der christlichen Theologie so nahe liegende kategoriale Trennung von Schöpfer und Geschöpf wird im Konfuzianismus somit als durch »ren« vermittelt gesehen. Die Kategorie »ren« kennzeichnet die besondere Stellung des Menschen, der einerseits als Geschöpf Teil der Natur ist, andererseits in gewisser Sonderstellung Mitschöpfer und deshalb in der Fürsorge für die Natur Verantwortung übernehmen muss. Das Universum wird hier als ein Körper gedacht, von dem der Mensch ein Teil ist. Dies wiederum hat nicht nur Konsequenzen in der Schöpfungslehre, sondern auch für die Heilslehre, wird hier doch das Heil des Einzelnen als untrennbar vom Heil der Umwelt verstanden.

Von den Höhen eines akademischen Diskurses zurück zu

den Niederungen der chinesischen Wirklichkeit. Und die hat nicht nur das Phänomen des anonymen oder Kulturchristen hervorgebracht. Chinas Geschichte nährt die Hoffnung auf einen spezifisch chinesischen Fortschritt in der Ökumene. Vergleichbar der Verschmelzung buddhistischer mit konfuzianischen Traditionen, die die klassische chinesische Weltanschauung ausmacht, wird sich China auch die verschiedenen christlichen Traditionen und Bekenntnisse »anverwandeln« und aneignen. Es wird sich also ein spezifisch chinesisches Christentum herausbilden. Damit wird sich sicherlich die katholische Kirche am schwersten tun. Denn nicht erst seit Joseph Ratzinger Papst ist, lehnt die römische Kirche eine weitreichende Verselbständigung beispielsweise bei religiösen Riten kategorisch ab. Spannung und Verbannung liegen in der Luft, wenn asiatische Theologen beginnen, die katholische Lehre aus einer ganz anderen Sicht zu interpretieren. Ein neuer Ritenstreit wie beim Ahnenkult im 17. Jahrhundert scheint fast unausweichlich. Damals hat die katholische Kirche auf der ganzen Linie versagt.

Die dritte Herausforderung trifft die europäisch-amerikanische Christenheit nur indirekt. Sie profitiert sogar davon. Es ist der missionarische Eifer der aus der Unterdrückung erblühten chinesischen Christenheit. Es klingt nach purer Illusion, wenn chinesische Christen bereits heute überzeugt sind, dass es ihre Zukunftsaufgabe sein wird, den Islam zurückzudrängen.

Wenn aber die beiden gerade beschriebenen Vorhersagen eintreffen, dann erscheint es auch nicht vermessen, diese dritte Perspektive ernst zu nehmen. Chinesische Produkte erobern die islamischen Länder genauso wie den Rest der Welt. Chinesen treffen, anders als die Europäer und die Weltmacht USA, auf wenig Vorbehalte, weil sie keine kolonialistische Vergangenheit haben. Gesellschaftliche, überlieferte und politische Hindernisse stellen sich den Chinesen nicht in den Weg. Warum sollten chinesische Christen, deren Eifer den der Europäer längst in den Schatten stellt, nicht aus dieser vorteilhaften Ausgangslage Nutzen ziehen und die christlichen Missionare des 21. Jahrhunderts werden? David Aikman meinte am Ende seiner Buches »Jesus in Peking«, die Chinesen könnten bald die besten Verbündeten der USA gegen den Islam sein. Das Christentum dürfte entscheidend für den Aufstieg des Westens gewesen sein und werde es nun für China. Die Christenheit wird also nicht nur gelb. Sie würde sich wesentlich verändern.

Der bereits viel zitierte Bischof Aloysius Jin Luxian von Shanghai erwartet denn auch ein »chinesisches Jahrhundert«. In einem Interview mit der italienischen Zeitung »30 Giorni« (30 Tage, Rom) verglich er China mit einem startenden Flugzeug, vor dem ein gewagter Flug liegt. Natürlich seien alle Vorzeichen für einen guten Flug gegeben, aber Chinas Flugzeug steht erst am Start. Die chinesische Kultur, die an sich keinen persönlichen Gott kennt, könnte zum Faktor einer kosmischen Säkularisierung in einer bereits säkularisierten Moderne werden. Darauf hat Jin eine biblische Antwort: »In Kapitel 3, Vers 8, sagt Johannes: ›Der Wind weht, wo er will, du hörst sein Brausen, weißt aber nicht, woher er kommt und wohin er geht. So ist es mit jedem, der aus dem Geist geboren ist.‹«

Anlagen

Die chinesische Religionspolitik spiegelt sich am besten in den amtlichen Dokumenten. Das wichtigste ist das Dokument 19, eine Anlage zur chinesischen Verfassung. Unsere Übersetzung stammt von Monumenta Serica in Sankt Augustin und aus der Zeitschrift des dortigen China-Zentrums »China heute«. Wir danken Pater Roman Malek SVD für die Nachdruckrechte.

Dokument 19

Die grundlegende Sicht und Politik in der Religionsfrage während der sozialistischen Periode unseres Landes (März 1982)

Religion als ein historisches Phänomen

Religion ist ein historisches Phänomen, das zu einer bestimmten Periode in der Entwicklung der menschlichen Gesellschaft gehört. Sie hat ihren Zyklus von Entstehung, Entwicklung und Zerfall. Religiöser Glaube und religiöses Gefühl, religiöse Zeremonien und Organisationen, die mit dem entsprechenden Glauben und Gefühl übereinstimmen, sind alle Produkt der Geschichte einer Gesellschaft. Das früheste Entstehen einer religiösen Mentalität spiegelt das niedrige Produktionsniveau und das Gefühl der Ehrfurcht primitiver Völker gegenüber Naturphänomenen wider. Seit der Entstehung der Klassengesellschaft sind die tiefsten sozialen Wurzeln der Existenz und Entwicklung von Religion in folgenden Faktoren begründet: in der Hilflosigkeit der Menschen gegenüber den blinden Mächten, die sie in dieser Art von Gesellschaft sich selbst entfremdet und sie kontrolliert; ferner in der Angst und Verzweiflung der Arbeiter gegenüber dem enormen Elend, das durch ein ausbeuterisches soziales System hervorgebracht wird; und in der Notwendigkeit für die unterdrückenden Klassen, Religion als ein wichtiges Mittel zur Betäubung und Kontrolle der

Massen zu benutzen. In der sozialistischen Gesellschaft sind die klassenbedingten Ursachen für die Existenz der Religion im Grunde genommen verschwunden, nachdem das unterdrückerische System und die unterdrückende Klasse beseitigt worden sind. Jedoch lassen sich altes Denken und alte Gewohnheiten nicht in kurzer Zeit ausmerzen, da das Bewusstsein der Menschen hinter der sozialen Realität herhinkt. Immer noch liegt ein langer Prozess des Kampfes vor uns, um eine starke Steigerung der Produktionskraft, materiellen Wohlstand und einen hohen Standard sozialistischer Demokratie, zusammen mit einem hohen Standard der Entwicklung in Erziehung, Kultur, Wissenschaft und Technologie, zu erreichen. Auch können wir nicht in kurzer Zeit alle Schwierigkeiten lösen, die von schweren natürlichen und von Menschen verursachten Katastrophen herrühren. Dazu kommt, dass der Klassenkampf in gewissen Grenzen fortgeführt wird. Und wenn man die vielschichtigen internationalen Faktoren mit einbezieht, so ist klar, dass ein langfristiger Einfluss von Religion auf einen Teil der Menschen auch in einer sozialistischen Gesellschaft nicht vermieden werden kann. Religion wird schließlich aus der Menschheitsgeschichte verschwinden. Doch nur unter der Bedingung einer langfristigen Entwicklung vom Sozialismus zum Kommunismus und wenn alle objektiven Bedingungen dafür gegeben sind, wird sie auf natürliche Weise verschwinden. Alle Parteimitglieder müssen von der Langfristigkeit der religiösen Frage unter den Bedingungen des Sozialismus klare und nüchterne Vorstellungen haben. Zu denken, die Religion würde nach der Einführung des Sozialismus und seiner eindeutigen Entwicklung von Wirtschaft und Kultur rasch aussterben, ist nicht realistisch. Die Meinung aber, man könne auf dem Verwaltungswege oder mit anderen Zwangsmaßnahmen religiöses Denken und Handeln wie im Handumdrehen auslöschen, entfernt sich noch weiter von dem marxistischen Standpunkt gegenüber der religiösen Frage. Sie ist völlig falsch und außerordentlich gefährlich.

Die Religionen Chinas

In China gibt es mehrere Religionen. Der chinesische Buddhismus hat eine fast 2000-jährige Geschichte, der Daoismus besteht seit über 1700 Jahren, der Islam seit 1300 Jahren, während sich der Katholizismus und der Protestantismus im Wesentlichen nach dem Opiumkrieg in China entwickelten. Zur Zeit der Befreiung gab es ungefähr acht Millionen Muslime, heute sind es zehn Millionen. Der Hauptgrund für das Wachstum liegt im Bevölkerungszuwachs der zehn islamischen Minderheiten. Bei den Katholiken hat sich die Zahl seit der Befreiung von 2,7 Millionen auf drei Millionen erhöht, bei den Protestanten von 700 000 auf drei Millionen. Der Buddhismus, einschließlich des Lamaismus, zählt praktisch die ganze Bevölkerung der ethnischen Minderheiten in Tibet, in der Mongolei und in Liaoning zu seinen Mitgliedern. Unter der Han-Bevölkerung üben Buddhismus und Daoismus immer noch einen beträchtlichen Einfluss aus. Auch gibt es immer noch Menschen in unserem Land, besonders unter der größten Volksgruppe, den Han, die an Geister glauben. Aber insgesamt ist die Zahl der wirklichen Religionsanhänger in der Gesamtbevölkerung nicht groß. Wenn wir die Zahl der Religionsanhänger zur Zeit der Befreiung mit der heutigen Zahl vergleichen, so muss man in absoluten Zahlen eine Steigerung feststellen; verglichen mit dem Bevölkerungswachstum hat sie jedoch eher abgenommen. Bei unserer Einschätzung der religiösen Frage müssen wir jedoch mit ihrer komplexen Natur rechnen. Insgesamt lässt sich sagen, dass im alten China während der langen feudalistischen Epoche und den mehr als hundert Jahren einer halb-feudalistischen, halb-kolonialen Gesellschaft Religion grundsätzlich durch die herrschende Klasse kontrolliert und manipuliert wurde. Dies hatte extrem negative Auswirkungen. In China wurde die religiöse Führerschaft des Buddhismus, des Daoismus und des Islam durch die feudalistischen Landbesitzer und Feudalherren, die reaktionären *warlords* sowie durch die bürokratische kapitalistische Klasse kontrolliert. Später kontrollierten die ausländischen Kolonialherren und die imperialistischen Kräfte vor allem die katholische und protestantische Kirche. Nach der Befreiung gab es eine tiefgreifende Veränderung des sozioökonomischen sowie eine bedeutende Reform des religiösen Systems. So hat sich die religiöse Situation in China gründlich gewandelt. Die Widersprüche des religiösen Problems gehören nun hauptsächlich zu den Widersprüchen innerhalb des Volkes. Die religiöse Frage wird aber innerhalb eines gegebenen Rahmens noch für längere Zeit fortbestehen. Sie ist ein Massenphänomen und vielerorts eng mit der Frage der ethnischen Minderheiten verbunden. Sie steht immer noch unter dem Einfluss einiger Elemente des Klassenkampfes und internationaler Faktoren. Diese Frage ist deshalb nach wie vor von großer Bedeutung. Wir können sie nicht ignorieren. Die Frage ist: Können wir die religiöse Frage angemessen handhaben in unserer Arbeit für nationale Stabilität und ethnische Einheit, für die Entwicklung internationaler Verbindungen unter Abwehr der Infiltration feindlicher ausländischer Kräfte, für den Aufbau einer sozialistischen Gesellschaft mit materiellen und geistigen Werten? Dies erfordert, dass die Parteikomitees auf allen Ebenen gegenüber der religiösen Frage eine Haltung einnehmen, wie sie von Lenin als »äußerste Wachsamkeit«, »sehr genau sein« und »die Dinge gründlich bedenken« bezeichnet wurde. Denn beides wäre falsch: die Ernsthaftigkeit und Komplexität der Frage zu überschätzen und deshalb in Panik zu geraten, wie auch die Existenz und Komplexität der aktuellen Frage zu ignorieren und so die Zügel aus der Hand zu lassen.

Die Handhabung der religiösen Frage durch die Partei seit der Befreiung

Seit der Gründung der VR China ist unsere Partei in Bezug auf die religiöse Frage einen Weg voller Widersprüche gegangen. Es gab zwar einige größere Fehler, aber im Großen und Ganzen war die Arbeit der Partei im religiösen Bereich in den siebzehn Jahren bis zur Kulturrevolution unter der Führung der korrekten Leitlinien des Zentralkomitees recht erfolgreich. Wir beseitigten die imperialistischen Kräfte in den Kirchen und förderten die korrekte Politik unabhängiger, selbstverwalteter und autonomer Kirchen, wie auch die Drei-Selbst-Bewegung (Selbstverbreitung, Selbstverwaltung, Selbsterhaltung). So hörten die katholische und protestantische Kirche auf, Werkzeuge des imperialistischen Aggressors zu sein, und wurden zu unabhängigen und autonomen religiösen Institutionen der chinesischen Gläubigen. Wir beseitigten die besonderen Privilegien und das unterdrückerische und ausbeuterische System der feudalistischen Religion, griffen die reaktionären und schlechten Elemente an, die sich unter dem Mantel der Religion versteckten, und stellten sie bloß. So wurden der Buddhismus, der Daoismus und der Islam von der Kontrolle und der Manipulation durch die reaktionären Klassen befreit. Wir riefen eine Politik der Freiheit religiösen Glaubens aus und verwirklichten sie. Wir ermöglichten es den breiten Massen der Gläubigen, Seite an Seite mit den ethnischen Minderheiten vollständige politische und ökonomische Emanzipation zu erlangen und das Recht der religiösen Freiheit zu genießen. Wir bemühten uns, die religiös Gläubigen zu erreichen, sie zu vereinigen und zu erziehen. Und so vereinigten wir die breite Masse der patriotisch Gesinnten unter den Anhängern religiöser Gruppen. Wir halfen ihnen, internationale freundschaftliche Beziehungen zu knüpfen, und dies hatte eine gute und positive Wirkung. Seit 1957 jedoch wuchs der »linke Irrtum« auch im Bereich der religiösen Arbeit. Er wurde Mitte der 60er Jahre immer stärker. Während der Kulturrevolution bediente sich die konterrevolutionäre Clique um Lin Biao und Jiang Qing unter Verdeckung ihrer wahren Motive des linken Irrtums, und so traten sie mutwillig die wissenschaftlichen Theorien des Marxismus-Leninismus sowie die Gedanken Mao Tse-tung betreffs der religiösen Frage mit Füßen. Sie verwarfen die korrekte Religionspolitik, die die Partei bereits nach der Gründung der VR China verfolgte. Damit zerstörten sie die Religionsarbeit der Partei vollständig. Sie unterbanden jegliche normale religiöse Aktivität der religiösen Massen. Sie behandelten patriotisch gesinnte religiöse Persönlichkeiten, wie auch die Masse der gewöhnlichen Gläubigen, als »Objekte der Diktatur« und führten eine Unzahl von ungerechten und falschen Prozessen gegen Religionsanhänger. Sie interpretierten sogar einige Bräuche und Gewohnheiten der ethnischen Minderheiten als Aberglauben, welchen sie dann gewaltsam verboten. In einigen Gegenden unterdrückten sie auch die Massen der Gläubigen und zerstörten die ethnische Einheit. Sie wendeten gewaltsame Maßnahmen gegen die Religion an und zwangen religiöse Bewegungen in den Untergrund. Dadurch konnten die religiösen Gruppen sogar Fortschritte machen, da alles völlig unorganisiert war. Eine Minderheit von Konterrevolutionären und schlechten Elementen nützte diese Situation aus, indem sie unter dem Deckmantel von Religion kriminelle und destruktiv antirevolutionäre Handlungen beging. Nach der Zerschlagung der konterrevolutionären Jiang-Qing-Clique und vor allem nach dem 3. Plenum des [vom] 11. [Parteikongress gewählten] Zentralkomitees wurden Schritt für Schritt die richtigen Leitlinien und die richtige Politik im Bereich der religiösen Fragen wiederaufgenommen. Im Zuge der Ausführung und Verwirklichung unserer Religionspolitik haben wir Tempel, Moscheen sowie Kirchen und religiöse Versammlungsstätten wiedereröffnet und die Aktivitäten der patriotischen religiösen Organisationen wiederhergestellt. Wir haben die religiösen Gläubigen gewonnen, sie vereint und erzogen. Wir haben die Einheit zwischen Gläubigen und Nichtgläubigen innerhalb der ethnischen Gruppen gestärkt. Wir haben zu Unrecht angeklagte Personen rehabilitiert und zwischen Gläubigen freundschaftliche internationale Beziehungen in Gang gebracht, aber wir wirken der Infiltration und anderen Aktivitäten feindlicher ausländischer religiöser Kräfte entgegen. In all diesen Bereichen haben wir eine große Zahl von Aufgaben in Angriff genommen und bemerkenswerte Resultate erzielt. In dieser neuen geschichtlichen Periode wird es die Hauptaufgabe von Partei und Regierung sein, die Politik der Religionsfreiheit zu verwirklichen. Auch muss die patriotische politische Bindung in jeder ethnisch-religiösen Gruppe konsolidiert und ausgeweitet werden. Die patriotische und sozialistische Erziehung in diesen Gruppen muss verstärkt und positive Elemente müssen unter ihnen ins Spiel gebracht werden, um einen modernen und starken sozialistischen Staat aufzubauen und um die große Aufgabe zu vollenden, das Land zu vereinen. Auch wollen wir allen hegemonialen Kräften widerstehen und danach streben, den Weltfrieden zu schützen und zu bewahren. Um die Religionspolitik der Partei korrekt und umfassend auszuführen, müssen wir vor allem den Tendenzen des »linken Irrtums« entgegentreten. Gleichzeitig müssen wir die Aufmerksamkeit auch darauf richten, der Tendenz des *Laissez-faire* entgegenzutreten. Alle Parteimitglieder, die Parteikomitees auf allen Ebenen, speziell diejenigen, die für die Religionsarbeit zuständig sind, müssen gewissenhaft die positive und negative geschichtliche Erfahrung aufarbeiten und berücksichtigen, die die Partei im Bereich der Religion seit der Gründung der Volksrepublik gemacht hat. Sie müssen versuchen, sie noch besser zu verstehen, wie auch die Macht des objektiven Gesetzes, welches das Entstehen, die Entwicklung und den Verfall der Religion lenkt. Sie sollen jegliches Hindernis und jede Schwierigkeit überwinden und die Religionspolitik energisch auf dem wissenschaftlichen Kurs halten, der durch den Marxismus-Leninismus und das Mao-Tse-tung-Denken vorgegeben ist.

Die gegenwärtige Religionspolitik der Partei

Die Grundlage der Religionspolitik, die sich die Partei zu eigen gemacht hat, ist der Respekt und der Schutz der religiösen Freiheit. Dies ist eine langfristige Politik, die durchgehalten werden muss, bis die Religion in künftiger Zeit von selber verschwinden wird. Was meinen wir mit Religionsfreiheit? Wir meinen damit, dass jeder Bürger und jede Bürgerin die Freiheit hat, einen religiösen Glauben zu haben oder auch nicht zu haben. Alle haben auch die Freiheit, im Rahmen dieser oder jener Religion zu glauben. Auch innerhalb der einzelnen Religionen besteht die Freiheit, dieser oder jener Gruppierung anzugehören. Jemand, der bisher nicht gläubig war, hat die Freiheit, gläubig zu werden, und jemand, der Anhänger einer Religion war, hat die Freiheit, ein Nichtgläubiger zu werden. Wir Kommunisten sind Atheisten und müssen den Atheismus unaufhörlich propagieren. Zugleich müssen wir verstehen, dass es sinnlos und schädlich ist, einfach Zwang auszuüben im Umgang mit ideologischen und geistigen Fragen des Volkes, und dies schließt die religiöse Frage mit ein. Wir müssen auch verstehen, dass im jetzigen geschichtlichen Stadium der Unterschied zwischen Gläubigen und Nichtgläubigen in Sachen Ideologie und Glauben relativ zweitrangig ist. Wenn wir diesen Unterschied einseitig betonen oder ihm sogar vorrangige Bedeutung geben – z. B. indem wir die religiösen Massen diskriminieren und angreifen und dabei vergessen und verleugnen, dass das grundlegende politische und wirtschaftliche Wohlergehen der religiösen wie der nichtreligiösen Massen das gleiche ist –, dann vergessen wir die Hauptaufgabe der Partei, nämlich das ganze Volk zu vereinen (und zwar die religiösen und nichtreligiösen Massen gleichermaßen), so dass alle sich bemühen, einen modernen, starken, sozialistischen Staat aufzubauen. Sich anders zu verhalten, würde nur die Entfremdung zwischen Gläubigen und Nichtgläubigen verschärfen und religiösen Fanatismus anstacheln und verschlimmern. Dies würde schwerwiegende Konsequenzen für unsere sozialistische Sache haben. Unsere Partei gründet deshalb ihre Politik der religiösen Freiheit auf die durch den Marxismus-Leninismus formulierte Theorie, und dies ist die einzig richtige Politik, die in Einklang mit dem Wohlergehen des Volkes steht. Natürlich müssen wir bei der Durchführung dieser Politik, die die Religionsfreiheit des Volkes betont und garantiert, genauso die Freiheit, nicht zu glauben, betonen und garantieren. Dies sind die zwei Seiten derselben Sache. Jede Handlung, die einen Nichtgläubigen zum Glauben zwingen will, ist eine Verletzung der Religionsfreiheit, ebenso wie auch der Versuch, einen Gläubigen zum Nichtglauben zu zwingen. Beides ist ein schwerer Irrtum, der nicht toleriert werden kann. Die Gewährleistung der Religionsfreiheit ist kein Hindernis für die Bemühung der Partei, wissenschaftliche Erziehung zu verbreiten und die Propaganda gegen den Aberglauben zu verstärken. Vor allem soll betont werden, dass der wesentliche Punkt der Politik der Religionsfreiheit darin besteht, die Frage des Glaubens zu einer privaten Angelegenheit zu erklären, zu einer Angelegenheit der individuellen, freien Wahl eines jeden Bürgers. Die politische Macht in einem sozialistischen Staat kann nicht dazu gebraucht werden, irgendeine Religion zu fördern, noch kann sie gebraucht werden, um irgendeine Religion zu verbieten, solange es sich um normalen religiösen Glauben und religiöse Ausübung handelt. Zugleich wird allerdings nicht erlaubt, dass sich Religion in die administrativen oder rechtlichen Angelegenheiten des Staates und in die schulische Erziehung oder öffentliche Bildung einmischt. Es bleibt absolut verboten, Menschen unter achtzehn Jahren zu zwingen, Mitglied einer Kirche, buddhistischer Mönch oder Nonne zu werden oder in ein Kloster oder einen Tempel einzutreten, um buddhistische Schriften zu studieren. Es ist nicht erlaubt, durch Religion irgendwelche der besonderen feudalistischen Privilegien wiederherzustellen, die schon verschwunden sind, oder zu einem unterdrückerischen und ausbeuterischen religiösen System zurückzukehren. Auch ist nicht erlaubt, dass unter religiösem Vorwand gegen die Führungsrolle der Partei oder das sozialistische System Widerstand geleistet wird oder die nationale und ethnische Einheit zerstört wird. Um zusammenzufassen: Es geht in unserer Behandlung der religiösen Frage und der Durchsetzung der Freiheit religiösen Glaubens grundsätzlich darum, die Massen der Gläubigen und Nichtgläubigen so zu vereinen, dass sie ihren ganzen Willen und ihre Kraft dahingehend einsetzen, einen modernen, machtvollen, sozialistischen Staat aufzubauen. Jede Handlung oder Rede, die von diesem Grundsatz abweicht, ist falsch. Dagegen muss von Partei und Volk vorgegangen und entschieden Widerstand geleistet werden. Im ganzen Land gibt es zurzeit ungefähr 59 000 Menschen, die beruflich im religiösen Bereich tätig sind. Sie teilen sich folgendermaßen auf: etwa 27 000 buddhistische Mönche und Nonnen, einschließlich der Lamas; etwa 2600 daoistische Mönche und Nonnen; 20 000 Imame; 3500 katholische Kleriker und Ordensleute; 5900 protestantische Geistliche und kirchliche Mitarbeiter.

Durch viele Jahre natürlicher Abnahme ist die gegenwärtige Zahl der religiösen Amtsträger sehr viel kleiner als zur Zeit der Befreiung. Ihr Klassenursprung, ihre Erfahrungen, ihr Glaube und ihre politischen Ideologien sind ziemlich verschieden, aber im Großen und Ganzen können wir sagen, dass die überwiegende Mehrzahl von ihnen patriotisch und gesetzestreu ist und das sozialistische System unterstützt. Nur eine sehr kleine Minderheit stellt sich gegen die Verfassung und gegen den Sozialismus oder hat Verbindung mit ausländischen konterrevolutionären und anderen schlechten Elementen. Viele dieser religiösen Amtsträger stehen in engster geistiger Beziehung mit den Massen der Gläubigen und haben einen nicht zu übersehenden Einfluss auf ihr geistiges Leben. Außerdem üben sie auch Tätigkeiten aus, die dem Volk dienen und der Gesellschaft zugute kommen, wenn sie ihren religiösen Pflichten nachkommen. Z. B. erhalten sie buddhistische und daoistische Tempel sowie Kirchen und religiöses

Kulturgut instand. Sie engagieren sich bei landwirtschaftlichen Arbeiten und Aufforstungen, führen das wissenschaftliche Studium der Religionen weiter usw. Deshalb müssen wir allen Menschen in religiösen Kreisen genügend Aufmerksamkeit schenken, vor allem aber den aktiven religiösen Amtsträgern, indem wir versuchen, sie zu einen, für sie zu sorgen und ihnen dabei zu helfen, Fortschritte zu machen. Wir müssen unnachgiebig, aber doch geduldig ihre Erziehung im Patriotismus, in der Gesetzestreue, Unterstützung des Sozialismus und der nationalen wie ethnischen Einheit fördern. Im Fall der Katholiken und Protestanten müssen wir ihre Erziehung zu Unabhängigkeit und Selbstverwaltung ihrer Kirchen intensivieren. Wir müssen angemessene Vorkehrungen für den Lebensunterhalt dieser religiösen Amtsträger treffen und gewissenhaft die sachgemäße Politik durchführen. Dies ist besonders notwendig für bekannte Prominente und Intellektuelle unter ihnen. Auf sie sollten wir schnellstens unsere Politik anwenden, um ihnen eine angemessene Vergütung zukommen zu lassen. Wir müssen uns noch einmal mit den ungerechten Urteilen befassen, die gegen Personen in religiösen Kreisen und unter den Massen der Gläubigen gesprochen worden sind, und sie noch einmal überprüfen, sofern sie noch nicht wiedergutgemacht worden sind. Hier muss entsprechend den Tatsachen Wiedergutmachung geleistet werden, vor allem in den Fällen, die harte Konsequenzen nach sich gezogen haben. Diese müssen entschieden und schnell gelöst werden. Wir müssen eine große Anzahl von eifrigen Patrioten in jeder Religion fördern, welche die Führung der Partei und der Regierung akzeptieren, entschlossen den sozialistischen Weg unterstützen und die nationale und ethnische Einheit schützen. Diese müssen in religiösen Dingen ausgebildet und fähig sein, enge Verbindung mit den Repräsentanten der religiösen Massen zu halten. Auch müssen wir religiöse Personen dazu einteilen, entsprechend ihren verschiedenen Situationen und Fähigkeiten, an der produktiven Arbeit teilzunehmen, der Gesellschaft zu dienen und sich am wissenschaftlichen Studium der Religionen zu beteiligen. Sie sollten sich auch an patriotischen politischen Bewegungen und freundschaftlichem internationalem Austausch beteiligen. Dies alles dient dazu, die positiven Elemente in den religiösen Kreisen zu mobilisieren; um dem sozialistischen Modernisierungsprozess zu dienen. Was die früheren religiösen Amtsträger betrifft, deren Haft oder deren Zeit im Arbeitslager abgelaufen ist, wie auch die, denen es von den religiösen Organisationen noch nicht erlaubt wurde, sich beruflich in religiösen Aktivitäten zu engagieren, so muss jeder Fall nach dem jetzigen Verhalten und differenziert behandelt werden. Denjenigen, die sich als politisch verlässlich, als patriotisch und gesetzestreu erweisen und die in religiösen Angelegenheiten versiert sind, kann nach Prüfung und Zulassung durch die patriotischen religiösen Organisationen erlaubt werden, religiöse Aufgaben zu übernehmen. Den übrigen sollte ein Weg eröffnet werden, ihren Lebensunterhalt anders zu verdienen. Der Marxismus lässt sich nicht mit einer theistischen Weitsicht vereinbaren. Aber im politischen Handeln können und müssen Marxisten und patriotische Gläubige eine Einheitsfront in der gemeinsamen Anstrengung der sozialistischen Modernisierung bilden. Diese Einheitsfront sollte ein wichtiges konstitutives Element der breiten patriotischen Front werden, die in der sozialistischen Periode durch die Partei geführt wird.

Wiederherstellung und Verwaltung der Kirchen, Tempel und anderer religiöser Gebäude

Es ist im Sinn der Religionspolitik der Partei, angemessene Vorkehrungen für religiöse Versammlungsstätten zu treffen. Dies ist auch eine wichtige materielle Bedingung dafür, dass sich die religiösen Aktivitäten normalisieren können. Zur Zeit der Befreiung gab es ungefähr hunderttausend Kultstätten, jetzt sind es noch ungefähr dreißigtausend. Diese Zahl beinhaltet buddhistische und daoistische Tempel, Kirchen sowie einfache Versammlungsstätten und gottesdienstliche Räume, die von den Gläubigen selbst gebaut wurden. Das jetzige Problem besteht darin, wirksame Maßnahmen zu finden, um der jeweiligen Situation entsprechend in vernünftiger Weise angemessene Kultstätten bereitzustellen. Wir müssen systematisch und methodisch eine Anzahl Tempel und Kirchen in großen und mittleren Städten restaurieren, auch solche an historischen Stätten und in Gebieten, wo viele Gläubige leben, vor allem in Gebieten mit ethnischen Minderheiten. Berühmte Tempel und Kirchen von kulturellem und geschichtlichem Wert, die nationales und internationales Interesse genießen, müssen zunehmend restauriert werden, soweit es entsprechend den jeweiligen Bedingungen möglich ist. Auch für solche Orte, wo es nur wenige Gläubige gibt und diese nur wenig Einfluss haben, oder für Orte, wo Kirchen und Tempel zerstört worden sind, müssen wir Maßnahmen ausarbeiten, welche den Gegebenheiten entsprechen. Hier muss man einfach und kostengünstig vorgehen nach dem Prinzip, der Produktion und dem Lebensunterhalt der Menschen zu dienen. Nach Rücksprache mit den Massen der Gläubigen und den wichtigen Personen in religiösen Kreisen sowie mit der freiwilligen Unterstützung der Gläubigen sollten einfache Kultstätten bestimmt werden. Bei der Restaurierung von Kultstätten sollten über die von der Regierung bewilligten Gelder hinaus keine finanziellen Mittel des Staates oder des Kollektivs gebraucht werden. Wir müssen auch wachsam sein gegen das wahllose Bauen und Reparieren von Tempeln auf dem Lande. Wir sollten die freiwilligen Leistungen der Masse der Gläubigen bei den Bauarbeiten leiten, so dass so wenig wie möglich gebaut wird. Auch sollten wir uns nicht auf großangelegte Bauten einlassen, damit nicht große Mengen an Geld, Material und Arbeitskraft verbraucht werden und so der materielle und spirituelle Aufbau der sozialistischen Zivilisation behindert wird. Natürlich sollen bestehende Gebäude nicht zerstört werden, und wir müssen mit den Gläubigen und den wichtigen Personen in religiösen Kreisen in allem, was sie betrifft, Rücksprache halten, um eine befriedigende Lösung zu erreichen, die auf der jetzigen Situation gründet. Alle normalen religiösen Aktivitäten, die an den dafür ausgewiesenen Orten stattfinden, sowie diejenigen, die, religiösen Gewohnheiten entsprechend, in den Wohnungen von Gläubigen abgehalten werden (Buddhaverehrung, Schriftlesungen, Weihrauchverbrennen, Gottesdienste, Gebete, Schriftauslegung, Predigten, Messen, Taufen, Initiationsriten für Mönche und Nonnen, Fasten, religiöse Feste, letzte Ölungen, Totengedenken etc.), sollen von den religiösen Organisationen und den Gläubigen selber geleitet werden, unter dem Schutz des Gesetzes und ohne Einmischung von irgendeiner Seite. Mit Bewilligung der verantwortlichen Regierungsstellen können Tempel und Kirchen eine begrenzte Menge von religiösem Schrifttum, religiösen Gegenständen sowie religiöse Kunstwerke verkaufen. Das Versammeln der Protestanten in Hauskreisen zu Gottesdiensten ist im Grunde nicht erlaubt. Doch dieses Verbot soll nicht zu streng gehandhabt werden. Eher sollten die Mitarbeiter der patriotischen religiösen Organisationen die Masse der Gläubigen überzeugen und angemessene Vorkehrungen treffen. Alle Kultstätten stehen unter administrativer Leitung des BRA (Büro für religiöse Angelegenheiten), aber die religiösen Organisationen und deren Mitarbeiter sind für die Ausübung verantwortlich. Die religiösen Organisationen sind für Umfang, Häufigkeit und Zeit der Gottesdienste zuständig. Eine Störung der sozialen Ordnung sowie der Produktions- und Arbeitszeiten soll vermieden werden. Niemand soll an Kultstätten atheistische Propaganda betreiben oder unter den Massen der Gläubigen Diskussionen über die Existenz Gottes heraufführen. Umgekehrt ist es religiösen Organisationen und Gläubigen nicht erlaubt, außerhalb von Kultstätten Verkündigung zu halten und zu predigen, den Theismus zu propagieren oder religiöse Traktate und Schriften zu verteilen, die von der zuständigen Regierungsstelle nicht zur Veröffentlichung freigegeben worden sind. Um die weitere Normalisierung der religiösen Aktivitäten sicherzustellen, soll die Regierung künftig, in Übereinstimmung mit den Rechtsbestimmungen, ausführlich mit Repräsentanten der religiösen Kreise beraten, damit eine brauchbare religiöse Gesetzgebung erlassen wird, die sich in der Praxis bewährt. Größere Tempel und Kirchen, die wegen ihrer Schönheit und landschaftlichen Umgebung berühmt sind, sind nicht nur Kultstätten, sondern auch Kulturdenkmäler von wichtigem historischem Wert. Verantwortliche religiöse Organisationen und religiöse Amtsträger sollten damit betraut werden, sorgfältig diese Denkmäler zu schützen. Sie müssen darauf achten, dass die Gebäude in gutem baulichem Zustand erhalten werden und die Umgebung geschützt wird, so dass sie saubere, stille und wunderschöne Stätten für den Tourismus werden. Unter der Leitung der zuständigen Regierungsstelle und der religiösen Organisationen soll das Einkommen dieser Tempel, Moscheen und Kirchen aus Almosen und Schenkungen vor allem dafür verwendet werden. Ein Teil dieses Einkommens kann sogar als Anreiz und Belohnung für die religiösen Amtsträger gebraucht werden, die sich dabei besonders auszeichnen.

Die patriotischen religiösen Organisationen

Wenn wir die patriotischen religiösen Organisationen voll funktionsfähig machen, wird die Religionspolitik der Partei verwirklicht. Das ist eine wichtige Garantie dafür, dass die religiösen Aktivitäten richtig und normal verlaufen. Es gibt insgesamt acht nationale patriotische religiöse Organisationen: die Chinesische Buddhistische Vereinigung, die Chinesische Daoistische Vereinigung, die Chinesische Islamische Vereinigung, die Patriotische Vereinigung der Chinesischen Katholischen Kirche, die Administrativkommission der Chinesischen Katholischen Kirche, das Chinesische Bischofskollegium, die Chinesische Protestantische Patriotische Drei-Selbst-Bewegung und den Chinesischen Christenrat. Zusätzlich gibt es eine Anzahl sozialer Gruppen und lokaler Organisationen mit religiösem Charakter. Die grundlegende Aufgabe dieser patriotischen religiösen Organisationen besteht darin, der Partei und der Regierung bei der Durchführung der Politik der Freiheit des religiösen Glaubens beizustehen, den Massen der Gläubigen und Menschen in religiösen Kreisen zu helfen, ständig ihr patriotisches und sozialistisches Bewusstsein zu heben, die gültigen Rechte und Interessen der religiösen Kreise zu repräsentieren, normale und korrekte religiöse Aktivitäten zu organisieren und die religiösen Angelegenheiten recht wahrzunehmen. Alle patriotischen religiösen Organisationen sollen der Führung der Partei und der Regierung unterliegen. Umgekehrt sollen die Kader der Partei und Regierung sich darum bemühen, religiöse Organisationen zu unterstützen und ihnen zu helfen, selbst ihre Probleme zu lösen. Sie sollen nichts monopolisieren oder erledigen, was die Organisationen selbst tun sollen. Nur so kann sich der positive Charakter dieser Organisationen voll entwickeln, und nur so können sie ihre eigentliche Rolle spielen und innerhalb der konstitutionellen und gesetzlichen Grenzen aktiv nützliche Arbeit leisten. So können sie wirklich religiöse Gruppierungen mit positivem Einfluss sein und dadurch für Partei und Regierung zu Brücken für die Gewinnung, Einigung und Erziehung der religiösen Kreise werden. Damit jede Religion eigene Aufgaben nach den Grundsätzen von Selbsterhaltung und Selbstverwaltung tätigen kann, müssen wir gewissenhaft die Bestimmungen verwirklichen, die das Einkommen aus Mieten und Pacht regeln. Was die Beiträge und Schenkungen von Gläubigen angeht, so gibt es keinen Grund, sich hier einzumischen, solange sie freiwillig geschehen und es sich um kleinere Beträge handelt. Aber die religiösen Amtsträger müssen davon überzeugt werden, dass persönlicher Besitz aus religiösem Einkommen von Tempeln, Moscheen und Kirchen nicht erlaubt ist und dass jedes Eintreiben von Abgaben verboten ist.

Die Ausbildung einer neuen Generation von Geistlichen

Die Ausbildung und Erziehung der jüngeren Generation eines patriotischen religiösen Personals in der geplanten Weise wird eine entscheidende Bedeutung für das zukünftige Bild der religiösen Organisationen unseres Landes haben. Wir müssen nicht nur damit fortfahren, die Menschen, die jetzt Anhänger von Religionen sind, zu gewinnen, sie zu vereinen und zu erziehen, sondern auch jeder religiösen Organisation helfen, Seminare einzurichten, um neues religiöses Personal gut auszubilden. Die Aufgabe dieser Seminare soll sein, eine Gruppe von jungem religiösem Personal heranzubilden, die politisch ihr Heimatland heiß liebt und die Führung der Partei sowie das sozialistische System unterstützt wie auch genügend religiöse Kenntnisse besitzt. Für diese Seminare muss es Aufnahmeprüfungen geben. Nur aufrechte patriotische junge Leute werden zugelassen, die sich ernsthaft einem religiösen Beruf widmen wollen und die ein gewisses Niveau in ihrer kulturellen Entwicklung erreicht haben. Es soll niemand zum Eintritt gezwungen werden, der diesen Beruf nicht ausüben will oder dem die nötige kulturelle Grundbildung fehlt. Diejenigen jungen Leute, die sich als ungeeignet für einen solchen Beruf erwiesen haben, sollen anderweitig eingesetzt werden. All diese jungen religiösen Nachwuchskräfte sollen ihr patriotisches und sozialistisches Bewusstsein stetig erweitern, ihr kulturelles Niveau und ihre religiösen Kenntnisse verbessern und die Religionspolitik der Partei loyal unterstützen. Sie sollen den älteren aufrechten patriotischen religiösen Amtsträgern Respekt erweisen und gewissenhaft ihre guten Eigenschaften studieren und nachahmen. Die Älteren sollten umgekehrt liebevoll für ihre jungen Kollegen sorgen. Auf diese Weise werden die Jungen in das patriotische progressive Element unter den Religiösen integriert, und sie werden unter der Führung der Partei zur Hauptstütze, die sicherstellt, dass die Aktivitäten der religiösen Organisationen der richtigen Linie folgen.

Kommunistische Parteimitglieder und Religion. Beziehung zu religiösen ethnischen Minderheiten

Aus der Tatsache, dass unsere Partei eine Politik der Religionsfreiheit durchführt, folgt nicht, dass Mitglieder der kommunistischen Partei frei sind, einem religiösen Glauben zu folgen. Die Politik der Religionsfreiheit ist auf die Bürger unseres Landes ausgerichtet. Sie gilt nicht für Parteimitglieder. Im Unterschied zum Durchschnittsbürger gehört das Parteimitglied zu einer marxistischen politischen Partei, und es kann kein Zweifel darüber bestehen, dass Parteimitglieder Atheisten sein müssen und nicht Theisten. Unsere Partei hat bereits oftmals klar zum Ausdruck gebracht: Ein Mitglied der kommunistischen Partei kann nicht gläubig sein, es kann nicht an religiösen Aktivitäten teilnehmen. Ein Mitglied, das sich dieser Anordnung auf lange Sicht widersetzt, wird aufgefordert, die Partei zu verlassen. Diese Anordnung ist gänzlich korrekt, und soweit es die Partei als Ganzes angeht, soll weiterhin auf ihrer Durchführung bestanden werden. Eine Frage betrifft gegenwärtig die Durchführung dieser Anordnung im Bereich der ethnischen Minderheiten, deren Bevölkerung grundsätzlich religiös ist. Hier muss den aktuellen Umständen entsprechend und angemessen vorgegangen werden, ohne die Umstände allzusehr zu vereinfachen. Wir müssen sehen, dass eine große Anzahl von Mitgliedern der kommunistischen Partei unter diesen ethnischen Minderheiten loyal die Linie der Partei einhält, positive Arbeit für die Partei leistet und ihrer Disziplin gehorcht, ohne sich jedoch dem religiösen Einfluss völlig entziehen zu können. Die Parteiorganisationen sollten diese Parteimitglieder nicht einfach beiseite schieben, sondern geduldig und sorgfältig ideologische Arbeit an ihnen leisten und ihnen behilflich sein, sich politisch positiv zu entwickeln, damit sie sich nach und nach die dialektische und historisch-materialistische Weltanschauung zu eigen machen und die Fesseln des religiösen Denkens ablegen. Natürlich müssen wir bei der Gewinnung von neuen Parteimitgliedern streng darauf achten, nicht fromme religiöse Gläubige oder solche mit starken religiösen Gefühlen zu rekrutieren. Was die sehr kleine Anzahl von Parteimitgliedern angeht, die einen solchen Eigensinn darin zeigen, dass sie nicht nur an eine Religion glauben, sondern sich auch auf religiösen Fanatismus einlassen und sich den Vier Grundprinzipien widersetzen, die Parteilinie mit ihren Zielen und ihrer Politik angreifen, die nationale Integrität und die ethnische Einheit zerstören, so haben sie den für Parteimitglieder grundsätzlichen Standpunkt bereits verlassen. Wenn sie jedoch, nachdem sie Schulung und Kritik erhalten haben, weiterhin auf solchen irrigen Positionen bestehen und Willfährigkeit vorheucheln, dann müssen wir sie entschlossen aus der Partei entfernen. Haben sie irgendeine kriminelle Tat begangen, muss eine Untersuchung stattfinden, um die Verantwortung vor dem Gesetz klarzustellen. Parteimitglieder, die sich schon vom religiösen Glauben befreit haben, die aber an der Basis unter den ethnischen Minderheiten leben, wo die Mehrheit der Menschen Religionsanhänger sind, würden sich von den Massen isolieren, wenn sie sich weigerten, an traditionellen Hochzeiten, Begräbnissen oder Festen mit religiöser Bedeutung teilzunehmen. Wir müssen uns also den konkreten Umständen anpassen und diese Vorschrift, die es Parteimitgliedern unter den ethnischen Minderheiten verbietet, an religiösen Aktivitäten teilzunehmen, differenziert angehen, um enge Beziehungen mit den Massen aufrechtzuerhalten. Obwohl viele dieser traditionellen Hochzeiten und Begräbniszeremonien sowie Massenfeste unter den ethnischen Minderheiten eine religiöse Färbung und Tradition haben, sind sie doch tatsächlich bereits Teil der volkstümlichen Bräuche und

Traditionen geworden. Solange unsere Genossen, vor allem an der Basis, klar die Linie zwischen Ideologie und Religion ziehen, können sie den ethnischen Bräuchen und Gewohnheiten in ihrem täglichen Leben Respekt und Rücksicht erweisen. Dies heißt jedoch nicht, dass diese Sitten und Bräuche nicht entsprechend dem Wunsch der Bevölkerungsmehrheit reformiert werden sollten, falls sie der Produktion sowie der physischen oder psychischen Gesundheit der Bevölkerung schaden. Es ist deshalb nicht richtig, solche ethnischen Bräuche und Traditionen mit religiösen Aktivitäten in eins zu setzen. Dies wäre für die ethnische Einheit wie für die korrekte Handhabung der Religionspolitik schädlich. Alle Parteimitglieder sollten zu der Einsicht kommen, dass unser Land ein sozialistischer Staat mit vielen ethnischen Minderheiten ist. Die Beziehung zwischen Religion und ethnischer Minderheit ist in jeder Minderheit und jeder Religion verschieden gelagert. Es gibt einige ethnische Minderheiten, in welchen nahezu alle Menschen der gleichen Religion, z. B. dem Islam oder dem Lamaismus, angehören. Hier sind Religion und ethnische Identität eng miteinander verknüpft. Aber bei der Han-Bevölkerung gibt es im Grunde keinen Zusammenhang der Volkszugehörigkeit mit der Zugehörigkeit zum Buddhismus, Daoismus, Katholizismus oder Protestantismus. Deswegen müssen wir sehr genau und konkret die besondere Situation jeder ethnischen Gruppe und jeder Religion unterscheiden und die Unterschiede und Zusammenhänge zwischen Volksgruppe und den Religionen abschätzen und sie richtig handhaben. Sicher müssen wir wachsam sein und jedem Versuch widerstehen, der sich des religiösen Fanatismus bedient, um unser Volk zu spalten, jedem Wort und jedem Handeln entgegentreten, das der Einheit zwischen den ethnischen Gruppen schadet. Wenn die Partei es nicht vermag, klar und entschieden diese Fragen im gegenwärtigen gewaltigen Kampf zu meistern, jetzt, wo wir uns bemühen, eine so große Nation mit so vielen Volksgruppen zu einem sozialistischen modernen Staat zusammenzuführen, dann werden wir nicht fähig sein, diese Völker zu einen und gemeinsam voranzuschreiten.

Kriminelle und konterrevolutionäre Aktionen
unter dem Deckmantel der Religion

Der entschlossene Schutz aller normalen religiösen Aktivitäten schließt gleichzeitig die Zerschlagung aller kriminellen und konterrevolutionären Aktivitäten unter dem Deckmantel der Religion ein. Dies betrifft auch alle abergläubischen Praktiken, die aus dem Bereich der Religion herausfallen und der nationalen Wohlfahrt wie auch dem Leben und Eigentum des Volkes schaden. Alle konterrevolutionären und alle anderen kriminellen Elemente, die sich unter dem Mantel der Religion verstecken, werden strengstens nach dem Gesetz bestraft. Frühere religiöse Amtsträger, die sich nach Beendigung ihrer Haftzeit erneut kriminell betätigen, werden genauso gemäß dem Gesetz bestraft. Allen verbotenen reaktionären Geheimbünden, Zauberern und Hexen bleibt es gleichermaßen verboten, ihre Aktivitäten wiederaufzunehmen. Alle, die Leute betrügen oder um ihr Geld prellen, werden ohne Ausnahme streng nach dem Gesetz bestraft. Kader der Partei, die sich bei solchen illegalen Aktivitäten bereichern, werden noch strenger behandelt. Endlich sollen alle, die ihren Lebensunterhalt mit Astrologie, Physiognomik, Wahrsagen und Geomantik verdienen, erzogen und ermahnt werden, und ihnen soll geholfen werden, ihren Lebensunterhalt mit eigener Arbeit zu verdienen, damit sie sich nicht wieder auf diese abergläubischen Praktiken einlassen, die nur die Menschen täuschen. Wenn sie nicht gehorchen, wird gemäß dem Gesetz gegen sie vorgegangen. Beim Umgang nach dem Gesetz mit konterrevolutionären und anderen kriminellen Elementen, die sich in religiösen Gruppen verbergen, müssen die Parteikomitees auf jeder Ebene und die jeweils damit befassten Regierungsabteilungen umfassende Öffentlichkeitsarbeit betreiben. Sie sollen unumstößliche Fakten gebrauchen, um aufzudecken, wie sich diese schlechten Elemente die Religion für ihre zerstörerischen Aktivitäten zunutze gemacht haben. Auch sollten sie klar zwischen normaler Religionsausübung und kriminellen religiösen Praktiken unterscheiden, so dass deutlich wird, dass es nicht darum geht, die normalen religiösen Aktivitäten anzugreifen, sondern sie zu schützen, wenn die kriminellen zerschlagen werden. Nur so können wir die breiten Massen der Gläubigen erfolgreich gewinnen, sie einen und erziehen und eine Normalisierung der religiösen Aktivitäten erreichen.

Die internationalen Beziehungen der chinesischen Religionen

Buddhismus, Islam, Katholizismus und Protestantismus, die einen wichtigen Platz unter den nationalen Religionen einnehmen, sind gleichzeitig Teil der wichtigsten Weltreligionen. Alle diese Religionen haben einen großen Einfluss in den jeweiligen Gesellschaften. Der Katholizismus und Protestantismus sind in Europa, Nord- und Lateinamerika sowie in anderen Regionen weit verbreitet. Der Buddhismus ist stark in Japan und Südostasien, während der Islam in einigen Dutzend Ländern in Asien und Afrika vorherrscht. Einige dieser Religionen gelten in einer Anzahl von Ländern als Staatsreligionen. Zurzeit mehren sich die Kontakte mit internationalen religiösen Gruppen entsprechend der Zunahme der internationalen Beziehungen unseres Landes. Das hat für die Stärkung des politischen Einflusses unseres Landes große Bedeutung. Aber gleichzeitig gibt es im Ausland reaktionäre religiöse Gruppen, vor allem die imperialistischen, der Vatikan und die ausländischen protestantischen Missionsgesellschaften einbegriffen, die alle Gelegenheiten zu nutzen suchen, »auf das chinesische Festland zurückzukehren« und China zu infiltrieren. Unsere Politik besteht darin, aktiv freundschaftliche religiöse Kontakte herzustellen, aber auch, jeglicher Infiltration feindlicher ausländischer Kräfte zu widerstehen. Entsprechend dieser Politik der Partei können, ja sollen sich religiöse Persönlichkeiten in unserem Land in gegenseitigen Besuchen und in freundschaftlichen Kontakten mit ausländischen religiösen Kreisen engagieren. Auch der akademische und kulturelle Austausch im religiösen Bereich soll entwickelt werden. Aber in all diesen verschiedenen Kontakten müssen sie am Prinzip einer unabhängigen, selbstverwalteten Kirche festhalten und entschlossen den Wünschen aller reaktionären religiösen Kräfte, die wieder Kontrolle über die Religionen unseres Landes zu gewinnen versuchen, widerstehen. Sie müssen entschieden jede Einmischung in die chinesischen religiösen Angelegenheiten durch ausländische Kirchen oder religiöse

Persönlichkeiten zurückweisen. Es ist allen ausländischen religiösen Organisationen (einschließlich aller ihnen zugeordneten Organisationen) verboten, in unser Land zu kommen, um missionarische Arbeit zu tun oder religiöses Propagandamaterial in großen Mengen einzuführen und zu verteilen. Alle religiösen Organisationen und Einzelpersonen müssen dazu erzogen werden, dass sie keinerlei finanzielle Unterstützung von ausländischen kirchlichen Organisationen erbitten dürfen; und religiöse Personen und Gruppen in unserem Land wie auch andere Gruppen und Einzelpersonen dürfen keine Zuschüsse oder Geldmittel annehmen, die ihnen von ausländischen kirchlichen Organisationen für religiöse Zwecke angeboten werden. Schenkungen oder Opfergaben, die nach religiösem Brauch von ausländischen Gläubigen, Auslandschinesen oder Landsleuten aus Hongkong oder Macau an Tempel, Moscheen und Kirchen in unserem Territorium ergehen, werden akzeptiert. Wenn es sich jedoch um große Beträge handelt, muss eine Bewilligung der Regierungsstellen der Provinz, der Stadt, der autonomen Gebiete oder bei der zuständigen Abteilung der Zentralregierung eingeholt werden. Dies gilt auch, wenn sicher ist, dass der Geldgeber allein aus religiösen Gründen handelt und keine Bedingungen damit verbunden sind. Wir müssen wachsam sein und auf die feindlichen ausländischen religiösen Kräfte achtgeben, die Untergrundgemeinden und andere illegale Organisationen errichten wollen. Wir müssen entschlossen diese Organisationen angreifen, die zerstörerische Spionage unter dem Mantel der Religion betreiben. Natürlich dürfen wir nicht unbesonnen vorgehen, sondern müssen gründlich nachforschen, bis wir unwiderlegbare Beweise in der Hand haben und so den richtigen Moment wählen können, um den Fall in einem Rechtsverfahren zu erledigen. Die neue Aufgabe, die wir jetzt haben, besteht darin, freundschaftliche Beziehungen mit ausländischen religiösen Gruppen zu entwickeln, ohne unsere Politik der Unabhängigkeit aufzugeben. Die korrekten Leitprinzipien und die Politik der Zentralregierung sind eine feste Grundlage für diese Arbeit. Wir sollten die religiöse Frage im Inland realistisch und wirkungsvoll handhaben, das Studium der Geschichte der Weltreligionen wie der heutigen Situation der Religionen intensivieren und talentierte Leute ausbilden, die sich in internationalen religiösen Aktivitäten engagieren können. Die Tatsachen haben bewiesen, dass die feindlichen ausländischen religiösen Kräfte nur eine kleine oder gar keine Gelegenheit haben, die Situation zu ihrem Vorteil auszunutzen, wenn wir die einheimische Situation gut handhaben. Dann können die internationalen Kontakte der religiösen Gruppen um so reibungsloser fortschreiten und können so ihre positive Funktion voll entfalten.

Die Rolle der Partei und der staatlichen Organe in der religiösen Frage

Die grundlegende Garantie der erfolgreichen Handhabung der religiösen Frage besteht in der Stärkung der Führung der Partei. Die Religionsarbeit der Partei ist ein wesentlicher Bestandteil der Einheitsfront der Partei und ihrer Arbeit unter den Massen. Sie berührt die verschiedensten Aspekte des sozialen Lebens. Dies erfordert, dass die Parteikomitees aller Ebenen energisch alle zuständigen Abteilungen leiten und organisieren, wie die Abteilung der Einheitsfront, das BRA, das Büro für Nationale Minderheiten, die Abteilung für Politik und Justiz, die Abteilungen für Propaganda, Kultur, Erziehung, Wissenschaft und Technologie, Gesundheit, wie auch die Gewerkschaften, die Jugendliga, die Frauenliga und andere Massenorganisationen. Ziel ist es, Ideologie, Wissen und politische Programme zu vereinen. Die Ministerien müssen jegliche Verantwortung für ihre eigene Arbeit übernehmen, jedoch eng zusammenarbeiten und diese wichtige Aufgabe realistisch angehen, um sie gewissenhaft und unermüdlich zu einem erfolgreichen Abschluss zu bringen. Wir müssen die Regierungsorgane stärken, die für die religiösen Angelegenheiten verantwortlich sind. Allen Kadern, die in diesem Bereich tätig sind, muss es ermöglicht werden, die marxistische Religionstheorie systematisch zu studieren, um den grundsätzlichen Standpunkt der Partei in der Religionspolitik tiefer zu verstehen, enge Beziehungen zur Masse der Gläubigen zu unterhalten, sich auf gleicher Ebene mit Personen aus religiösen Kreisen zu beraten und mit ihnen zusammenzuarbeiten. Ein wichtiges konstitutives Element der theoretischen Arbeit der Partei im religiösen

Bereich ist die Anwendung des marxistischen Standpunktes und der marxistischen Methode bei der wissenschaftlichen Erforschung der religiösen Frage. Eine wichtige Aufgabe für die Partei an der Propagandafront besteht darin, mittels der marxistischen Philosophie den Idealismus (darin eingeschlossen den Theismus) zu kritisieren und so die Massen, besonders die jungen Leute, in einer dialektisch und historisch materialistischen und wissenschaftlichen Weltanschauuung (den Atheismus inbegriffen) zu erziehen. Dabei müssen wir unsere Propaganda im Bereich von wissenschaftlicher und kultureller Erkenntnis im Blick auf die Naturphänomene, die Entwicklung der Gesellschaft, das menschliche Leben einschließlich Alter, Krankheit, Tod, Glück und Unglück verstärken. Ein unerlässlicher Aspekt für die theoretische Grundlagenarbeit der Partei besteht in der Einrichtung von Forschungsteams, die ausgehend vom marxistischen Denken Religionstheorie studieren, und von Organisationen zur Forschung im religiösen Bereich, die im universitären Bereich interdisziplinär arbeiten. Wenn wir in Zeitungen oder Zeitschriften Artikel über die religiöse Frage publizieren, müssen wir natürlich eine vorsichtige Haltung einnehmen, um nicht gegen die gegenwärtige Politik zu verstoßen und die religiösen Empfindlichkeiten der Masse der Gläubigen nicht zu verletzen. Die Wissenschaftler sollen die religiöse Einstellung der religiösen Amtsträger achten. Umgekehrt sollen diese auch die Forschung und die Propaganda aufgrund der marxistischen Religionstheorie respektieren. Die zentralen Autoritäten der Partei und des Staates betonen noch einmal, dass alle Parteimitglieder verstehen müssen, dass es sich bei der Religionspolitik der Partei nicht um eine zeitlich begrenzte Maßnahme, sondern um eine entschiedene Strategie handelt, die sich auf die wissenschaftlich-theoretische Grundlage des Marxismus-Leninismus und das Denken Mao Tse-tungs stützt. Ihr Ziel besteht in der Einigung des Volkes zur gemeinsamen Arbeit am Aufbau eines machtvollen, modernen sozialistischen Staates. Im Sozialismus besteht der einzige korrekte Weg zur Lösung der religiösen Frage gerade darin, die religiöse Freiheit zu schützen. Nur nach der schrittweisen Entwicklung des Sozialismus im Bereich von Wirtschaft, Kultur, Wissenschaft und Technologie sowie der sozialistischen Zivilisation mit ihren eigenen materiellen und geistigen Werten werden die Wurzeln der Gesellschaft und des Bewusstseins, die Religion hervorgebracht haben, nach und nach absterben. Solch eine große Aufgabe kann natürlich nicht in kurzer Zeit bewältigt werden, nicht in einer, zwei oder drei Generationen. Nur nach einem sehr langen Geschichtsabschnitt, nach vielen Generationen und nach lang andauerndem gemeinsamem Kampf in den breiten Massen der Gläubigen und Nichtgläubigen wird sich dies verwirklichen. Bis zu dieser Zeit muss das chinesische Volk auf diesem chinesischen Boden alle Armut, Unwissenheit und geistige Leere beseitigen und zu einer hochentwickelten Zivilisation mit ihren materiellen und geistigen Werten werden, um so einen Platz in der vordersten Reihe der Menschheit auf dieser wunderbaren Welt einzunehmen. Dann wird die große Mehrheit unserer Bürger fähig werden, sich ihrer selbst bewusst und in wissenschaftlicher Einstellung dem Leben zu begegnen. Sie werden es nicht mehr nötig haben, zu dem leeren Wahn einer Welt Gottes Zuflucht zu nehmen, um geistigen Trost zu bekommen. Dies ist genau das, was Marx und Engels gesagt haben: dass es ein Zeitalter geben wird, in dem sich die Menschen von allen Mächten, die sie von sich selber entfremden und die die Welt kontrollieren, befreien und fähig sind, bewusst ihr ganzes gesellschaftliches Leben zu planen und zu bestimmen. Dies ist es auch, was Genosse Mao Tse-tung gesagt hat: Es wird eine Zeit kommen, in der die Menschen sich ihrer selbst bewusst ändern und ihre Welt verändern werden. Nur wenn wir in dieses neue Zeitalter eintreten, wird schließlich alles, was in der Welt der Gegenwart noch ein religiöses Antlitz trägt, endgültig verschwinden. Deshalb muss jedes unserer Parteimitglieder von Generation zu Generation mit ganzer Kraft sich kämpferisch dafür einsetzen, diese glänzende Zukunft zu verwirklichen.

Neue Vorschriften für das 21. Jahrhundert

Seit dem l. März 2005 gelten neue Vorschriften für religiöse Angelegenheiten. Sie setzen ausdrücklich die »Verwaltungsvorschriften für religiöse Versammlungsstätten« vom 31. Januar 1994 (Verordnung Nr. 145 des Staatsrates der VR China) außer Kraft, das heißt aber, dass alle anderen bisherigen religionspolitischen Vorschriften ihre Gültigkeit behalten. Um die Rolle und Bedeutung der neuen Vorschriften unter den zahlreichen religionspolitischen Dokumenten, Vorschriften, Verordnungen und Rundschreiben herauszustellen, sei an dieser Stelle an die Grundlagen der chinesischen Religionspolitik und an die bisherigen relevanten religionspolitischen Dokumente der VR China erinnert: Die chinesische Religionspolitik gründet zwar auf der Verfassung, wird aber durch zahlreiche Dokumente der Partei und der Regierung auf verschiedenen Ebenen (Provinz bzw. Autonome Region, Kreis, Stadt) flankiert. Die Formulierungen dieser Dokumente, die juristisch gesehen keinen Gesetzescharakter besitzen, lassen genügend Spielraum für unterschiedliche Auffassungen und für diametral entgegengesetzte Entscheidungen der Behörden in der Praxis, so dass die Verwirklichung der offiziellen Religionspolitik auf zentraler und lokaler Ebene bekanntlich unterschiedlich ausfällt. Die Fundamente der gegenwärtigen chinesischen marxistisch-leninistischen Religionspolitik sind in der Verfassung aus dem Jahre 1982 gelegt.

Der knappe Art. 36 im Kapitel I lautet: Die Bürger der Volksrepublik China genießen die Glaubensfreiheit. Kein Staatsorgan, keine gesellschaftliche Organisation und keine Einzelperson darf Bürger dazu zwingen, sich zu einer Religion zu bekennen oder nicht zu bekennen, noch dürfen sie jene Bürger benachteiligen, die sich zu einer Religion bekennen oder nicht bekennen. Der Staat schützt normale religiöse Tätigkeiten. Niemand darf eine Religion dazu benutzen, Aktivitäten durchzuführen, die die öffentliche Ordnung stören, die körperliche Gesundheit von Bürgern schädigen oder das Erziehungssystem des Staates beeinträchtigen. Die religiösen Organisationen und Angelegenheiten dürfen von keiner ausländischen Kraft beherrscht werden. Diese

Verfassung wurde im Jahre 2004 um die auch religionspolitisch relevanten Feststellungen zu den Menschenrechten ergänzt. In den 1990er Jahren, nicht zuletzt als Reaktion auf das starke Wiederaufleben diverser Formen der Religiosität, wurden in der VR China u. a. folgende religionspolitische Dokumente auf verschiedenen Ebenen verabschiedet, von denen – dies sei hier besonders betont – alle zentralen Bestimmungen, außer der Verordnung des Staatsrates Nr. 145 aus dem Jahre 1994 über die Kultstätten, nach wie vor ihre Gültigkeit behalten:

Vorschriften für religiöse Angelegenheiten

Verordnung des Staatsrats der Volksrepublik China Nr. 426
Die »Vorschriften für religiöse Angelegenheiten« wurden vom Staatsrat bereits am 7. Juli 2004 auf der 57. Sitzung des Ständigen Ausschusses verabschiedet, um am 1. März 2005 in Kraft zu treten.
Ministerpräsident Wen Jiabao   30. November 2004

Kapitel 1: Allgemeine Normen

Artikel 1. Diese Vorschriften wurden im Einklang mit der Verfassung und den relevanten Gesetzen formuliert, um den Bürgern die Freiheit des religiösen Glaubens zu garantieren, die religiöse und soziale Harmonie zu sichern und die Administration der religiösen Angelegenheiten zu regeln.

Artikel 2. Die Bürger haben die Freiheit des religiösen Glaubens. Keine Organisation und kein Individuum darf die Bürger zwingen, an eine Religion zu glauben oder nicht zu glauben, oder aber die Bürger, die an eine Religion glauben (im folgenden bezeichnet als religiöse Bürger), und die Bürger, die nicht an eine Religion glauben (im Folgenden bezeichnet als nichtreligiöse Bürger), zu diskriminieren. Religiöse Bürger und nichtreligiöse Bürger sowie Bürger, die sich zu unterschiedlichen Religionen bekennen, sollen gegenseitig Respekt zeigen und in Harmonie leben.

Artikel 3. Der Staat schützt gesetzlich normale religiöse Aktivitäten und sichert die legitimen Rechte und Interessen der religiösen Organisationen, der Stätten für religiöse Aktivitäten und der religiösen Bürger. Religiöse Organisationen, Stätten für religiöse

Aktivitäten und religiöse Bürger sollen sich an die Verfassung, Gesetze, Vorschriften und Regeln halten und die nationale Einheit, ethnische Solidarität und gesellschaftliche Stabilität wahren. Keine Organisation und kein Individuum darf die Religion für Aktivitäten benutzen, die die soziale Ordnung stören, die Gesundheit der Bürger schädigen, das nationale Erziehungssystem behindern oder nationale, soziale und öffentliche Interessen oder die legalen Rechte und Interessen der Bürger schädigen.

Artikel 4. Alle Religionen sollen an dem Prinzip der unabhängigen Selbstverwaltung der religiösen Aktivitäten festhalten. Religiöse Organisationen, Stätten für religiöse Aktivitäten sowie die religiösen Angelegenheiten dürfen nicht unter der Kontrolle von ausländischen Kräften stehen. Religiöse Organisationen, Stätten für religiöse Aktivitäten und die religiösen Amtsträger sollen den Austausch mit dem Ausland auf der Grundlage der Freundschaft und Gleichheit durchführen. Andere Organisationen oder Individuen, die Austausch und Kooperation mit dem Ausland im wirtschaftlichen oder kulturellen Bereich durchführen, dürfen keine religiösen Bedingungen für ihre Aktivitäten akzeptieren.

Artikel 5. Die Abteilungen für religiöse Angelegenheiten bei den Volksregierungen auf der Ebene der Kreise oder höheren Ebenen sollen die Verwaltung der religiösen Angelegenheiten gemäß dem Gesetz und unter der Berücksichtigung der nationalen, sozialen und öffentlichen Interessen ausüben. Andere relevante Abteilungen der Volksregierungen auf der Ebene der Kreise oder auf höheren Ebenen sind für die gesetzliche Verwaltung in den jeweils entsprechenden Bereichen verantwortlich. Die Volksregierungen auf allen Ebenen sollen bei der Koordination der Verwaltung der religiösen Angelegenheiten die Ansichten der religiösen Organisationen, der Stätten für religiöse Aktivitäten und der religiösen Bürger berücksichtigen.

Kapitel 2: Religiöse Organisationen

Artikel 6. Die Gründung von religiösen Organisationen, Veränderungen innerhalb der besagten Organisationen sowie ihre Abmeldung sollen gemäß den geltenden Bestimmungen der »Vorschriften für die Registrierung sozialer Organisationen« erfolgen.

Die Satzungen der religiösen Organisationen sollen mit den relevanten Bestimmungen der »Vorschriften für die Registrierung sozialer Organisationen« übereinstimmen. Religiöse Organisationen sollen ihre Aktivitäten gemäß ihren Satzungen durchführen; [nur] solche Aktivitäten sind durch das Gesetz geschützt.

Artikel 7. Religiöse Organisationen dürfen religiöse Publikationen als interne Materialien herausgeben und drucken gemäß den relevanten staatlichen Bestimmungen. Der Druck von religiösen Publikationen für eine öffentliche Distribution soll gemäß den staatlichen Bestimmungen über das Publikationswesen erfolgen. Publikationen religiösen Inhalts sollen mit den Bestimmungen der »Vorschriften für die Verwaltung der Herausgabe von Publikationen« übereinstimmen und dürfen keine der folgenden Themen beinhalten:

(1) Inhalte, die die harmonische Koexistenz von religiösen und nichtreligiösen Bürgern stören; (2) Inhalte, die die Harmonie unter den verschiedenen Religionen und die interne Harmonie einer Religion stören; (3) Inhalte, die die religiösen oder nichtreligiösen Bürger diskriminieren oder beleidigen; (4) Inhalte, die den religiösen Extremismus predigen; und (5) Inhalte, die das Prinzip der unabhängigen Selbstverwaltung der religiösen Angelegenheiten verletzen.

Artikel 8. Nationale religiöse Organisationen dürfen beim Staatsrat die Gründung von religiösen Bildungsstätten [und] Schulen beantragen. Ebenso dürfen die religiösen Organisationen auf der Ebene der Provinzen, autonomen Regionen oder regierungsunmittelbaren Städte die Gründung von religiösen Bildungsstätten und Schulen bei den Volksregierungen auf der Ebene der Provinzen, autonomen Regionen oder der Städte, in denen die Bildungsstätten oder Schulen gegründet werden sollen, beantragen. Die Abteilungen für religiöse Angelegenheiten auf der Ebene der Provinzen, autonomen Regionen oder regierungsunmittelbaren Städte sollen innerhalb von 30 Tagen nach dem Erhalt des Antrags [auf Gründung der Bildungsstätte oder Schule] ihre Meinung dazu äußern. Planen sie, eine positive Antwort zu geben, so ist ein Bericht an die Abteilung für religiöse Angelegenheiten beim Staatsrat zur Prüfung und Genehmigung vorzulegen. Die

Abteilung für religiöse Angelegenheiten beim Staatsrat soll innerhalb von 60 Tagen nach dem Erhalt des Antrags von den nationalen religiösen Organisationen oder des Berichtes von den Abteilungen für religiöse Angelegenheiten auf der Ebene der Provinzen, autonomen Regionen oder regierungsunmittelbaren Städte ihre Entscheidung, eine Genehmigung zu gewähren oder nicht zu gewähren, fällen.

Artikel 9. Folgende Bedingungen müssen bei der Gründung von religiösen Bildungsstätten oder Schulen erfüllt sein: (1) Sie müssen klare Ausbildungsziele, Satzungen für die Trägerschaft der Schule sowie Pläne für die Curricula haben; (2) sie müssen Schüler haben, die die Voraussetzungen für die Ausbildung erfüllen; (3) sie müssen die erforderlichen Finanzmittel für die laufenden Kosten der Schulen sowie stabile Quellen der Finanzierung haben; (4) sie müssen die für die Lehrtätigkeit und den Unterrichtsumfang notwendigen Lehrstätten, Fazilitäten und Einrichtungen haben; (5) sie müssen hauptamtliche verantwortliche Schulverwalter, qualifizierte hauptamtliche Lehrer und interne Verwaltungsorgane haben; und (6) sie müssen eine zweckmäßige Gesamtplanung haben.

Artikel 10. Nationale religiöse Organisationen dürfen im Lichte der Bedürfnisse ihrer Religionen und gemäß den relevanten Bestimmungen religiöses Personal zum Studium im Ausland auswählen oder ausländische religiöse Studenten aufnehmen.

Artikel 11. Die nationale islamische religiöse Organisation ist verantwortlich für die Organisation der ausländischen Pilgerfahrten der muslimischen chinesischen Bürger.

Kapitel 3: Religiöse Versammlungsstätten
Artikel 12. Kollektive religiöse Aktivitäten der religiösen Bürger sollen im Allgemeinen innerhalb der registrierten Stätten für religiöse Aktivitäten (buddhistische Tempel und Klöster, daoistische Tempel und Klöster, Moscheen, Kirchen und andere für religiöse Aktivitäten bestimmte Orte) stattfinden. Solche Aktivitäten sollen gemäß der relevanten religiösen Lehre und den religiösen Vorschriften durch die Stätten für religiöse Aktivitäten oder religiöse Organisationen organisiert und durch religiöse Amtsträger oder

anderes Personal, das die Bedingungen der jeweiligen Religion erfüllt, durchgeführt werden.

Artikel 13. In Vorbereitung auf die Errichtung von Stätten für religiöse Aktivitäten sollen religiöse Organisationen einen Antrag an die Abteilungen für religiöse Angelegenheiten der Volksregierungen der Kreise, wo die Stätten für religiöse Aktivitäten zu errichten sind, stellen. Planen die Abteilungen für religiöse Angelegenheiten der Kreisvolksregierungen, die Erlaubnis zu geben, müssen sie innerhalb von 30 Tagen nach Erhalt des Antrags den Abteilungen für religiöse Angelegenheiten der Volksregierunge auf Ebene der Städte mit Bezirken einen Bericht zur Prüfung vorlegen. Planen die Abteilungen für religiöse Angelegenheiten der Volksregierungen auf Ebene der Städte mit Bezirken, die Erlaubnis zur Errichtung von buddhistischen Tempeln und Klöstern, daoistischen Tempeln und Klöstern, Moscheen oder Kirchen zu geben, müssen sie innerhalb von 30 Tagen nach Erhalt des Berichts der Abteilungen für religiöse Angelegenheiten der Kreisvolksregierungen, ihre Stellungnahme abgeben und den Abteilungen für religiöse Angelegenheiten der Volksregierungen der Provinzen, der autonomen Regionen oder der regierungsunmittelbaren Städte zur Prüfung vorlegen. In Bezug auf die Errichtung anderer fester Stätten für religiöse Aktivitäten sollen sie eine Entscheidung fällen, ob [der Bau] genehmigt wird oder nicht. Die Abteilungen für religiöse Angelegenheiten auf der Ebene der Volksregierungen der Provinzen, der autonomen Regionen oder der regierungsunmittelbaren Städte sollen innerhalb von 30 Tagen nach Erhalt des Berichtes von den Abteilungen für religiöse Angelegenheiten der Volksregierungen auf Ebene der Städte mit Bezirken eine Entscheidung fällen, ob die Errichtung von buddhistischen Tempeln und Klöstern, daoistischen Tempeln und Klöstern, Moscheen oder Kirchen genehmigt wird oder nicht. Religiöse Organisationen dürfen nur dann mit der Vorbereitung für den Bau von Stätten für religiöse Aktivitäten beginnen, wenn ihre Anträge auf die Errichtung von Stätten für religiöse Aktivitäten genehmigt wurden.

Artikel 14. Für die Errichtung von Stätten für religiöse Aktivitäten müssen folgende Bedingungen erfüllt werden: (1) Die

Errichtung darf nicht die Artikel 3 und 4 der vorliegenden Vorschriften verletzen; (2) es muss das Bedürfnis der lokalen religiösen Bürger nach regulärer und kollektiver Durchrührung von religiösen Aktivitäten vorliegen; (3) es muss religiöse Amtsträger oder anderes entsprechendes Personal geben, die imstande sind, religiöse Aktivitäten gemäß den Bestimmungen der jeweiligen Religion durchzuführen; (4) es müssen die notwendigen finanziellen Mittel vorliegen; und (5) es muss ein zweckmäßiger Plan vorliegen, der die normalen Arbeits- und Lebensbedingungen der Einheiten und Bewohner der Gegend nicht beeinträchtigt.

Artikel 15. Nach der Beendigung der Vorbereitungen und nach der genehmigten Errichtung müssen die Stätten für religiöse Aktivitäten bei den Abteilungen für religiöse Angelegenheiten der Kreisvolksregierungen der Orte, wo sie erbaut wurden, eine Registrierung beantragen. Die Abteilungen für religiöse Angelegenheiten der Kreisvolksregierungen müssen innerhalb von 30 Tagen nach Erhalt des Antrags die Stätten für religiöse Aktivitäten im Hinblick auf die Verwaltungsorganisation sowie die Bestimmungen und Vorschriften der Stätten für religiöse Aktivitäten prüfen. Sie sollen die Stätten, die die Bedingungen erfüllen, registrieren und eine »Registrierungsurkunde für Stätten für religiöse Aktivitäten« ausstellen.

Artikel 16. Wenn Stätten für religiöse Aktivitäten zusammengelegt, getrennt oder geschlossen werden oder sich im Hinblick auf den Inhalt der Registrierung verändern, müssen sie entsprechende formelle Schritte unternehmen, um bei den ursprünglichen Stellen der Registrierung ihre Registrierung abzuändern.

Artikel 17. Die Stätten für religiöse Aktivitäten sollen Verwaltungsgremien einrichten und eine demokratische Verwaltung praktizieren. Mitglieder der Verwaltungsgremien der Stätten für religiöse Aktivitäten sollen durch demokratische Konsultationen gewählt und an die Instanzen, die für die Verwaltung der Stätten verantwortlich sind, zwecks Registrierung gemeldet werden.

Artikel 18. Die Stätten für religiöse Aktivitäten sollen ihre interne Verwaltung verstärken und das Verwaltungssystem für Personal, Finanzen, Buchhaltung, öffentliche Ordnung, Feuerschutzkontrolle, Schutz der Kulturgüter, Gesundheit und Prävention von Epidemien errichten bzw. stärken gemäß den Bestimmungen der relevanten Gesetze, Vorschriften und Regeln. Sie müssen die Führung, Überwachung und Kontrolle der relevanten Abteilungen der lokalen Volksregierungen akzeptieren.

Artikel 19. Die Abteilungen für religiöse Angelegenheiten sollen die Einhaltung der Gesetze, Vorschriften und Regeln, die Errichtung und Implementierung des Verwaltungssystems, Veränderungen im Hinblick auf die ursprüngliche Registrierung sowie die Durchführung von religiösen Aktivitäten und die Kontakte mit dem Ausland bei den Stätten für religiöse Aktivitäten überwachen und kontrollieren. Die Stätten für religiöse Aktivitäten sollen die Führung, Überwachung und Inspektion der Abteilungen für religiöse Angelegenheiten akzeptieren.

Artikel 20. Die Stätten für religiöse Aktivitäten dürfen Spenden der Bürger gemäß den religiösen Bräuchen annehmen, sie dürfen jedoch Spenden weder fordern noch auferlegen. Nichtreligiöse Organisationen oder Einrichtungen, die keine Stätten für religiöse Aktivitäten sind, dürfen keine religiösen Aktivitäten organisieren oder durchführen und dürfen keine religiösen Spenden annehmen.

Artikel 21. Auf ihrem Gelände dürfen die Stätten für religiöse Aktivitäten religiöse Artikel, religiöse Kunstgegenstände und religiöse Publikationen verkaufen. Buddhistische Tempel und Klöster, daoistische Tempel und Klöster, Moscheen und Kirchen (im Folgenden Tempel und Kirchen genannt), die als Stätten für religiöse Aktivitäten registriert sind, dürfen religiöse Publikationen als internes Material gemäß den relevanten staatlichen Bestimmungen herausgeben und drucken.

Artikel 22. Für die Durchführung von großangelegten religiösen Aktivitäten, die die Grenzen von Provinzen, autonomen Regionen und regierungsunmittelbaren Städten überschreiten und die Kapazitäten der Stätten für religiöse Aktivitäten übersteigen, oder von großangelegten religiösen Aktivitäten außerhalb der Stätten für religiöse Aktivitäten müssen die religiösen Organisationen, Tempel und Kirchen, die diese Aktivitäten veranstalten, 30 Tage vor der Veranstaltung einen Antrag an die Abteilungen für religiöse Angelegenheiten der Volksregierungen der Provinzen, autonomen Regionen oder regierungsunmittelbaren Städte, in denen diese großangelegten religiösen Aktivitäten stattfinden sollen, stellen. Die Abteilungen für religiöse Angelegenheiten der Volksregierungen der Provinzen, autonomen Regionen oder regierungsunmittelbaren Städte müssen innerhalb von 15 Tagen nach dem Erhalt des Antrags eine Entscheidung im Hinblick auf Genehmigung oder Verbot fällen. Großangelegte religiöse Aktivitäten sollen gemäß dem religiösen Ritual und den in der Genehmigung artikulierten Bedingungen durchgeführt werden; sie dürfen die relevanten Bestimmungen der Artikel 3 und 4 dieser Vorschriften nicht verletzen. Religiöse Organisationen, Tempel und Kirchen, die solche Aktivitäten veranstalten, sollen effektive Maßnahmen ergreifen, um Unfälle zu verhindern. Die relevanten Abteilungen der Volksregierungen der Gemeinden oder Marktflecken sowie auf der Ebene der Kreise oder höher, der Orte, an denen die großangelegten religiösen Aktivitäten stattfinden, sollen entsprechend ihren Verantwortungsbereichen die notwendigen Organisationsmaßnahmen treffen, um die Sicherheit und ordentliche Durchführung der großangelegten religiösen Aktivitäten zu gewährleisten.

Artikel 23. Stätten für religiöse Aktivitäten sollen darauf achten, dass auf ihrem Gelände keine großen Unfälle oder Vorkommnisse auftreten, die gegen religiöse Tabus verstoßen, die religiösen Gefühle der religiösen Bürger verletzen, die nationale Einheit unterminieren oder die soziale Stabilität beeinträchtigen. Wenn Unfälle oder Vorkommnisse der oben erwähnten Art auftreten, sollen die Stätten für religiöse Aktivitäten sie sofort den Abteilungen für religiöse Angelegenheiten der Volksregierung des Ortes, an denen sie sich befinden, mitteilen.

Artikel 24. Dort, wo die religiösen Organisationen, Tempel und Kirchen beabsichtigen, große religiöse Statuen im Freien außerhalb der Stätten für religiöse Aktivitäten zu errichten, müssen die religiösen Organisationen auf der Ebene der Provinzen, autonomen Regionen oder regierungsunmittelbaren Städte einen entsprechenden Antrag an die Abteilungen für religiöse Angelegenheiten der Volksregierungen auf der Ebene der Provinzen, autonomen Regionen oder regierungsunmittelbaren Städte stellen. Die Abteilungen für religiöse Angelegenheiten der Volksregierungen auf der Ebene der Provinzen, autonomen Regionen oder regierungsunmittelbaren Städte müssen innerhalb von 30 Tagen nach Erhalt des Antrags ihre Entscheidung bekanntgeben. Planen sie, eine positive Antwort zu geben, so ist der Abteilung für religiöse Angelegenheiten beim Staatsrat ein Bericht zur Prüfung und Genehmigung vorzulegen. Die Abteilung für religiöse Angelegenheiten beim Staatsrat soll innerhalb von 60 Tagen nach Erhalt des Berichtes über die Pläne, eine große religiöse Statue im Freien außerhalb der Stätte für religiöse Aktivitäten zu errichten, ihre Entscheidung, eine Genehmigung zu gewähren oder nicht zu gewähren, fällen. Organisationen, die keine religiösen Organisationen, Tempel oder Kirchen sind, sowie Einzelpersonen dürfen keine großen religiösen Statuen im Freien errichten.

Artikel 25. Relevante Einheiten oder Individuen, die auf dem Gelände der Stätten für religiöse Aktivitäten religiöse Bauten renovieren oder errichten, kommerzielle Dienstleistungen gründen, Ausstellungen oder Ähnliches organisieren, Filme oder Fernsehprogramme vorführen, müssen dafür vorher sowohl bei den Verwaltungsgremien der Stätten für religiöse Aktivitäten als auch bei den Abteilungen für religiöse Angelegenheiten der lokalen Volksregierungen auf der Ebene der Kreise oder höher, des Ortes, an dem sich die Stätte befindet, eine Genehmigung einholen.

Artikel 26. Wo die Stätten für religiöse Aktivitäten eine touristische Attraktion darstellen, sollen die lokalen Volksregierungen auf der Ebene der Kreise oder höher, der Orte an denen sich diese befinden, die Interessen der Stätten für religiöse Aktivitäten auf der einen Seite und der Parkanlagen, Denkmäler und des Tourismus auf der anderen Seite koordinieren und regeln, damit die legitimen Rechte und Interessen der Stätten für religiöse Aktivitäten gewährleistet werden. Die Planung von touristischen Unternehmungen an Orten, wo die Stätten für religiöse Aktivitäten die Hauptattraktion bilden, muss mit dem Stil und der Umgebung der Stätten für religiöse Aktivitäten harmonisiert werden.

Kapitel 4: Religiöse Amtsträger

Artikel 27. Religiöse Amtsträger dürfen religiöse Aktivitäten nur nach der Bestätigung durch religiöse Organisationen und der Registrierung bei den Abteilungen für religiöse Angelegenheiten bei den Volksregierungen auf der Ebene der Kreise oder höher durchführen. Die Nachfolge lebender Buddhas in der Tradition des tibetischen Buddhismus soll unter der Leitung der buddhistischen Organisationen und gemäß den religiösen Ritualen und historischen Gepflogenheiten geregelt werden. Dies soll dann den Abteilungen für religiöse Angelegenheiten der Volksregierungen auf der Ebene der Städte mit Bezirken oder höher oder aber den Volksregierungen auf der Ebene der Städte mit Bezirken oder höher zur Genehmigung gemeldet werden.

Artikel 28. Wenn religiöse Amtsträger eine Schlüsselposition an Stätten für religiöse Aktivitäten annehmen oder diese abgeben, soll dies nach Genehmigung durch die zuständige religiöse Organisation den Abteilungen für religiöse Angelegenheiten der Volksregierungen auf der Ebene der Kreise oder höher zur Registrierung gemeldet werden.

Artikel 29. Bei der Ausübung von religiösen Aktivitäten, bei der Durchführung von religiösen Zeremonien und bei Aktivitäten wie z. B. der Kompilierung von religiösen Texten oder der Erforschung der religiösen Kultur stehen die Geistlichen unter dem Schutz des Gesetzes.

Kapitel 5: Religiöses Eigentum

Artikel 30. Von den religiösen Organisationen oder Stätten für religiöse Aktivitäten legal genutztes Land, Bauten, architektonische Konstruktionen und Fazilitäten, legales Eigentum und andere legale Erlöse sind durch das Gesetz geschützt. Keine Organisation und kein Individuum darf illegal das legale Eigentum von religiösen Organisationen bzw. Stätten für religiöse Aktivitäten übernehmen, plündern, teilen, zerstören, illegal in Verwahrung nehmen, beschlagnahmen, sperren, konfiszieren oder verteilen. Man darf Kulturdenkmäler, die Eigentum religiöser Organisationen oder Stätten für religiöse Aktivitäten sind oder von diesen genutzt werden, nicht zerstören.

Artikel 31. Um die Bauten, die den religiösen Organisationen bzw. Stätten für religiöse Aktivitäten gehören, oder das Land, das von diesen genutzt wird, zu registrieren, müssen Anträge an die Abteilungen für Landeigentum und -Verwaltung der Volksregierungen auf der Ebene der Kreise oder höher gestellt werden, um Eigentumsurkunden für das Nutzungsrecht zu erhalten. Wo es Veränderungen in den Eigentumsverhältnissen gibt, müssen diese rechtzeitig und formell gemeldet werden. Bei der Festlegung oder Veränderung der Eigentumsrechte religiöser Organisationen bzw. Stätten für religiöse Aktivitäten sollen die Abteilungen für Landeigentum und -Verwaltung die Meinung der Abteilungen für religiöse Angelegenheiten der Volksregierungen auf den entsprechenden Ebenen einholen.

Artikel 32. Bauten und architektonische Konstruktionen, die von den Stätten für religiöse Aktivitäten zur Durchführung von religiösen Aktivitäten genutzt werden, sowie die zugehörigen Wohnstätten für religiöse Amtsträger dürfen nicht übertragen, gepfändet oder als Kapitalanlage verwendet werden.

Artikel 33. Wo Bauten oder architektonische Konstruktionen von religiösen Organisationen bzw. Stätten für religiöse Aktivitäten wegen der Städteplanung oder dem Aufbau von Schlüsselprojekten abgerissen und verlegt werden müssen, soll die Seite, die den Abriss vornimmt, dies mit den religiösen Organisationen bzw. Stätten für religiöse Aktivitäten beraten sowie die Meinung der relevanten Abteilungen für religiöse Angelegenheiten einholen. Wo der Abriss nach Konsultationen und mit Einverständnis der relevanten Seiten unternommen wird, soll die Seite, die den Abriss vornimmt, die Bauten oder architektonischen Konstruktionen, die abgerissen wurden, wiederaufbauen oder eine Entschädigung entsprechend dem geschätzten Marktpreis der abgerissenen Bauten oder architektonischen Konstruktionen und gemäß den relevanten Staatsbestimmungen zahlen.

Artikel 34. Religiöse Organisationen bzw. Stätten für religiöse Aktivitäten dürfen unter Beachtung der Gesetze sozial-wohltätige Dienste ausführen; daraus erzielte Erträge wie auch andere gesetzmäßige Einkommen sollen der regulären finanziellen und buchhalterischen Verwaltung unterstehen und dürfen nur für Aktivitäten genutzt werden, die mit den Zielen der religiösen Organisationen bzw. Stätten für religiöse Aktivitäten sowie der Wohlfahrt übereinstimmen.

Artikel 35. Religiöse Organisationen bzw. Stätten für religiöse

Aktivitäten dürfen gemäß den staatlichen Bestimmungen Spenden von in- und ausländischen Organisationen und Individuen für Aktivitäten, die dem Zweck der betreffenden religiösen Organisationen bzw. Stätten für religiöse Aktivitäten entsprechen, annehmen.

Artikel 36. Religiöse Organisationen bzw. Stätten für religiöse Aktivitäten sollen das staatliche System der Verwaltung von Finanzen, Buchhaltung und Steuern implementieren; sie genießen Steuerbefreiung bzw. -ermäßigung gemäß den relevanten staatlichen Steuerbestimmungen. Religiöse Organisationen bzw. Stätten für religiöse Aktivitäten müssen ihre finanziellen Einkünfte und Ausgaben sowie die Einnahme und Verwendung von Spenden an die Abteilungen für religiöse Angelegenheiten bei den Volksregierungen auf der Ebene der Kreise oder höher melden; sie sollen auch auf geeignete Weise die religiösen Bürger darüber öffentlich informieren.

Artikel 37. Wird eine religiöse Organisation bzw. Stätte für religiöse Aktivitäten deregistriert oder geschlossen, soll sie der Eigentumsliquidation unterliegen; das nach der Liquidation verbleibende Eigentum darf nur für Unternehmungen, die mit den Zwecken der jeweiligen religiösen Organisation oder Stätte für religiöse Aktivitäten übereinstimmen, genutzt werden.

Kapitel 6: Gesetzliche Verpflichtungen

Artikel 38. Wenn Staatsfunktionäre in der Verwaltung der religiösen Angelegenheiten ihre Macht missbrauchen, ihre Pflichten vernachlässigen, den persönlichen Vorteil suchen oder Bestechungsgelder annehmen, und wenn ihre Handlung krimineller Natur ist, muss dies in Bezug auf die strafrechtliche Verantwortung untersucht werden. Wenn ihre Handlung keine Straftat darstellt, soll man Disziplinarstrafen gemäß dem Gesetz verhängen.

Artikel 39. Die Abteilungen für religiöse Angelegenheiten sollen korrektive Aktionen unternehmen, wenn Bürger gezwungen werden, an eine Religion zu glauben oder nicht zu glauben, oder wenn normale religiöse Aktivitäten von religiösen Organisationen bzw. Stätten für religiöse Aktivitäten gestört werden. Wird die öffentliche Sicherheit verletzt, soll man gemäß dem Gesetz Ordnungsstrafen verhängen. Alle, die die legitimen Rechte und Interessen von religiösen Organisationen, Stätten für religiöse Aktivitäten oder religiösen Bürgern verletzten, unterliegen ziviler Verantwortung gemäß dem Gesetz. Kriminelle Akte werden im Hinblick auf die strafrechtliche Verantwortung untersucht.

Artikel 40. Wenn eine Religion benutzt wird, um illegale Aktivitäten durchzuführen, wie Unterminierung der nationalen und öffentlichen Sicherheit, Beeinträchtigung der persönlichen und demokratischen Rechte der Bürger, Gefährdung der sozialen Ordnung oder Übergriff auf Privateigentum, und wenn diese Aktivitäten Straftaten darstellen, muss die strafrechtliche Verantwortung gemäß dem Gesetz untersucht werden. Wo keine Straftaten vorliegen, sollen die zuständigen Abteilungen Verwaltungsstrafen gemäß dem Gesetz verhängen. Wo den Bürgern, juristischen Personen oder Organisationen Schaden zugefügt wird, müssen die involvierten Seiten Verantwortung gemäß dem Gesetz übernehmen. Wo infolge von großangelegten religiösen Aktivitäten die öffentliche Sicherheit gefährdet oder die soziale Ordnung gestört wird, soll man an Ort und Stelle Maßnahmen ergreifen und Strafen gemäß dem Gesetz und den administrativen Bestimmungen für Versammlungen, Protestmärsche und Demonstrationen verhängen. Wo religiöse Organisationen, Tempel oder Kirchen, die die besagten Aktivitäten veranstalten, verantwortlich sind, sollen die Verwaltungsorgane ihnen die Registrierung entziehen. Wenn großangelegte religiöse Aktivitäten ohne Genehmigung veranstaltet werden, sollen die Abteilungen für religiöse Angelegenheiten die sofortige Beendigung dieser Aktivitäten anordnen. Unerlaubter Gewinn [aus solchen Aktivitäten], wenn vorhanden, wird konfisziert, und eine Geldstrafe, die zwischen dem einfachen und dreifachen Betrag des unerlaubten Gewinns liegt, kann verhängt werden. Wenn großangelegte religiöse Aktivitäten ohne Genehmigung veranstaltet werden, dürfen die Verwaltungsorgane auch anordnen, dass die betreffenden religiösen Organisationen bzw. Stätten für religiöse Aktivitäten die Personen, die direkt dafür verantwortlich sind, abberufen und durch andere ersetzen.

Artikel 41. Im Falle einer der im Folgenden aufgelisteten Aktivitäten sollen die Abteilungen für religiöse Angelegenheiten kor-

rektive Maßnahmen vornehmen. Wenn die Handlungen verhält-
nismäßig ernst sind, sollen die Verwaltungsorgane auch anordnen, dass die betreffenden religiösen Organisationen bzw. Stätten
für religiöse Aktivitäten die Personen, die direkt dafür verantwortlich sind, abberufen und ersetzen. Wenn die Handlungen
sehr ernst sind, sollen die Verwaltungsorgane den betreffenden
religiösen Organisationen bzw. Stätten für religiöse Aktivitäten
die Registrierung entziehen. Illegales Eigentum, wenn vorhanden, soll konfisziert werden. [Im Falle einer der im Folgenden
aufgelisteten Aktivitäten sollen die Abteilungen für religiöse Angelegenheiten korrektive Maßnahmen unternehmen:] (1) Wenn
die Formalitäten in Bezug auf die Registrierung oder die Bericht-
erstattung über die Registrierung nicht gemäß den relevanten
Bestimmungen vorgenommen wurden; (2) wenn die Stätten für
religiöse Aktivitäten es versäumten, ein relevantes Verwaltungssystem zu errichten, und dadurch Artikel 18 dieser Vorschriften
verletzen, oder wenn ihr Verwaltungssystem nicht die entsprechenden Bedingungen erfüllt; (3) wenn es keine Berichte über
vorgekommene größere Unfälle oder größere Vorfälle auf dem
Gelände der Stätten für religiöse Aktivitäten gab und wenn aus
diesen ernsthafte Konsequenzen entstanden sind; (4) wenn das
Prinzip der unabhängigen Selbstverwaltung von religiösen Angelegenheiten in Übertretung der Bestimmungen von Artikel 4
der vorliegenden Vorschriften verletzt wurde; (5) wenn Spenden
aus dem In- und Ausland in Verletzung der relevanten staatlichen
Bestimmungen akzeptiert wurden; (6) wenn man sich weigerte,
die gesetzmäßige Überwachung und Verwaltung durch die Regis-
trierungs- und Verwaltungsorgane zu akzeptieren.

Artikel 42. Wenn religiöse Publikationen Themen beinhalten,
die im Artikel 7 dieser Vorschriften als verboten definiert wurden, sollen die für diese Angelegenheit zuständigen Abteilungen
gemäß dem Gesetz Verwaltungsstrafen gegenüber den verantwortlichen Einheiten oder Individuen verhängen. Wo es sich um
Straftaten handelt, soll die strafrechtliche Verantwortlichkeit gemäß dem Gesetz festgestellt werden.

Artikel 43. Wenn eine Stätte für religiöse Aktivitäten ohne Genehmigung errichtet wurde, wenn eine deregistrierte Stätte für

religiöse Aktivitäten ihre religiösen Aktivitäten fortführt oder wenn eine religiöse Bildungsstätte oder Schule ohne Genehmigung errichtet wurde, sollen die Abteilungen für religiöse Angelegenheiten diese verbieten und das unerlaubt [erworbene] Kapital konfiszieren. Zuständig für die illegalen Bauten und architektonischen Konstruktionen sind gemäß dem Gesetz die Abteilungen für Bauwesen. Wird die öffentliche Sicherheit verletzt, soll man gemäß dem Gesetz Ordnungsstrafen verhängen. Wenn nichtreligiöse Organisationen oder Orte, die nicht Stätten für religiöse Aktivitäten sind, religiöse Aktivitäten veranstalten oder durchführen oder religiöse Spenden annehmen, sollen die Abteilungen für religiöse Angelegenheiten die sofortige Beendigung solcher Aktivitäten anordnen. Unerlaubter Gewinn, wenn vorhanden, wird konfisziert. Sind die Umstände sehr ernst, kann eine Geldstrafe, die zwischen dem einfachen und dreifachen Betrag des unerlaubten Gewinns liegt, verhängt werden. Werden für religiöse Bürger ausländische Pilgerfahrten ohne Genehmigung organisiert, sollen die Abteilungen für religiöse Angelegenheiten die sofortige Beendigung solcher Aktivitäten anordnen. Unerlaubter Gewinn, wenn vorhanden, wird konfisziert, und eine Geldstrafe, die zwischen dem einfachen und dreifachen Betrag des unerlaubten Gewinns liegt, kann verhängt werden.

Artikel 44. Werden in Übertretung der vorliegenden Vorschriften große religiöse Statuen im Freien errichtet, sollen die Abteilungen für religiöse Angelegenheiten die sofortige Beendigung der jeweiligen Arbeiten anordnen und eine Frist für die Beseitigung [der Statuen] festlegen. Unerlaubter Gewinn, wenn vorhanden, soll konfisziert werden.

Artikel 45. Wenn religiöse Amtsträger bei der Ausübung von religiösen Aktivitäten gegen das Gesetz, die Vorschriften und Bestimmungen verstoßen, sollen die Abteilungen für religiöse Angelegenheiten neben der Untersuchung der strafrechtlichen Verantwortung nach dem Gesetz den relevanten religiösen Organisationen vorschlagen, dem betroffenen Amtsträger das religiöse Amt zu entziehen. Wenn religiöse Aktivitäten durch Personen durchgeführt werden, die sich als religiöse Amtsträger ausgeben, sollen die Abteilungen für religiöse Angelegenheiten die sofortige

Beendigung dieser Aktivitäten anordnen. Unerlaubter Gewinn, wenn vorhanden, soll konfisziert werden. Wird die öffentliche Sicherheit verletzt, soll man gemäß dem Gesetz Ordnungsstrafen verhängen. Wo es sich um Straftaten handelt, soll die strafrechtliche Verantwortung gemäß dem Gesetz festgestellt werden.

Artikel 46. In Fällen der Beanstandung spezifischer, von den Abteilungen für religiöse Angelegenheiten angeordneter administrativer Handlungen [durch religiöse Organisationen oder durch Stätten für religiöse Aktivitäten] dürfen Anträge auf nochmalige administrative Nachprüfung gemäß dem Gesetz gestellt werden. In Fällen der Ablehnung der Entscheidung der administrativen Nachprüfung darf eine Verwaltungsklage gemäß dem Gesetz erhoben werden.

Kapitel 7: Ergänzungsbestimmungen

Artikel 47. Religiöser Austausch des Inlandes mit der Sonderverwaltungszone Hongkong, der Sonderverwaltungszone Macau und der Region Taiwan soll gemäß dem Gesetz, den administrativen Bestimmungen und den relevanten staatlichen Regeln stattfinden.

Artikel 48. Diese Vorschriften treten am l. März 2005 in Kraft. Ab diesem Tag gelten die »Verwaltungsvorschriften für religiöse Versammlungsstätten«, promulgiert vom Staatsrat am 31. Januar 1994, nicht mehr.

Bildnachweis

Abb. 1: Renée Rentke; Abb. 2: picture-alliance/dpa/dpaweb; Abb. 3: Marcel Bauer »Abenteuer Gottes« Pattloch Verl.; Abb. 4: IMAGO/Xinhua; Abb. 5: dpa/picture-alliance/Landov Ow; Abb. 6: KNA-Bild; Abb. 7: picture-alliance/dpa/dpaweb/epa He; Abb. 8: KNA-Bild; Abb. 9: Das Fotoarchiv/Xinhua; Abb. 10, 11: picture-alliance/dpaweb, Abb. 12: picture-alliance/dpa; Abb. 13: Christian Klyma; Abb. 14: Heinz Helf SVD; Abb. 15: KNA-Bild; Abb. 16: Archiv China-Zentrum; Abb. 17: China-Zentrum/Paul Raabe SVD; Abb. 18: Christian Klyma; Abb. 19: Getty Images Editorial.

Quellen und Literatur

Chinas Aufstieg zur Weltwirtschaftsmacht hat zahlreiche Autoren zu einer Fülle von Büchern über die wirtschaftlichen und gesellschaftlichen Umwälzungen veranlasst. Mit den Kirchen und der Religionsfreiheit beschäftigt sich dagegen nur eine überschaubare Zahl von Büchern. Das liegt nicht nur an den sprachlichen Barrieren, sondern auch an den noch immer allgegenwärtigen staatlichen Kontrollen.

Die wenigen aktuellen Sachbücher über Kirchenfragen stammen von Auslandskorrespondenten oder Kirchenleuten. Viele Gesprächspartner standen ihnen nicht zur Verfügung. Einige Informanten mussten anonym zitiert werden. Der Repression gegen die Kirchen entspricht die Unterdrückung der freien Medien. Der ehemalige Time-Korrespondent David Aikman musste sich beispielsweise vorwerfen lassen, in seinem Buch beschriebene Personen gefährdet zu haben. Aikmans Buch gehört dennoch zu den drei Standardwerken über das Christentum in China, die auch für dieses Buch als wertvolle Quellen dienten.

Pflichtlektüre

Donald MacInnis: Religion im heutigen China. Politik und Praxis, Steyler Verlag, Nettetal, 1993

David Aikman: Jesus in Bejing, Regnery Publishing INC, Washington, 2001

Dorian Malovic: Le Pape Jaune, Mgr Jin Luxian – Soldat de Dieu en Chine communiste, Perrin, Paris, 2006

Empfehlenswert

Cardinal Joseph Zen: Un homme en colère, entretien avec Dorian Malovic, Bayard, Paris, 2007

Bernardo Cervellera: Missione Cina, Edizione Ancora, 2004

David H. Adeney: Gottes Reich in China – Der lange Marsch der chinesischen Kirche, Aussaat-Verlag, Neukirchen-Vluyn, 1991

Roman Malek, Manfred Plate (Hrsg.): Chinas Katholiken suchen neue Wege, Herder Verlag, Freiburg

Christoph Baumer: Frühes Christentum zwischen Euphrat und Jangtse, Verlag Urachhaus, Stuttgart, 2005

Monika Gänßbauer: Parteistaat und Protestantische Kirche. Religionspolitik im nachmaoistischen China, Lembeck Verlag, Frankfurt/Main, 2004

Roman Malek u. a.: Zwischen Autonomie und Anlehnung. Die Problematik der katholischen Kirche in China, theologisch und geschichtlich gesehen, Steyler Verlag, 1988

Hartmut Gericke-Steinkühler: Christsein chinesisch. Die Lebensgeschichte des Pastors Leung Sin-Sang in Hongkong. Mit einem Ausblick auf die Entwicklung der christlichen Kirche im südlichen China, EB-Verlag, 1997

Georg Evers, Roman Malek, Notker Wolf: Christentum und Kirche in der Volksrepublik China, Don Bosco Verlag, 2002

Neben Gesprächen mit Ordensleuten, die in China gearbeitet haben, wurde als aktuelle Quelle für dieses Buch mit freundlicher Erlaubnis hauptsächlich die Zweimonatszeitschrift »China heute« aus dem China-Zentrum deutscher Missionsorden in St. Augustin verwendet.

Aktuelle Informationen

liefern die Pressedienste und Websites der Evangelischen Kirche in Deutschland: www.ekd.de, Kirche in Not: www.kirche-in-not.de, der vatikanischen Kongregation für die Evangelisierung der Völker: www.fides.it, und die allgemein zugänglichen Nachrichtendienste von www.santegidio.org, www.china-zentrum.de, www.epd.de, www.vatican-magazin.de, www.dominikaner-mission.de, www.asianews.it, www.kath.de, www.kath.net, www.katholisch.de, www.zenit.de

Register